우당의
실전／사주명리학

지은이 우당 윤영태

1948년 부산 출생. 약관 20세인 1968년 사주명리학에 입문하여 석파 이건남 선생으로부터 《적천수 징의》를 사사받았다. 이후 정통 명리학 《적천수 징의》 연구를 계속하면서 이를 계승, 발전시키고자 정진해 왔다. 1985년 부산에서 '우당철학원'을 개원하고, 1995년 상경하여 현재 서울 서초구 서초동에서 '우당철학원'을 운영하고 있다. 《부산일보》 자매지인 《주간부산》에 역학 칼럼, 주간지 《부산라이프》에 주간 운세, 월간지 《천문》에 역학 관련 칼럼을 연재한 바 있다.

엮은이 조혜정

1967년 전남 목포 출생. 서울대학교 사회학과를 졸업한 후 잠시 월간지 기자로 일하다가 사법시험 준비로 방향을 전환했다. 2000년 변호사 자격을 취득한 후 현재까지 '변호사 조혜정 법률사무소'를 운영하고 있다. 2003년경 명리학에 관심을 두게 되었고, 저자인 우당 윤영태 선생을 사사했다. 〈조선닷컴〉에 '조혜정 변호사의 생활법률', 《머니투데이》에 '법과 시장', '조혜정의 사랑과 전쟁', '조혜정 변호사의 가정상담소' 등 칼럼을 연재한 바 있다.

우당의 실전 사주명리학

초판 1쇄 발행 2026년 1월 26일

지은이 윤영태 | 엮은이 조혜정 | 발행인 박윤우 | 편집 김유진 박영서 박혜민 백은영 성한경 유소영 장미숙 | 홍보 마케팅 박서연 정미진 정시원 조아현 함석영 | 디자인 박아형 이세연 | 경영지원 이지영 주진호 | 발행처 부키(주) | 출판신고 2012년 9월 27일 | 주소 서울시 마포구 양화로 125 경남관광빌딩 7층 | 전화 02-325-0846 | 팩스 02-325-0841 | 이메일 webmasterbookie.co.kr | ISBN 979-11-7578-005-7 03180

잘못된 책은 구입하신 서점에서 바꿔드립니다.

만든 사람들 디자인 이세연 | 조판 홍보현 | 편집 장미숙

우당의 실전／사주명리학

반세기를 탐구한
명리 연구의 통찰

윤영태 지음 · 조혜정 엮음

부·키

우당 선생님을 처음 뵌 때는 2018년 6월 말입니다. 제가 명리학에 관심을 가진 지는 꽤 됐지만 시간과 열의 부족으로 체계적인 공부를 못해 답답함을 느끼고 있던 때였습니다. 그러다 우연히 절친한 후배로부터 우당 선생님의 연락처를 받게 되었습니다. 선생님을 뵈러 가면서 그즈음 어떻게 봐야 할지 몰랐던 제 지인의 사주를 들고 갔습니다.

제가 가져간 사주는 안 지 10년 정도 되는 아주 가까운 후배의 것이었습니다. 당시 그 후배는 암이 재발했다는 진단을 받고 큰 충격에 빠져 있었습니다. 사실 그 후배에게는 수년 전부터 불운이 계속되었습니다. 30대 말쯤 잘 다니던 직장을 밀려나다시피 그만두게 된 것이 시작이었습니다. 직장 생활에서 탁월한 능력과 성실성을 인정받았기 때문에 금방 다시 좋은 자리를 찾을 거라 기대했는데 현실은 차가웠습니다. 설상가상으로 2016년경 아무런 잘못이 없는데도 별안간 검찰청에서 소환 통보를 받았습니다. 당시 사회적으로 큰 문제가 됐던 사건에 연루되어 한 달 넘게 검찰 조사를 받는 곤욕을 치렀습니다. 다행히 그 사건은 참고인 조사를 받은 것으로 종결되어 한시름 돌렸는데 곧 다른 불행이 닥쳤습니다. 수년간 누적된 심신의 스트레스 탓인지 검찰 조사 종결 후 얼마 지나지 않아 암이 발견된 것입니다. 초기라 수술하면 괜찮을 줄 알았는데

2018년 초 암이 재발했다는 청천벽력 같은 진단을 받았습니다.

제가 명리학에 관심 있다는 걸 안 후배는 답답한 나머지 저한테도 자기 운을 봐 달라고 했지만 저는 그 후배의 사주를 어떻게 봐야 하는지 알 수 없었습니다. 제가 아는 바로는 그 후배는 40대부터 좋은 날이 본격적으로 시작되어야 하는데 상황은 반대였으니까요. 제가 훌륭한 선생님을 뵈러 간다고 했더니 그 후배는 꼭 자기 사주를 여쭈어 달라고 했습니다.

우당 선생님을 처음 뵌 자리에서 그 후배의 사주를 여쭤 보았습니다. 선생님은 잠시 보시더니 "이건 상당히 보기 어려운 사주인데, 이렇게 봐야 합니다"라고 하시면서 그 사주의 용신用神을 잡아 주셨습니다. 그 순간 말 그대로 먹구름이 걷히면서 맑은 하늘이 드러나는 것 같은 느낌을 받았습니다. '아, 이 사주는 이렇게 봐야 하는 거구나' 하고 깨닫고 보니, 30대까지는 그렇게 잘나가던 후배가 왜 40대 무렵부터 불운에서 헤어나지 못하고 있는지도 이해되었습니다. 더 큰 문제는, 아뿔싸! 후배의 명이 얼마 남지 않은 것이었습니다. 2019년 말(만세력 기준으로)을 넘기기 어려워 보였습니다. 결국 그 후배는 양력 2020년 1월 초 마흔일곱의 나이에 어린 딸을 두고 저세상으로 갔습니다. 그 누구보다 에너지 넘치고 활동적이던 사람이 그렇게 일찍 생을 마감하게 될 줄 아무도 예상하지 못했습니다. 그 후배의 일은 저에게 운명의 힘이 얼마나 무서운지 다시 한 번 깨우쳐 주었습니다.

그 후에도 가끔 우당 선생님을 뵙고 모르는 것을 여쭙곤 했습니다. 그때마다 선생님의 무섭도록 정확한 판단과 이미 대가의 경지에 오르셨음에도 불구하고 철저히 탐구하시는 겸허한 자세에 늘 감명받았습니다. 언젠가 꼭 체계적인 수업을 받아야겠다고 벼르다가 2022년 11월 말 드디어 본격적으로 수업을 받았습니다. 한 주에 한 번씩 선생님이 만드신 교재로 공부한 지 얼마 지나지 않아 제대로 된 길에 들어섰다는 느낌이 왔습니다. 명조를 이루고 있는 네 가지 기둥(사주)과 여덟 글자(팔자)가 살아있는 듯 꿈틀대면서 생존을 위해 서로 뭉치기도 하고 싸우기도 하는 모습이 파노라마처럼 보였습니다. 지금도 그 순간이 눈에 선합니다.

강의는 2024년 1월까지 14개월간 계속되었는데, 교재는《적천수 징의》(임철초 저)에서 선생님이 선정하신 명조 400여 개와 선생님이 직접 보신 동시대인의 것 중 가르칠 만한 가치가 있는 명조 200여 개 등 총 600여 개 명조로 이루어져 있었습니다.

이렇게 14개월의 공부를 마친 후 저는 선생님의 교재를 기록으로 남겨야겠다고 마음먹었습니다. 선생님이 나눠 주시는 교재 중 동시대인 명조는 명조표와 60갑자만 표시되어 있어 그 교재만으로는 혼자서 공부할 수 없는 상태였습니다. 선생님 교재를 글로 써서 남기면 명리학을 제대로 공부하려는 분들에게 큰 도움이 되겠다 싶었는데, 선생님께서 직접 쓰시기에는 체력적으로 무리였습니다. 누구라도 글로 남겨 전하지 않으면 선생님의 평생 업적이 사라질 것 같아서 안타까웠습니다. 그 안타까움이 명리학 초보자에 불과한 제가 선생님 교재를 글로 옮기는 작업을 해야겠다고 결심한 계기가 되었습니다. 2024년 가을 무렵부터 선생님이 직접 보신 동시대인의 명조 중 일부를 골라 글을 쓰기 시작한 것이 이 책이 되었습니다.

엮은이로서 생각하는 우당 선생님 이론의 의미는 이렇습니다. 우당 선생님의 이론은 정통 명리학의 원전인《적천수 징의》의 격국용신론을 계승하고 있습니다. 우당 선생님이 직접 쓰신 서문 '사주 명리학 어떻게 공부할 것인가'에 나와 있듯이 현재 우리나라는 명리학의 정통인 '격국용신론'에 의거한 사주 감정은 거의 포기한 상태입니다. 이런 상황에서 정통 명리학의 격국용신론에 기반하여 체계적인 사주 감정 방법을 제시하고 있는 우당 선생님의 이론은 어둠을 밝히는 등불 같은 존재라고 생각합니다.

또한 우당 선생님은《적천수 징의》의 격국용신론을 단순히 계승하는 데 그치지 않고 발전시켰습니다. 우당 선생님 이론의 골자는 이 책에 실려 있는 '용신 잡는 법'에 정리되어 있는데 그중 가장 놀라운 부분이 '용신 잡는 법 7번'에 나와 있습니다. 우당 선생님은 지장간支藏干의 사령司令 일수에 의한 여기餘氣의 중요성에 주목하여 운기가 크게 바뀌는 인寅월과 신申월에는 입절入節로부터의 일자를 따지는 것이 필수라는 이론을 명확하게 정립하셨습니다. 사실 이 이론은《적천수 징의》의 명조 사례에 이미 암시되어 있으나 모호하게 표현되어 있었고,《적천수 징의》저자인 임철초 선생님도 체계적으로 이론화하지 못한 부분입니다. 우당 선생님은 이 모호한 부분을 50년이 넘는 공부와 경험을 통해 사주 감정의 기본 법칙으로 정립하신 것입니다. 전월前月의 여기餘氣가 사주 감정에 미치는 영향은 이 책에서 반복적으로 설명하고 있으니 그런 사례를 공부하면 용신 잡는 법 7번의 중요성을 충분히 이해할 수 있을 것입니다.

이 외에도《적천수 징의》는 운세 변화를 대운大運까지만 설명해서 연운年運에 따른 설명이 부족한데, 우당 선생님의 명조 사례는 연운의 변화까지도 상세히 설명하고 있어서 이 책의 사례를 꼼꼼히 공부하시면 연운의 예측에도 상당한 도움이 되리라 생각합니다.

이런 점들은 우당 선생님의 이론 중 가장 대표적인 부분만 간략히 정리한 것입니다. 그 외에도 이 책은 신강 신약 판단을 어떻게 해야 하는지, 운세의 변화에 따라 개인에게 어떤 행운과 불행이 찾아오는지, 행운과 불운을 어떤 자세로 대처해야 하는지 등 명리학 도들이 갖게 되는 여러 가지 의문을 실사례를 들어 구체적으로 설명하고 있습니다. 이 책에 나온 사례들을 숙지하면 명리학 공부를 몇 단계 진전시킬 수 있으리라 생각합니다.

이 책은 명리학의 기초 이론을 웬만큼 닦은 후 실제 사주를 감정하는 단계에 들어선 독자를 대상으로 그분들에게 필요한 실제 감정 사례가 수록되어 있습니다. 따라서 독자들이 이미 다 알고 있는 것을 되풀이할 필요는 없어서 이 책에는 가능한 한 명리학의 기초 이론과 용어에 대한 설명은 넣지 않았으니, 이 점은 독자들의 양해를 부탁드립니다.

이 책에서 본문은 엮은이인 제가 우당 선생님의 교재를 글로 풀어 쓴 것입니다. 본문 외 책 전체의 서문에 해당하는 '사주명리학 어떻게 공부할 것인가'와 우당 명리학의 골자인 '용신 잡는 법', 부록인《천문》기고문은 저자인 우당 선생님이 직접 쓰신 부분입니다. 들어가는 말인 사주명리학 어떻게 공부할 것인가에서 정통 사주명리학 공부의 중요성을 이해하고, 용신 잡는 법을 숙지한 후 본문의 사례를 읽으면 사주명리학 공부에 도움이 될 것입니다. 본문의 사례에 용신 잡는 법 중 관련된 부분의 번호를 기재해 두었으니 필요할 때마다 용신 잡는 법을 찾아보면서 공부하시기 바랍니다.

책이 나오는 데에는 생소한 분야인 명리학 원고의 출판을 결단해 주신 부키 박윤우 대표님, 꼼꼼하게 원고를 봐 주신 편집자님의 수고가 큰 역할을 했습니다. 두 분께 진심 어린 감사를 드립니다. 가장 큰 감사는 당신의 교재를 책으로 출판하는 데 흔쾌히 동의하고 바쁜 시간을 쪼개어 철저히 감수해 주신 우당 선생님께 드리고 싶습니다. 원고를 쓰다가 "내가 어쩌다 책을 쓴다고 이 고생을 자처했을까" 하며 능력 부족을 한탄하는 저한테 "세상을 위해 의미 있는 일을 하는 거야. 대가의 가르침을 받았으면 그에 대한 예우를 해야지"라며 격려해 줬던 남편에게도 고맙다는 말을 하고 싶습니다.

끝으로 명리학이라는 망망대해에서 항로를 잃은 분들이 제가 그랬던 것처럼 우당 선생님의 가르침에서 올바른 방향을 찾게 되시길 기원합니다.

2025. 11
엮은이 조혜정

차례

사주 실전 사례   27

갑목 기본

을목 기본

사주명리학 공부 어떻게 할 것인가

근래 들어 사주명리학에 대한 대중의 관심이 높아지면서 단기간에 이 학문을 가르치고 배우려는 이들이 많아졌다. 그러나 과연 그들 중 몇 사람이 사주명리학의 본질을 제대로 가르치고 습득할 수 있을지 의문을 갖지 않을 수 없다. 사주명리학은 짧은 기간에 터득할 수 있는 쉬운 학문이 아니다.

입문은 누구나 쉽게 할 수 있다. 그러나 공부가 일정 수준에 이르면 대부분 격국格局과 용신론用神論의 장벽에 가로막혀 더 이상 나아가지 못하고 중도에 포기하곤 한다. 사주 감정의 핵심인 용신用神을 바르게 잡으려면 먼저 일간日干의 신강身强 신약身弱과 월지月支의 조후調候 관계를 정확히 파악해야 하고, 이를 바르게 이해하려면 십간十干과 십이지十二支의 올바른 개념 정립이 필수적이다. 이 기본이 확립되지 않으면 아무리 오랜 시간 공부해도 사상누각에 불과해 사주의 실체를 파악하지 못하고 평생 오리무중에 헤매게 된다.

사주명리학의 명저《적천수滴天髓》에서 가장 먼저 '십간론

十干論'을 제시한 것도 이 때문이다. 불과 아홉 쪽 남짓한 분량이지만 그 안에는 십간과 십이지의 본질이 간결하고도 정밀하게 담겨 있다. 이후 수백 쪽에 걸쳐 전개되는 방대한 이론과 수많은 사례는 결국 이 기본 원리를 증명하고 해설하는 데 지나지 않는다. 결국 사주명리학의 성취는 십간과 십이지라는 기초 개념을 정확히 세우는 데 달려 있다고 해도 지나치지 않다. 모든 학문은 기초가 뒷받침되지 않고서는 이론을 쌓아도 더 이상의 학문적 발전이 있을 수 없다.

안타깝게도 오늘날 우리나라 사주명리학은 과거보다 퇴보한 측면이 크다. 격국과 용신을 바르게 이해하는 것이 어렵다는 이유로 많은 역학자가 이를 잘못된 학설로 치부하거나 아예 외면하기 시작했다. 그 결과 30여 년 전에는 조후 중심의 자연법 사주학이 난무했고, 그것만으로 감정이 되지 않자 다시 20여 년 전부터는 12운성十二運星과 각종 신살神殺을 화려하게 포장해 사주 감정에 사용하는 풍조가 확산되었다.

역사 속에서도 이런 혼란은 반복되었다. 17세기 초에는 장남張楠의 《명리정종命理正宗》이 기이한 격국을 무분별하게 나열해 많은 학자를 혼란에 빠뜨렸고, 이에 대한 반작용으로 18세기 초에는 조후 중심의 난강망欄江網이 대두했다. 그러나 어느 하나만으로는 올바른 사주 해석을 하지 못했다.

이 틈새로 병화丙火를 태양으로 보고 정화丁火를 등불에 비유하는 자연물상론, 12운성, 각종 신살 등 잡학적 요소가 사주

　　　　　　　우당의 실전 사주명리학

해석 전반에 퍼져 나갔다. 이런 혼란을 정리하고 사주명리학을 다시 온전한 체계로 세운 인물이 바로 19세기 초《적천수》를 증주增註한 임철초任鐵樵 선생이다. 선생은 평생 고금의 명리서를 탐구하고 수많은 시행착오와 임상을 거친 끝에 기이한 격국, 자연물상론, 12운성, 신살 등을 모두 배제하고 '격국과 용신' 및 '월지의 조후'를 통합한 새로운 사주학의 정통 체계를 확립했다.

사주 감정은 격국과 용신만으로는 되지 않는다. 그렇다고 조후만으로도 온전한 감정이 이루어지지 않는다. 사주 여덟 자의 전체 구성과 계절의 특성을 잘 파악해 격국과 용신을 적용해야 할 것은 격국용신으로 사주를 감정하고, 조후를 적용해야 할 것은 조후로 사주를 감정해야 한다.

오늘날 많은 역학자가 12운성과 각종 신살을 마치 대단한 사주 학설인 양 치부하고, 현란한 화술로 이를 치장하여 사주 감정을 하고 있는 것은 매우 안타까운 일이다. 최근 여러 미디어에서도 천을귀인, 천덕귀인, 월덕귀인, 공망 등이 개인의 운명에 중대한 영향을 미치는 것처럼 과장해 설명하는 사례가 빈번하다. 이는 사주명리학을 저급한 술수術數로 추락시키는 행위이다.

신살은 본래 명리학의 체계가 정립되기 전 민간에서 통용되던 잡된 술수로, 실제 길흉의 적중률이 50퍼센트에도 미치지 못한다. 더욱이 사주에서는 월지의 사령 일수와 간지의 위치 변환에 따라 격국과 용신이 완전히 달라지는데, 그 미세한 차이를 살피기도 어려운 상황에서 신살에 마음을 빼앗긴다면 사주의 본질을 놓치고 만다. 정통 명리학이 오래전부터 신살을 배제한 이유가 바로 여기에 있다.

사주명리학은 인간의 미래를 예측하는 예언학이다. 어떤 이론이든 미래의 적중률이 70퍼센트에 미치지 못한다면 그 학설은 버려야 한다. 과거와 현재의 사실을 억지로 끼워 맞추는 견강부회식 사주 감정은 자신을 속이고 남을 속이는 사술詐術일 뿐이다. 이는 사주명리학의 숭고한 가치를 심각하게 저해하는 행위이다.

사주명리학은 어렵고 난해하지만 우주의 이치와 자연의 법칙을 담은 숭고한 도학道學이다. 누구나 쉽게 접근해 터득할 수 있는 학문이 아니며, 순수하고 겸허한 마음으로 성심을 다해 연구해야 비로소 그 진의를 조금이나마 이해할 수 있다.

이 학문을 참되게 배우고자 한다면 올바른 이론을 바탕으로 최소한 3만 명 정도를 직접 감정하고 그 정확성을 검증하는 과정을 거쳐야 한다. 천 년 이상 전승되어 사주명리학은 수많은 도인과 당대 석학의 혼이 서린 지적 유산이다. 이를 얕은 술수로 전락시키거나 개인의 이익을 위해 경솔하게 다룬다면 결국 자기 사주조차 올바르게 판단하지 못해 큰 실책과 파멸을 자초하게 될 것이다. 사주명리학을 공부하는 사람이라면 스스로를 경계하고 또 경계하여, 겸허하고 성실한 마음으로 이 학문에 임해야 한다.

용신 잡는 법

사주학의 핵심인 용신을 제대로 잡으려면 우선 사주 일간의 신강과 신약 그리고 월지의 조후 관계를 바르게 파악해야 한다. 또이를 제대로 가늠하고자 한다면 먼저 십간과 십이지에 대한 개념을 정확하고 확실하게 파악해야 한다.

1. 일간을 생조生助하는 오행五行이 많으면 신강이고, 일간을 극설剋洩하는 오행이 많으면 신약이다.

2. 천간天干보다는 지지地支의 작용력이 더 강하다. 같은 오행이라도 지지는 천간보다 배 이상 강하다.

3. 신강 신약을 가늠하는 데 있어서 월지의 비중이 매우 크다. 월지는 당월의 사령司令 일수日數에 따라서 월지 외 사주 일곱 자의 천간과 지지 모두에 직간접으로 영향을 미친다.

4. 월지의 오행은 다른 지支의 오행보다 배 이상 정도의 힘을 갖는다. 월지 다음으로 일지日支, 시지時支, 연지年支의 순으로 일간에 영향을 주게 된다.

5. 신강 신약은 월지의 당령當令과 사령 및 조후와 왕旺, 상相,
   휴休, 수囚, 사死를 구별하여 일간이 어느 정도 생조되고 극설
   되는가를 잘 살펴서 정한다.

6. 월지의 사령 일수에 의한 지장간支藏干 오행의 득세에 따라
   서 일간의 통근通根과 신강 신약 그리고 정격正格과 종격從格
   이 결정된다.

7. 연중年中 음과 양의 운기運氣가 크게 바뀌는 춘추의 두 계절
   에서 인寅월의 경우 입춘立春 7일 이내라면 전월의 한습寒濕
   한 축토丑土로 보아야 하고, 또 신申월의 경우 입추立秋 7일
   이내라면 전월의 조열燥熱한 미토未土로 보아야 한다.

   사巳월의 입하立夏 초기와 해亥월의 입동立冬 초기에는 전
   월의 여기餘氣인 술토戌土의 기가 상당한 영향력을 발휘한다
   고 보아야 한다.

   사계四季의 진술축미辰戌丑未월에서도 초기의 9일까지는
   오롯한 전월의 여기에 상당한 영향을 받게 된다.

   이와 같이 지지는 지장간의 사령 일수에 의한 여기와 정기
   正氣의 기세가 사주의 격국과 용신을 정하는 데 큰 변수로 작
   용하므로 사주 간지四柱干支에 따른 오행의 기세 흐름을 잘
   판별해서 격국과 용신을 정해야 한다.

8. 월지가 당령의 녹왕祿旺이고, 다시 다른 간지에서 생조하는
   비겁比劫이나 인성印星을 거듭 보게 되면 신강이 될 확률이
   높다. 그러나 월지가 비록 당령일지라도 다른 간지에서 극설

   우당의 실전 사주명리학

하는 관살官殺과 재성財星과 식상食傷이 많으면 신약이 된다.

9. 월지가 사死의 관살지官殺支이면 일간의 실기失氣가 심하므로 신약이 될 확률이 높다. 그러나 다른 간지에서 생조하는 비겁이나 인성이 많으면 신강이 될 수도 있다.

10. 월지가 휴休의 식상이나 수囚의 재성이면 관살보다는 실기가 심하지 않다. 따라서 다른 간지에서 생조하는 비겁이나 인성이 적당히 있으면 신강이 될 수 있다. 만일 다른 간지에서 극설하는 오행의 비중이 높으면 신약이 된다.

11. 신강이면 우선 관살을 살피고, 다음으로 재성을 보고, 그다음으로 식상을 살펴서 그 중에서 유력有力한 것을 용신으로 삼는다. 용신은 유력해야 하고 무력한 것은 용신으로 잡을 수 없다.

12. 신강일 때 ① 비겁이 많으면 관살을 용신으로 한다. ② 인성이 많으면 재성을 용신으로 한다. ③ 관살이나 재성이 없거나, 관살이나 재성이 있어도 너무 무력하면 식상을 용신으로 한다.

13. 신약이면 사주의 구성과 조후 관계를 잘 살펴서 비겁이나 인성을 용신으로 삼는다.

14. 신약일 때 ① 관살이 많으면 인성을 용신으로 한다. ② 재성이 많으면 비겁을 용신으로 한다. ③ 식상이 많으면 인성을 용신으로 한다.

15. 이상의 정격(正格, 억부법抑扶法) 외에 종격從格과 조후調候,

병약病藥, 통관通關 등의 용신 잡는 법이 있다.

16. 극신약極身弱과 외격外格의 종살從殺, 종관從官, 종재從財, 종아從兒, 종세격從勢格은 미세한 차이로 격이 갈린다. 월지의 지장간 오행의 심천深淺과 사주 천간지지의 여덟 자 중에서 한 자의 위치 변환에 따라서 극신약에서 종격(외격)으로 바뀌게 된다.

　양간陽干보다는 음간陰干에서 종격의 변환이 잘 이루어지고, 음간 중에서도 계수癸水는 종격의 변환이 더 잘 이루어진다. 종격은 전체 인구의 약 15퍼센트를 차지할 정도로 그 비중이 매우 높으므로 사주 감정에 신중을 기해야 한다.

17. 종격에서 관살, 재성, 식상이 고르게 배합되어 있으면 종세격이 되어 재성을 용신으로 잡는다. 대운과 연운에서도 그 영향력은 첫째가 재성운財星運이고 둘째가 관살운官殺運이며, 식상운食傷運은 큰 영향력은 없어도 대체로 무난한 운이다.

18. 일간과 관살의 세력이 비등하면(대개 신약이 된다) 이를 신살양정身殺兩停이라 하여 식상을 용신으로 한다(병약설病藥說).

19. 명命 중에서 꼭 필요로 하는 용신이 없으면 대운 중에서 용신을 잡는다.

20. 격국과 용신을 잡아서 사주를 감정하려면 일간의 신강 신약을 정확하게 판별해야 하고, 신강 신약을 제대로 판별하려면 먼저 십간과 십이지의 개념을 정확하고 확실하게 파악해

 　우당의 실전 사주명리학

야 한다. 십간과 십이지의 개념이 제대로 정립되지 않고서
는 일간의 신강 신약을 정확하게 가늠할 수 없으며 그로 인
해 격국과 용신도 제대로 잡을 수 없으니 정확한 사주 감정
은 불가능하다.

21. 사주 감정은 격국과 용신만으로는 되지 않고, 그렇다고 조
후만으로도 제대로 된 사주 감정이 되지 않는다. 사주 여덟
자의 전체 구성과 계절의 특성을 잘 파악해서 격국과 용신
을 적용해야 할 것은 격국용신으로 사주를 감정하고, 조후
를 적용해야 할 것은 조후로 사주를 감정해야 한다.

22. 조후의 영향을 가장 많이 받는 일간은 갑을甲乙의 목木 일
간과 무기戊己의 토土 일간이다. 특히 갑을의 목 일간이 해
자축亥子丑월에 생하였으면 수생목水生木이 되지 않고 수극
목水剋木이 된다. 이때 만일 명命 중에 사오미술巳午未戌의
화지火支가 두 개 이상 있으면 조후가 해제된 것으로 보고
다시 수생목으로 작용한다.

23. 사주의 격국과 용신의 판별은 이러한 공식이나 이론만으로
는 결코 판별할 수 없다. 반드시 사주팔자 실제 명조命造의
개별 사례를 통해 이해하고 숙지해야 한다.

사주 실전 사례

갑목 기본

갑목 기본

명조

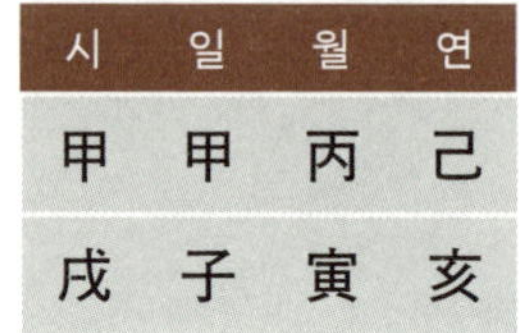

시	일	월	연
甲	甲	丙	己
戌	子	寅	亥

격국용신

조후調候/조후로 화가 용신/입춘
立春 7일째라 축월로 보는 사례

대운

68	58	48	38	28	18	8	運程
癸	壬	辛	庚	己	戊	丁	
酉	申	未	午	巳	辰	卯	

격국용신을 어떻게 판단할 것인가

갑자甲子 일주가 병인丙寅월에 태어났다. 여명女命이다. 이 명조命造에서 갑자일은 입춘立春 7일째에 해당한다. 우당 명리학은 음과 양의 운기가 크게 바뀌는 인寅월과 신申월의 초기에는 전월의 영향이 상당히 존재한다는 점에 주목하여 이를 '용신 잡는 법' 7번에 정리해 두었다. 그에 따르면 인월은 입춘 후 7일까지는 전월인 축丑토로 보아야 하고, 신월은 입추立秋 후 7일까지는 전월인 미未토로 보아야 한다.

따라서 이 명조는 월지月支를 인월이 아니라 축월로 보아야한다. 그렇게 보면 계절은 여전히 추운 겨울이다. 조후調候의 영향을 가장 많이 받는 일간은 갑을甲乙목 일간과 무기戊己토 일간이다(용신 잡는 법 22번). 이 명조는 축월의 갑목으로 얼어 있는상태라 조후가 시급하다. 따라서 용신用神은 식신食神인 월간月干 병화로 잡는다.

어떤 인생을 살았는가

주인공 J씨는 기사己巳 대운까지 평범한 가정주부였다. 화운인 경오庚午 대운이 오자 40세 때(무인戊寅년, 1998년) 보험설계사로 경제 활동을 처음 시작했다. 경오 대운 무인년은 인오술寅午戌 화국火局이 이루어지는 시기라 인생 역전의 계기가마련된 것이다. 3년 후 연운이 화운인 신사辛巳, 임오壬午, 계미癸未년(2001년~2003년, 43세~45세)에 부동산 중개를 시작했다. 중개사 자격증까지 취득해 경오 대운이 끝나는 병술丙戌년(2006년, 48세)까지 많은 돈을 벌었다. J씨는 2001년 신사년부터 2006년 병술년까지 6년 동안 무려 20억 원을 벌었다고 말했다. 불과 몇 년 전까지만 해도 평범한 전업주부였던 사람이 단기간에 큰돈을 번 것은 놀라운 일이다.

하지만 J씨의 행운은 경오 대운까지였다. 신미辛未 대운에들어서면 신금이 용신인 병화를 합거슴去하게 되므로(병신합丙辛合), 경오 대운 같은 행운은 바랄 수 없다. 필자는 J씨에게 신미 대운이 끝나는 병신丙申년(2016년, 58세) 안에 은퇴해야 한다고 조언했다. 다음에 오는 임신壬申 대운은 강한 수기水氣로 용신 병화를 꺼뜨리기 때문이다. J씨는 이 충고를 받아들여 신미 대운 을미乙未년(2015년, 57세)에 은퇴했다.

그렇다면 J씨의 남편 복은 어땠을까? 배우자와의 관계를 보는 방법 중 하나는 배우자 궁에 자리 잡은 오행과 용신의 관계를 보는 것이다. J씨의 배우자 궁을 보면 자수가 자리하고 있다. 자수는 용신인 병화를 극剋하므로, 남편이 J씨에게 도움을 주는 존재가 되기는 어려웠다.

명조

시	일	월	연
丙	甲	辛	辛
子	戌	卯	卯

격국용신

신강身强/재자약관격財滋弱官格/
용신은 신금/신강하여 관성을 용
신으로 잡는 사례

대운

70	60	50	40	30	20	10	運程
甲	乙	丙	丁	戊	己	庚	
申	酉	戌	亥	子	丑	寅	

격국용신을 어떻게 판단할 것인가

갑술甲戌 일주가 신묘辛卯월에 태어났다. 갑목이 묘월에 태어났는데 연지에 묘목이 겹치고 시지에 인성印星 자수까지 있으니 신강身强하다. 신강일 경우 관성-재성-식상의 순으로 용신을 정한다(용신 잡는 법 11번). 이 명조의 경우 관성官星인 월간과 연간의 신금이 나란히 붙어 있는 데다 일지인 재성財星 술토가 신금의 뿌리가 되어 주니 관성 신금이 유력하여 용신으로 쓸 수 있다(재자약관財滋弱官).

어떤 인생을 살았는가

이 명조의 주인공인 C씨는 기축己丑 대운 정사丁巳년(1977년, 27세)에 건설업을 시작했다. 연운이 금인 경신庚申년(1980년, 30세)에서 신유辛酉년(1981년, 31세)에 시행사를 차려 큰돈을 벌었다. 기축 대운은 습토濕土가 용신 신금을 생하고 연운까지 경신, 신유로 용신운이 왔던 덕분에 불과 30대 초반에 큰돈을 벌 수 있었다.

그러나 그 뒤 병인丙寅년(1986년, 36세), 정묘丁卯년(1987년, 37세)의 화기火氣가 용신 신금을 극하므로 부도가 나고 말았다. 정해丁亥 대운 중 금기金氣가 강한 임신壬申년(1992년, 42세), 계유癸酉년(1993년, 43세)에 중견 건설 업체 H건설의 사장 자리를 얻어 안정되는 듯했으나 이듬해 갑술甲戌년(1994년, 44세), 을해乙亥년(1995년, 45세)에 회사가 부도나고, 회사 부채에 보증을 섰던 C씨는 기소 중지되는 등 풍파를 겪었다.

병술丙戌 대운에는 병丙 대운 중 화기가 강한 신사辛巳, 임오壬午, 계미癸未년(2001년~2003년, 51세~53세)에 잠적을 하는 등 고난을 겪었지만 연운이 금인 갑신甲申, 을유乙酉, 병술丙戌년(2004년~2006년, 54세~56세)에 의외로 기사회생하게 되었다. 부도 전에 사 둔 부동산 가격이 올라서 그간의 빚을 청산할 수 있었던 것이다. 병술 대운 중 병술년은 용신 신금을 생하는 술토가 겹치므로 이런 반전이 가능했다.

병술 대운 중인 무자戊子, 기축己丑년(2008년~2009년, 58세~

59세)부터는 H건설 계열의 작은 호텔 사장을 맡아서 평온한 시기가 왔다. 그 후 을유乙酉, 갑신甲申의 금 대운에도 무탈하게 지냈을 것으로 본다.

명조

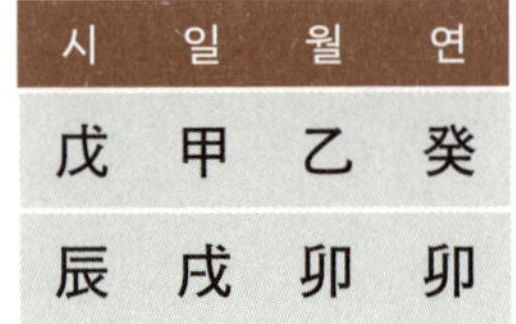

시	일	월	연
戊	甲	乙	癸
辰	戌	卯	卯

격국용신

신강/통관격通關格/화가 용신/ 통관용신通關用神 사례

대운

61	51	41	31	21	11	1	運程
壬	辛	庚	己	戊	丁	丙	
戌	酉	申	未	午	巳	辰	

격국용신을 어떻게 판단할 것인가

갑술甲戌 일주가 을묘乙卯월에 태어났다. 여명이다. 명조의 오른쪽을 보면 천간에 갑을목이 떠 있고, 지지에는 묘목 두 개가 나란히 붙어 있다. 갑목, 을목, 묘목이 근접해서 한 덩어리로 뭉쳐 있으니 목의 세력이 막강하다. 한편 명조의 왼쪽에는 천간에 무토, 지지에 진토와 술토가 붙어 있으니 토의 세력도 만만치 않다. 목이 명조의 오른쪽을 점령하고, 토가 명조의 왼쪽을 점령하여 대치하고 있는 형국이다.

이렇게 두 세력이 맞서고 있을 때는 이를 연결시켜 주는 오행을 용신으로 삼아야 한다. 화火가 목생화, 화생토로 대치하고 있는 목과 토를 연결시켜 주므로 통관용신通關用神으로 잡는다. 강한 목을 제어해 주는 금운도 좋다.

어떤 인생을 살았는가

주인공 K씨는 화운인 정사丁巳, 무오戊午, 기미己未 대운에 본인의 진학과 취업은 순조롭게 풀렸다. 단, 이 명조의 경우 남편은 일지 술토의 지장간支藏干 중 신辛금인데, 이것이 진술충辰戌冲으로 타격을 받았으니 배우자 궁이 흔들리고 있다. 여기에 더해 정사, 무오, 기미 대운의 화기가 남편인 신금을 극하니 결혼생활을 유지하기 어렵다. 실제로 K씨는 무오 대운 중인 경오庚午년(1990년, 28세)에 남편을 만나 신미辛未년(1991년, 29세)에 결혼했는데, 기미 대운 중인 무인戊寅, 기묘己卯년(1998년~1999년, 36세~37세)에 남편이 사업에 실패하고 바람을 피워 경진庚辰년(2000년, 38세)에 이혼했다.

이혼 후인 신사辛巳, 임오壬午, 계미癸未년에 잘 지내다가 관성운官星運인 경신庚申 대운이 시작된 갑신甲申년(2004년, 42세)에 새로운 남자를 만나 을유乙酉년(2005년, 43세)에 재혼했다. 이 남자는 관성운이 겹치는 경신 대운 갑신년에 만났으므로 제대로 된 남편을 만난 것이다. 능력 있는 남자이니 남편을 믿고 전업주부로 살아도 된다고 조언해 주었다.

④ 재벌 임원의 사주가 궁금하다면?

명조

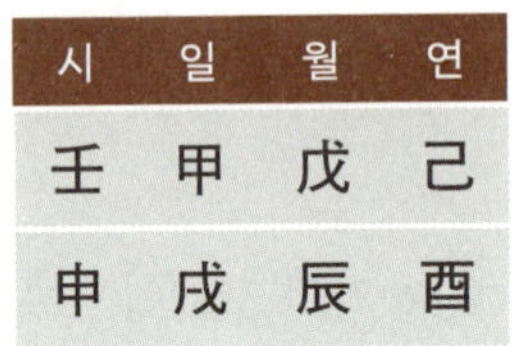

시	일	월	연
壬	甲	戊	己
申	戌	辰	酉

격국용신

신약/재중용겁격財重用劫格/목이
용신/재다극신약財多極神弱 사례

대운

68	58	48	38	28	18	8	運程
辛	壬	癸	甲	乙	丙	丁	
酉	戌	亥	子	丑	寅	卯	

격국용신을 어떻게 판단할 것인가

갑술甲戌 일주가 무진戊辰월에 태어났다. 월주 무진, 일지 술토, 연간 기토 등 토의 기운이 한 덩어리로 뭉쳐 있어 토의 세력이 극히 강하다. 지지에는 신유술申酉戌 방국方局이 있어 금의 세력도 상당하다. 일간 갑목의 뿌리는 월지 진토인데 진술충辰戌沖으로 진토 속에 있는 목의 뿌리가 절반 정도 깨져 있는 데다 재성인 토가 막강하고 관성인 금까지 만만치 않다. 인성인 시간 임수가 일간 갑목을 도와주더라도 역부족일 수밖에 없다. 재다

우당의 실전 사주명리학

극신약財多極身弱이다. 다만 진술충이 신유술 방국을 깨서 관살官殺 금의 세력이 약화되는 것은 일간 갑목에게는 좋은 점이다.

신약한데 재성이 강한 경우 비겁比劫이 용신이므로(용신 잡는 법 14번), 재중용겁財重用劫으로 목이 용신이고 수가 희신喜神이다. 이 명조는 일지 술토와 월지 진토가 충沖해서 불안이 내재되어 있다.

어떤 인생을 살았는가

H그룹 계열사 임원인 J씨의 명조이다. 병인丙寅 대운 중인 을해乙亥년(1995년, 27세)에 D그룹에 입사해 그룹 회장의 수행비서로 발탁된다. 인寅 대운은 용신인 목운이니 D그룹 입사 직후부터 승진 일로를 걷는다. 을축乙丑 대운 중인 신사辛巳년(2001년, 33세)에 사유축巳酉丑 금국金局이 이루어져 강한 관살이 용신 목을 극하니 사직하고, 소규모 그룹으로 옮겨 갑신甲申년(2004년)인 불과 36세에 B그룹 계열사 사장이 되었다.

갑자甲子 대운은 용신인 목과 희신인 수가 같이 오는 시기이니 한 단계 도약한다. 갑자 대운 경인庚寅년(2010년, 42세)은 대운과 연운에서 용신운이 겹치니 매우 좋은 해이다. 이때 J씨는 청와대 민정실에 공채로 들어가 3년을 근무했는데 이것이 도약의 계기가 되었다. 그 후 계사癸巳년(2013년, 45세)에 다시 민간 기업으로 돌아가 H그룹 임원이 되고, 계해癸亥 대운 기해己亥년(2019년, 51세)에 H그룹 계열사의 대표이사가 되는 등 승승장구했다.

명조

시	일	월	연
己	甲	丙	癸
巳	午	辰	卯

격국용신

신약/식중용인격食重用印格/수가 용신/배우자 궁에 식상이 왕한 여명 사례

대운

65	55	45	35	25	15	5	
癸	壬	辛	庚	己	戊	丁	運程
亥	戌	酉	申	未	午	巳	

격국용신을 어떻게 판단할 것인가

갑오甲午 일주가 병진丙辰월에 태어났다. 여명이다. 지지에 일지 오화, 시지 사화 등 화가 깔리고, 일간 갑목 바로 옆의 식신 병화는 일지 오화, 연지 묘목에 뿌리가 있어 기세가 막강하다. 반면에 일간은 갑기합甲己合으로 묶여 있으니 매우 약하다.

신약한데 식상食傷이 왕한 경우 인성이 용신이므로(용신 잡는 법 14번), 인성인 연간 계수가 용신이다. 인성인 연간 계수를 용신으로 잡기는 하지만 용신의 품질이 좋지는 않다. 계수가 월

지 진토에 간신히 뿌리내리기는 했으나 계수 바로 옆에 월간 병화가 있고, 지지에는 묘진卯辰 반합半合에 사화와 오화까지 있으니 계수는 목화의 세력에 완전히 포위당했다. 목은 계수의 수기를 빼앗아 가고, 왕성한 화기는 수기를 마르게 하니 용신 계수는 극히 약한 상태이다. 일간이 신약한데 용신까지 극히 약하니 험한 세파를 헤쳐 나갈 힘이 없다. 용신 대운에 약간 편해지는 것 외에는 일생이 고단하고 성취는 꿈도 꿀 수 없다.

이 명조는 식상이 강한 여성의 특징을 잘 보여 주는데, 식상이 왕한 사람은 예쁘게 꾸미고 멋 내기를 좋아하며 호기심이 강하다. 여성의 명조에서 배우자 궁에 강한 식상이 있으면 결혼 생활을 유지하기 어렵다. 식상은 여성의 남편 격인 관성을 극하기 때문이다. 결혼을 해도 별거나 이혼할 가능성이 높다.

어떤 인생을 살았는가

이 명조 주인공 S씨의 실제 삶을 보자. 초년부터 정사丁巳, 무오戊午, 기미己未 대운 등 30년의 화운 중에는 일을 성취할 수는 없지만 그래도 그럭저럭 지낼 수는 있었다.

문제는 경신庚申, 신유辛酉 대운이다. 신약한 갑목을 강한 금기가 치는 상황이 되니 큰 어려움이 닥치는데, S씨의 경우는 남자로 인한 문제였다. 경신 대운이 시작되자 남편이 바람을 피우고 못살게 굴어 갈등이 격화되었다. 경신 대운 갑신甲申년 (2004년, 42세)에 대운과 연운에서 금기가 겹쳐 들어오니 매우 힘든 해였다. 견디다 못한 S씨가 필자에게 상담하러 와서 이혼 해야 되는지를 물었다. 필자는 남편이 바람피워도 참고 살라고 했다. 강한 금기가 내리치는 경신, 신유 대운은 괴로울 수밖에 없는 시기라 남편에게서 벗어나도 어차피 다른 문제가 생기게 되어 있다. 또 S씨 본인의 운이 나쁘니 이혼하면 더 비참해진다. 필자는 운이 좋지 않은 경우에는 가능한 한 현상 유지가 낫다고 본다.

그런데 갑신년부터 S씨는 맞바람을 피우기 시작했다. 관살 운인 경신 대운 중에 다시 관성운인 갑신, 을유乙酉년이 되자 새 로운 남자를 만나게 된 것이다. 맞바람을 피우면서 위태롭게 결 혼 생활을 이어 가다가 신유 대운 기축己丑년(2009년, 47세)에 사 유축巳酉丑 금국金局이 되면서 갈등이 극에 달했다. 이즈음 S씨는 이혼할 것인지 심각하게 고민했는데, 경인庚寅년(2010년, 48세) 에 S씨가 바람피우는 것을 남편이 알게 되어 결국 이혼했다.

이혼 후 S씨는 식당에서 일하는 처지가 되었고 건강도 나빠 졌다. 결국 이혼하지 말고 위기를 넘기라는 필자의 조언을 듣지 않고 맞바람으로 대응한 것이 최악의 선택이었다.

 우당의 실전 사주명리학

⑥ 기신운에 사업 하면 십중팔구 패가망신

명조

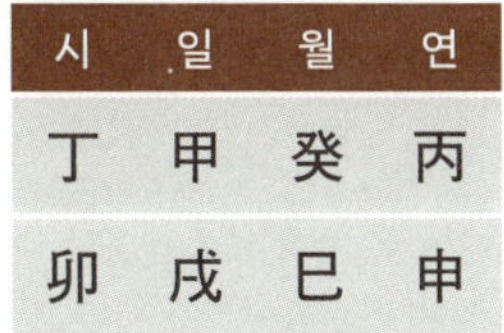

격국용신

신약/재중용겁격/목이 용신/입하
立夏 2일째 명조 사례

대운

70	60	50	40	30	20	10	
庚	己	戊	丁	丙	乙	甲	運程
子	亥	戌	酉	申	未	午	

격국용신을 어떻게 판단할 것인가

갑술甲戌 일주가 계사癸巳월에 태어났다. 이 사주의 갑술일은 입하立夏 2일째이다. 사巳월의 입하 초기에는 전월의 여기餘氣인 무토의 기운이 상당한 영향력을 발휘한다고 보아야 하므로 (용신 잡는 법 7번), 이 명조는 사월이기는 하지만 화로 보기보다는 토로 보아야 한다.

그렇게 보면 월지와 일지를 재성인 토가 점령하고 있으며, 일간 갑목은 시지 묘목 외에는 원군이 없다. 일간 바로 옆의 월간 계수에 의지하고 싶지만 계수는 능력이 없다. 월간 계수는 지지의 왕성한 토기土氣에 눌려 질식할 것 같은 데다 연간 병화까지 수기를 마르게 하니 갑목을 도와줄 여력이 없다. 따라서 일간 갑목은 신약하다. 신약한데 재성이 왕하면 비겁이 용신이므로 (용신 잡는 법 14번), 이 명조는 재중용겁격財重用劫格이고 묘목이 용신이다.

어떤 인생을 살았는가

주인공 L씨는 병신丙申 대운까지는 회사원으로 조용히 지냈다. 그러다 정유丁酉 대운이 오자 문제가 생겼다. 정유 대운에는 유酉금이 약한 갑목의 유일한 뿌리이자 용신인 묘목을 충沖하니, 갑목의 뿌리가 완전히 잘려 나간다. 게다가 신유술申酉戌 금방국金方局까지 이루어지니, 큰 도끼가 약한 갑목을 찍는 형국이다. 일간과 용신이 모두 무자비한 도끼날에 찍히는데 제정신을 차릴 수 있겠는가. 이런 상황에서는 이성을 잃고 어리석은 결정을 내려 패가망신하게 된다.

정유 대운 경진庚辰년(2000년, 45세)에 L씨는 잘 다니던 회사를 그만두고 퇴직금으로 사업을 시작했다. 그러나 불과 1년 후인 신사辛巳년(2001년, 46세)에 퇴직금을 완전히 날려 빈털터리로 전락했고, 형의 사우나에서 잡일을 하는 처지가 되었다. 관살운은 사회 활동을 의미하므로 이 시기에 사업을 시작하는 경우가 많다. 그러나 관살이 기신忌神일 경우 성공 확률은 거의 없

 우당의 실전 사주명리학

다. 특히 이 명조처럼 일간과 용신이 날아가는 상황에서 사업을 하면 십중팔구 망하는 길이다.

L씨가 회사를 그만두고 사업을 시작한 경진년은 대운에서 오는 유금이 묘유충卯酉冲, 신유술 금방국을 이루고 다시 연운과 진유합辰酉合까지 더해지니 금기가 극히 강한 해였다. 이 강한 금기가 L씨의 판단을 흐려서 절대 성공할 수 없는 사업에 뛰어들게 만든 것이다. 불리한 운에는 새로운 시도를 하지 말고 현상 유지를 하면서 건강과 재산을 지키는 것이 삶의 목표가 되어야 하는데, L씨는 정반대로 갔고 결과는 참담했다. 이후 무술戊戌 대운에는 부동산업에 손댔으나 역시 빚만 남았다. 이처럼 일간의 뿌리가 완전히 끊기는 충격을 받으면 그 후 좋은 운이 와도 회복하기 어려운 경우가 많다.

명조

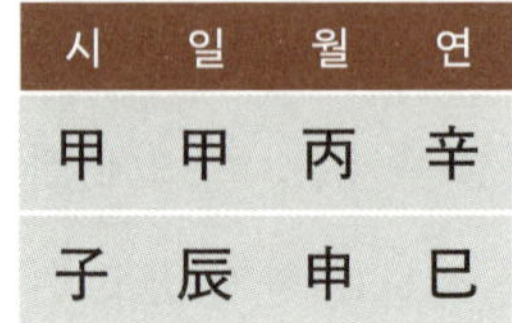

시	일	월	연
甲	甲	丙	辛
子	辰	申	巳

격국용신

신약/살인상생격殺印相生格/수가
용신/격이 높은 명조

대운

65	55	45	35	25	15	5	運程
己	庚	辛	壬	癸	甲	乙	
丑	寅	卯	辰	巳	午	未	

격국용신을 어떻게 판단할 것인가

갑진甲辰 일주가 병신丙申월에 출생했다. 칠살七殺인 신금이 자수, 진토와 신자진申子辰 수국水局을 이루어 나를 돕는 기운으로 변화했으니, 살인상생殺印相生 구조이다. 살인상생은 내 적이 나를 도와주는 요소로 변화하니 격이 높은 사주이다.

일간 갑목은 일지 진토와 시지 자수에 뿌리를 두고, 시간 갑목의 도움도 받으니 어느 정도는 힘이 있다. 그러나 연주가 신사, 월주가 병신이므로 전반적으로 보면 화금의 기운이 약간 더 우세하다. 신약으로 판단해야 하지만, 일간의 세력도 상당한 힘이 있으므로 약간 신약한 수준이지 많이 약하지는 않다. 신약한데 식상과 관살이 유력하면 인성이 용신이므로(용신 잡는 법 14번), 인성인 수가 용신이고 목이 희신이다. 지지에 신자진 수국이 이루어지고 있으니 용신 수가 매우 유력하다. 일간이 힘이 있고 용신도 매우 유력하며 살인상생이니 격이 높은 사주이다. 이런 사주는 어려운 시기를 만나도 결정적인 타격은 받지 않는다.

어떤 인생을 살았는가

주인공 L씨는 정보기관의 고위급이었다. 격이 높은 사주이므로 최고의 권력을 휘둘렀던 정보기관에서 고위급까지 갈 수 있었다.

L씨는 계사癸巳 대운 무신戊申년(1968년, 28세)에 정보기관에 공채로 입사했다. 무신년은 신자진 수국이 두 번 이루어지는 해라 좋은 직장에 들어가게 된 것이다. 임진壬辰 대운은 대운에서 용신 임수가 오고 신자진 수국이 거듭 이루어지는 유리한 운이니 순차적으로 승진했고, 신묘辛卯 대운도 역시 순탄하게 잘 지냈다.

문제는 경인庚寅 대운에 발생했다. 경인 대운은 천간에서는 경금이 갑목을 치고 인목이 신금을 충해, 이 사주의 가장 큰 장점인 신자진 수국을 깨뜨리니 어려움이 찾아온다. 경인 대운 첫해인 병자丙子년(1996년, 56세)에 L씨는 정보기관의 제1특보로 승진하여 의기양양했지만, 나쁜 시기에 발생하는 좋은 일은 화근이 되기 쉽다. 다음 해인 1997년(정축丁丑년)에 제15대 대통령 선거가 있었는데, 이 선거에서 여당의 L후보, 야당의 D후보가 대결하게 되었다. 당시 L씨가 몸담았던 정보기관은 12월 18일 선거일 전인 11월 27일에 간첩단 사건을 발표했는데, 이는 여당 후보를 위한 정보기관의 공작이 상당히 개입된 사건이었다. 만약 L후보가 당선되었더라면 무사히 넘어갔을 텐데, 야당의 D후보가 당선되었으니 L후보 지지 공작에 깊이 관여했던 L씨가 무사하기는 어려웠다.

정축년 다음 해인 무인戊寅년(1998년, 58세) 경인庚寅월에 L씨는 옷을 벗었다. 경인 대운 무인년 경인월은 인목이 월지인 신금을 세 차례나 충하니 갑자기 흉한 일이 일어나게 되어 있다. 사안의 성격상 구속되어 감옥에 갈 수도 있는 위태한 상황이었으나 신자진 수국의 보호를 받는 격이 높은 사주라서 큰 화는 입지 않고 퇴직하는 정도로 마무리할 수 있었다.

재물은 운 따라 왔다가 간다

명조

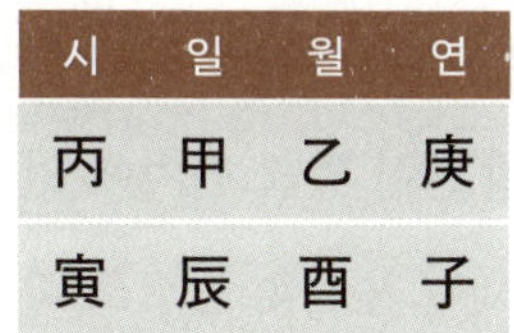

시	일	월	연
丙	甲	乙	庚
寅	辰	酉	子

격국용신

신약/관중용인격官重用印格/수가
용신/신약에 용신까지 약한 명조

대운

68	58	48	38	28	18	8	運程
壬	辛	庚	己	戊	丁	丙	
辰	卯	寅	丑	子	亥	戌	

격국용신을 어떻게 판단할 것인가

갑진甲辰 일주가 을유乙酉월에 태어났다. 월지 유금과 연간 경금이 있고, 일지 진토와 월지 유금이 합하여 진유합금辰酉合金이 되니 금기가 매우 강하다. 강한 금기에 눌리고 있는 일간 갑목을 도와줄 원군 후보는 시지 인목, 월간 을목, 연지 자수인데 모두 별 도움이 안 된다. 연지 자수는 멀리 떨어져 있어 영향력이 미미하고, 월간 을목은 금으로 둘러싸인 데다 을경합乙庚合으로 묶여 있어 일간을 도울 여유가 없다. 시지 인목은 진유합이 된 금의 공격을 받고 있는데, 시간 병화에게도 기운을 빼앗기니 갑목의 뿌리로는 미약하다. 따라서 일간은 신약하고 금의 세력은 막강하다.

신약한데 관성이 강하면 인성이 용신이므로(용신 잡는 법 14번), 인성 자수를 용신으로 잡을 수밖에 없다. 비겁인 목이 희신이다. 용신은 일간과 가까워야 좋은데 용신이 멀리 연지에 있으니 사주의 격이 떨어진다. 일간이 약한 데다 용신의 품질도 좋은 편이 아니므로 용신운인 정해丁亥, 무자戊子 대운은 괜찮지만, 용신인 자수를 극하는 기축己丑 대운과 금기가 강한 경인庚寅 대운이 오면 무사하기 어렵다.

기축 대운에는 갑기합甲己合과 유축酉丑 반합半合, 자축子丑 반합이 이루어진다. 갑기합은 일간이 재성인 기토와 합이 되고 자축 반합은 용신인 자수가 재성 축토와 합이 된다. 일간과 용신이 모두 재성과 합이 되면 재물에 대한 욕심이 과해진다. 유축합은 관살을 강화시키므로 사회 활동이나 사업 욕심이 생기게 된다. 이 요소들을 종합하면 기축 대운에 재물에 대한 욕심이 과해져 무리한 사업을 벌이다가 고난을 겪을 것이라고 짐작된다.

어떤 인생을 살았는가

주인공 R씨는 부유한 부모 덕을 크게 보았다. 이 명조처럼 조상, 부모 자리인 연월에 용신이 있으면 부모를 잘 만나는 경우가 많다. 정해 대운 계해癸亥년(1983년, 24세)에 부모가 도와

우당의 실전 사주명리학

줘 당시로서는 흔치 않았던 미국 유학을 갈 수 있었다. 유학 기간 중인 병인丙寅년(1986년, 27세)에 우연히 수산업에 뛰어들었는데 의외로 큰돈을 벌었다. 이 일로 아버지의 인정을 받아 정해 대운 정묘丁卯년(1987년, 28세)에 아버지로부터 도심의 큰 도로변 대지 500평과 큰 사찰 초입 땅 2천 평을 증여받았다. 정해 대운의 정묘년은 인묘진寅卯辰 방합方合, 인해합寅亥合이 이루어져 용신 대운에 희신 연운이다. 그래서 불과 28세인 R씨에게 큰 재산이 생긴 것이다. 그는 증여받은 땅에 건물을 올리고 결혼도 했다. 서른도 안 되어 큰 부자가 되었으니 장밋빛 미래가 기다리는 것 같았다.

그러나 행운은 수운인 무자 대운까지였다. 무자 대운이 끝날 무렵인 정축丁丑년(1997년, 38세)에 투자로 인한 문제가 발생해 기축 대운 경진庚辰년(2000년, 41세)에 거액의 손해를 보았고, 다음 해인 신사辛巳년(2001년, 42세)에 결국 부도가 났다. 기축 대운은 기축이 용신 자수를 극하고, 신사년은 사유축巳酉丑 금국金局이 이루어지므로 결정적인 타격을 받게 되는 것이다. 다음 해인 임오壬午년(2002년, 43세)도 연운의 오화가 용신인 자수를 충하므로 힘들었고, 남은 기축 대운도 내내 힘들게 살아야 했다.

그러다 경인 대운 초입인 기축己丑년(2009년, 50세)에 완전히 패가망신했다. 경인 대운 기축년은 대운의 경금이 강한 금의 세력을 한층 더 강하게 만들어 약한 일간 갑목을 치고, 연운의 기축이 용신 자수를 극한 것이다. 일간과 용신이 모두 날아가니 살 집도 없는 비참한 지경까지 갔다. 그 후 경인 대운 신묘辛卯년은 대운과 연운에서 비겁이 오니, 큰형이 집을 마련해 줘서 간신히 먹고사는 정도는 되었다. 20대에 이미 큰 땅 부자였던 사람으로서는 상상도 안 되는 몰락이다. 재산은 운이 가져다주고 가져간다는 사실을 일깨워 주는 명조이다.

명조

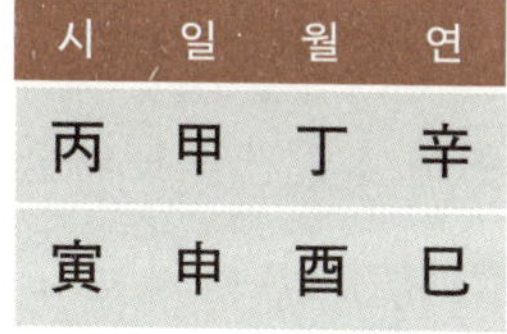

시	일	월	연
丙	甲	丁	辛
寅	申	酉	巳

격국용신

극신약/살중용인격殺重用印格/수가 가假용신/살다극신약殺多極身弱, 극설교가剋洩交加에 무인성 – 최하위격 명조 사례

대운

68	58	48	38	28	18	8	運程
庚	辛	壬	癸	甲	乙	丙	
寅	卯	辰	巳	午	未	申	

격국용신을 어떻게 판단할 것인가

갑신甲申 일주가 정유丁酉월에 태어났다. 월지 유금과 연지 사화의 사유합巳酉合, 월지 유금과 일지 신금의 신유합申酉合에 연간 신辛금까지 더해지니 금기가 막강하다.

일간 갑목은 시지 인목에 간신히 뿌리를 두지만, 인목은 일지 신申금의 충을 받아 깨진 상태이다. 특히 이 명조의 신금은 신유합, 사유합으로 금기가 극히 강한 상태라, 이 인신충寅申冲의 파괴력은 보통의 인신충보다 훨씬 강하다. 결과적으로 인목은

갑목 기본

70퍼센트가 날아가고 30퍼센트만 남았다. 일간 갑목의 양쪽에서 병정화가 갑목의 기운을 빼앗아 가서 갑목은 허탈 상태인데, 갑목의 유일한 뿌리인 인목조차 3분의 1만 잔존해 있으니 극신약이다. 극신약인데 칠살의 세력은 막강하니 극신약 중에서도 가장 나쁜 살다극신약殺多極身弱이다.

살다극신약은 강한 칠살의 기운을 수렴해서 일간을 도와줄 인성이 반드시 필요하지만, 이 명조에는 인성이 없다. 어쩔 수 없이 대운에서 오는 수를 가假용신으로 잡아야 한다(살중용인殺重用印). 그러나 대운에서도 제대로 된 수운은 오지 않고, 임진壬辰 대운에 수운이 잠시 왔다가 가버린다.

설상가상으로 금기와 화기가 동시에 있어 극剋과 설洩이 교가交加한다. 살다극신약과 극설교가剋洩交加가 겹쳤는데, 인성이 없으니 사주의 격이 최하위이고 파격破格에 가깝다. 겨우 목숨만 부지하면서 지옥 같은 생활을 하게 되니, 한마디로 살아도 산 것이 아니다. 그나마 가용신인 수기가 있는 임진 대운이 나은데 극신약 사주라 이 시기에도 연운에 따라 기복이 심하다.

어떤 인생을 살았는가

주인공 K씨는 선원이었다. 부모와 조상 자리인 연월에 기신인 화금이 가득하고, 초년도 화운인 을미乙未, 갑오甲午 대운이니 당연히 부모로부터 받은 건 아무것도 없었다. 갑오 대운 중 수운인 신해辛亥, 임자壬子, 계축癸丑년(1971년~1973년,

   우당의 실전 사주명리학

31~33세)에 약간 돈을 벌어 갑인甲寅년(1974년, 34세)에 작은 어선을 구입해 살길을 찾는 듯했다. 하지만 오누 대운 병진丙辰년(1976년, 36세)에 바다 한가운데서 어로 작업 중 폭풍우를 만나 인명 사고가 나는 바람에 사업이 잘되지 않았다. 계사癸巳 대운 중인 경신庚申, 신유辛酉년(1980년~1981년, 40세~41세)에는 관살이 강해지니 사건 사고, 고소 고발이 끊이지 않았다.

용신운인 임진壬辰 대운이 그나마 평온했지만 이때도 불리한 연운이 오면 탈이 났다. 임진 대운 정축丁丑년(1997년, 57세)에 신장을 적출하고, 신묘辛卯 대운 경진庚辰년(2000년, 60세)에 방광을 제거한 상태로 연명하다가 경인庚寅 대운 첫해인 기축己丑년(2009년, 69세)에 사유축巳酉丑 금국金局이 이루어져 일간 갑목을 내리치니 사망했다. 최하위격 사주의 일생이 어떠한지를 보여 주는 명조이다.

명조

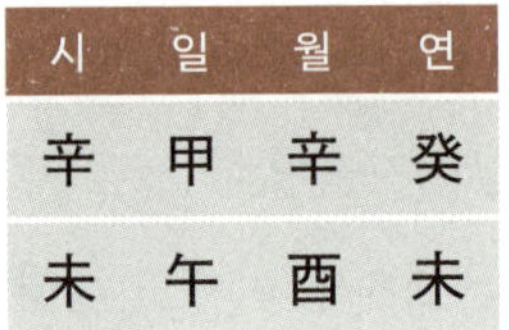

시	일	월	연
辛	甲	辛	癸
未	午	酉	未

격국용신

종세격從勢格/토가 용신/갑목 종세격 사례

대운

68	58	48	38	28	18	8	運程
甲	乙	丙	丁	戊	己	庚	
寅	卯	辰	巳	午	未	申	

격국용신을 어떻게 판단할 것인가

갑오甲午 일주가 신유辛酉월에 태어났다. 지지에 갑목이 뿌리내릴 곳이 없고, 인성인 연간 계수는 멀리 떨어져 있는 데다 토금에 막혀 도움을 주지 못한다. 뿌리가 없는데 원군도 없으니, 갑목은 자신을 버리고 강한 세력을 종從한다.

종격從格에서 관살, 재성, 식상이 고르게 배합되면 종세격從勢格이 되고, 이때는 재성이 용신이다(용신 잡는 법 17번). 따라서 이 명조는 재성 미토를 용신으로 잡는다. 관성 금이 희신이다.

월주를 점령한 관성 금의 세력이 가장 강하지만 일지 오화와 연지, 시지의 두 미토도 있어 식상 화의 세력도 만만치 않아 극설이 교가한다. 극설교가 사주는 두뇌 회전이 빠르고 순발력이 있다. 관성이 막강한 극설교가 사주의 소유자가 재성이 용신이니 끊임없이 사업을 구상해서 돈을 벌려고 한다.

어떤 인생을 살았는가

주인공 O씨는 기미己未 대운 을사乙巳년(1965년, 23세)에 부산시 공무원이 되었다. 3년 뒤인 무신戊申년(1968년, 26세)에 극설교가 사주답게 머리를 굴려서 뒷돈을 받을 수 있는 세무공무원으로 들어가 원하는 대로 한동안 돈을 잘 벌었다. 그러나 끊임없이 돈을 좇아야 하는 운명의 O씨는 공무원이 맞지 않았다.

무오戊午 대운 무오戊午년(1978년, 36세)에 대운과 연운에서 화운이 겹쳐 왕성한 식상의 부추김을 받자 O씨는 공무원을 그만두고 사업을 시작한다. 필자의 경험을 보면 사업을 시작하게 되는 운은 대체로 두 가지이다. 첫 번째는 관살운이다. 관살은 사회 활동을 의미하므로 관살운에 사업을 시작하는 경향이 있다. 두 번째는 식상운이다. 식상은 전통적인 것을 거부하고 새로운 것을 추구하므로 식상운에 사업을 시작하게 되는 경우도 많다.

O씨는 무오 대운 경신庚申년(1980년, 38세)에 나이트클럽을 인수하여 신유辛酉년(1981년, 39세)까지 2년간 돈을 많이 벌었

지만, 임술壬戌년(1982년, 40세)에 건물이 헐려서 사업을 접어야 했다. 그 후 정사丁巳 대운 중 계해癸亥, 갑자甲子, 을축乙丑, 병인 丙寅, 정묘丁卯년(1983년~1987년, 41세~45세)까지 연운이 수목 水木으로 흐르자 되는 일 없이 실패를 거듭했다.

종격의 경우 자기를 버리고 다른 세력을 좇아야 하므로 인 성, 비겁운이 와서 일간을 도와주면 종격의 본질에 반하게 되어 매우 좋지 않다. 실패를 거듭하자 O씨는 정사 대운 무진戊辰년 (1988년, 46세)에 회사에 들어가 10년 정도 조용히 지냈으나, 병 진丙辰 대운 무인戊寅년(1998년, 56세) 연운에 목운이 오자 회사 부도로 그만둘 수밖에 없었다.

을묘乙卯 대운은 묘유충卯酉冲으로 약한 목이 희신인 금을 건드리니 왕신충발旺神冲拔("왕신이 쇠한 자를 충하면 쇠한 자가 뽑히고, 쇠한 자가 왕신을 충하면 왕신이 들고 일어난다旺神冲衰衰者 拔 衰者冲旺旺神發"라는 뜻. 출전:《적천수》)과 비슷한 상황이 일어 난다. 이런 시기에 O씨가 할 일이 있을 리 없다. 을묘 대운부터 는 무직으로 살다가 대운이 끝나는 경인庚寅년(2010년, 68세)에 암 수술까지 했다. O씨의 인간다운 삶은 사실상 을묘 대운에서 끝난 것이나 마찬가지였고, 그 후의 삶은 살아도 산 것이 아니 었다.

⑪ 대담함이 지나쳐 결국 철창행!

명조

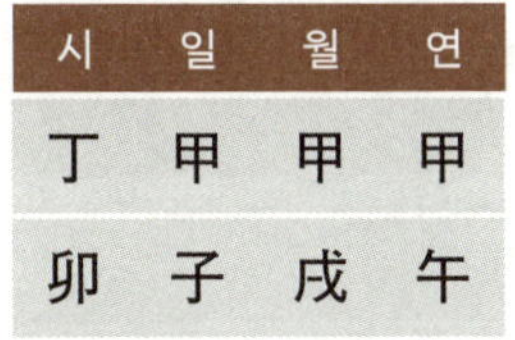

시	일	월	연
丁	甲	甲	甲
卯	子	戌	午

격국용신

신강/상관생재격傷官生財格/토가
용신/비겁이 강하면 대담하다

대운

61	51	41	31	21	11	1	運程
辛	庚	己	戊	丁	丙	乙	
巳	辰	卯	寅	丑	子	亥	

격국용신을 어떻게 판단할 것인가

갑자甲子 일주가 갑술甲戌월에 태어났다. 지지에서 일지 자
수와 시지 묘목이 일간 갑목의 뿌리가 되고, 천간에는 갑목이 셋
이나 나란히 대오를 형성하고 있다. 비겁이 매우 강하니 신강 사
주이다. 신강은 관살-재성-식상 순으로 용신을 잡는다(용신 잡
는 법 12번). 관살은 없고, 재성 술토가 월지를 차지하며, 연지 오
화와 시간 정화의 생을 받아 유력하니 술토가 용신이다. 용신 술
토를 생해 주는 식상 화가 희신으로 상관생재격傷官生財格이다.

이 명조는 일간 갑목의 뿌리가 튼튼하고 천간에 갑목 셋이 나란히 떠 있으니 비겁이 매우 강한 것이 특징이다. 강한 비겁이 나의 힘을 몇 배로 강화시키기 때문에 독립심이 강하고 대담하다. 때로는 대담함이 지나친 나머지 법과 질서를 어기는 행동도 서슴지 않는다.

어떤 인생을 살았는가

주인공 L씨는 젊은 시절부터 사업 욕심이 있었으나 자금이 없어 실행하지 못하다가 무인戊寅 대운에 사업을 시작했다. 무인 대운은 용신 토가 오고, 인오술寅午戌 화국火局으로 희신 화가 왕성하여 용신 술토를 도우므로 매우 좋은 시기였다. L씨는 무인 대운 중인 신미辛未년(1991년, 38세)에 사업을 시작했는데, 방법이 대담했다. S자동차 회장을 찾아가 자신을 믿고 레미콘차 10대만 빌려 달라고 요청한 것이다. 보통 사람이 생각하기에는 무모하기 짝이 없는 요구인데 대운과 연운의 도움 덕분인지 S자동차 회장은 L씨의 요구를 들어주었다.

그러나 임신壬申, 계유癸酉년(1992년~1993년, 39세~40세)에는 연운이 나빠 사업이 부진했다. 갑술년(1994년, 41세)에는 대운과 연운에서 화국이 겹치자 L씨는 다시 한 번 대담한 시도를 했다. 50억 원도 안 되는 땅값을 부풀려 100억 원이 넘는 대출을 받은 것이다. 금융기관 담당자들에게 거액의 커미션을 주고 성사된 부정 대출이었다. 무인 대운까지는 대운의 힘으로

L씨의 대담한 행보가 성과를 거두는 것 같았다.

　하지만 기묘己卯 대운이 되어 묘목이 용신 술토를 극하니 행운은 끝이 났다. 병자丙子년(1996년, 43세)에 회사가 부도났고, 기묘己卯년(1999년, 46세)에는 대운과 연운에서 두 묘목이 용신 술토를 극하자 배임과 횡령 혐의로 구속되어 수년간 형을 살았다. 그 후 경진庚辰 대운에는 진술충辰戌沖이 용신 술토를 쳐서 토를 약화시키고 자진子辰 수국은 희신 화를 극하니 삶은 고난뿐이었다.

명조

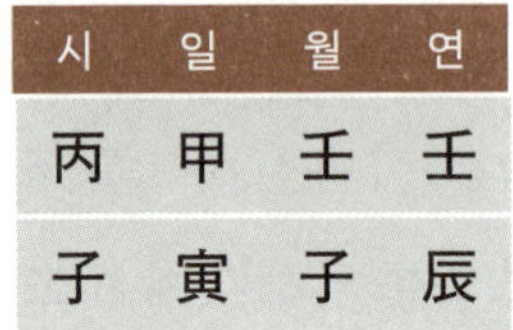

시	일	월	연
丙	甲	壬	壬
子	寅	子	辰

격국용신

조후/조후로 화가 용신/전형적인 수탕기호水蕩騎虎 사례

대운

61	51	41	31	21	11	1	
己	戊	丁	丙	乙	甲	癸	運
未	午	巳	辰	卯	寅	丑	程

격국용신을 어떻게 판단할 것인가

갑인甲寅 일주가 임자壬子월에 태어났다. 월지가 자수인 데다 연주 임진, 월주 임자 네 글자가 하나로 뭉쳐 막강한 수기를 형성하니 쓰나미가 밀어닥치는 형국이다. 범람하는 수기에 일간 갑목은 물에 뜬 나무가 되지만, 다행히 일지 인목이 있으니 인목에 의지해 뿌리내린다. 전형적인 수탕기호水蕩騎虎(갑목 명조에서 수기가 너무 왕성해 범람하는 상황이 되면 호랑이인 인목寅木에 올라타 의지해야 한다는 뜻. 출전:《적천수》) 갑목 사례이다.

자월에 수기도 막강하니 조후로 화가 용신이다. 시간 병화가 일지 인목에 뿌리를 내리니 병화를 용신으로 잡는다. 수기를 설하면서 용신을 돕는 목이 희신이다.

어떤 인생을 살았는가

주인공 S씨는 초년의 갑인甲寅, 을묘乙卯 대운이 희신인 목운이라 평온하게 지냈다. 병진丙辰 대운은 대운의 진토가 자진합子辰合을 한 번 더 이루니 직장 생활이 매우 힘들었다고 한다.

정사丁巳 대운부터는 용신인 화운이 시작되었다. 그러나 정사 대운 경진庚辰년(2000년, 49세)에 연운에서 수금운이 오니 다니던 회사가 부도나서 실직하게 되었다. 신사辛巳, 임오壬午, 계미癸未년(2001년~2003년, 50세~52세) 화운 3년간 양말 수출 회사를 차려 잘 운영하다가 갑신甲申년(2004년, 53세)에 새 사업을 시작했는데 큰 손해를 입었다. 갑신년은 신자진申子辰 수국水局이 이루어지고, 연운의 신금이 용신 병화의 뿌리인 인목을 충하니 매우 좋지 않았던 것이다. 그 후 을유乙酉년(2005년, 54세)까지는 힘들게 지냈다.

다음 해인 무오戊午 대운 병술丙戌년은 인오술寅午戌 화국火局이 이루어져 용신인 화기가 강해지니 S씨에게는 매우 좋은 시기였다. 이해에 S씨는 아버지 재산을 상속받아 돈 문제를 한꺼번에 해결할 수 있었다. 상당한 재산이 생기자 S씨는 더 이상 새로운 시도를 하지 않고 편안하게 지냈다.

명조

시	일	월	연
庚	甲	己	庚
午	寅	丑	子

격국용신

조후/조후로 화가 용신/용신운에
일확천금한 사례

대운

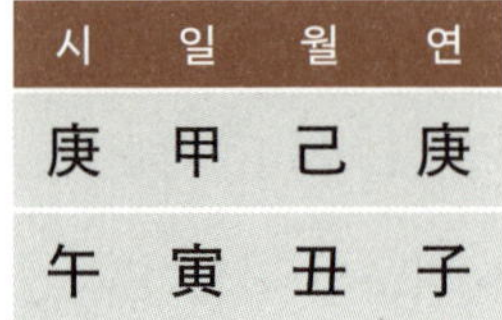

65	55	45	35	25	15	5	運程
丙	乙	甲	癸	壬	辛	庚	
申	未	午	巳	辰	卯	寅	

격국용신을 어떻게 판단할 것인가

갑인甲寅 일주가 기축己丑월에 태어났다. 갑을목이 지지에 뿌리를 두고 해자 축월에 태어나면 조후調候로 화가 용신이므로 (용신 잡는 법 22번), 이 명조의 용신은 시지 오화이다. 오화는 일지 인목과 인오합寅午合을 이루어 화기가 강하니 용신이 상당히 유력하다. 갑기합甲己合으로 일간 갑목이 기토 재성과 묶여 있는데, 나 자신이 재물과 하나가 된 것이므로 돈 욕심을 과하게 부리게 된다. 또한 갑목의 양쪽에서 칠살 경금이 갑목을 치고 들어오므로 관재官災가 그치지 않는다. 이 두 가지 요소를 종합해 보면 돈 욕심으로 무리수를 두다가 운이 나빠지면 관재에 휘말릴 것으로 짐작된다.

어떤 인생을 살았는가

주인공 K씨는 기획부동산 업자였다. 임진壬辰 대운에는 자진합자辰合子으로 수기가 왕성해 용신 화가 꺼지니 되는 일이 없어 도박으로 세월을 보냈다. 계사癸巳 대운이 와도 초반인 을해乙亥, 병자丙子, 정축丁丑년(1995년~1997년, 36세~38세)에는 수기가 강한 연운의 영향으로 고전했다.

계사 대운 무인戊寅년(1998년, 39세)에 K씨는 필자에게 남의 카드로 손님을 접대하고 있는 신세라고 털어놓으며 "언제쯤 돈을 벌 수 있습니까"라고 물었다. 필자는 계사 대운의 신사辛巳, 임오壬午, 계미癸未년(2001년~2003년, 42세~44세)이 오면 적어도 100억 원 이상 벌 것이라고 말해 주었다. 계사 대운의 신사, 임오, 계미 3년은 대운과 연운에서 용신인 화운이 겹쳐 오는 때라 K씨의 인생에서 가장 좋은 시기였기 때문이다. K씨는 필자의 말을 믿지 않았다. 지금 빈털터리인데 불과 몇 년 안에 100억 원 넘게 번다니 믿을 수 없었을 것이다.

그런데 계사 대운 신사辛巳년(2001년, 42세)에 거짓말처럼 행운이 찾아왔다. 서산 당진의 지주가 K씨에게 임야 수십만 평을 팔아 달라고 한 것이다. 평당 1만 원씩만 자기한테 주면 나머지는 알아서 가지라는 조건이었다. K씨는 이 땅을 기반으로 기획부동산 회사를 차린 후 평당 20만~30만 원씩 받고 팔아서 엄청난 이익을 남겼다. 본인 말로는 계사 대운 신사, 임오, 계미 3년에 300억 원을 벌었다고 했다. 벼락부자가 된 김에 유명 탤런트와 해외여행을 다니면서 돈을 물 쓰듯 썼다. 이때가 K씨의 전성기였으나 오래가지 않았다.

갑신甲申년 갑신월(2004년, 45세) 연월의 두 신금이 갑목의 뿌리인 일지 인목을 쌍충雙沖하자 세무조사를 받았고 결국 80억 원을 추징당했다. 쇠퇴기가 시작된 것이다. 그 뒤 갑오甲午 대운의 경인庚寅, 신묘辛卯년(2010년~2011년, 51세~52세)에 사업을 벌여 100억 수익을 얻었으나, 다음 해인 임진壬辰년(2012년, 53세)에 친구 사채에 투자하여 3분의 2를 날렸다. 그 후로도 손해가 계속되고 길흉이 교차하는 상황에서 각종 형사 고소와 고발, 민사 소송 등으로 10년 정도 계속 시달려야만 했다. 대운의 도움으로 요행히 감옥까지 가지는 않았으나 늘 구속될까 떨면서 세월을 보냈다.

을미乙未 대운 경자庚子년(2020년, 61세)이 되자 위에서는 칠살 경금이 일간 갑목을 극해剋害하고 아래에서는 자수가 용신 오화를 충거沖去하니 결국 가진 돈을 거의 날렸다.

　　　　　　　　　　　　　　　우당의 실전 사주명리학

을목 기본

을목 기본

명조

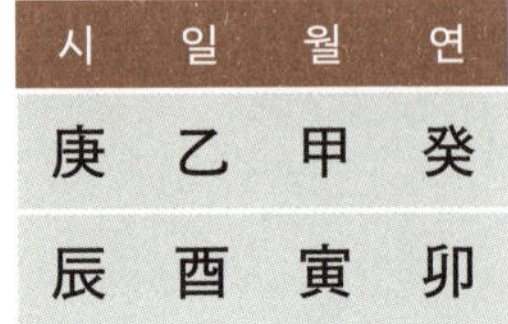

시	일	월	연
庚	乙	甲	癸
辰	酉	寅	卯

격국용신

신약/상관제살격傷官制殺格/병약
설病弱說로 식상 화가 용신/입춘
7일째 명조

대운

62	52	42	32	22	12	2	
丁	戊	己	庚	辛	壬	癸	運程
未	申	酉	戌	亥	子	丑	

격국용신을 어떻게 판단할 것인가

을유乙酉 일주가 갑인甲寅월에 태어났다. 인월이니 입춘으로부터의 날짜를 살펴야 한다. 이 명조의 을유일은 입춘 7일째이므로 월지는 축토로 보아야 한다(용신 잡는 법 7번). 월지를 축토로 보면 일간 을목은 월지에 뿌리를 못 내리게 된다. 게다가 월지 축토가 관살인 일지 유금과 시간 경금을 한층 더 강하게 하고 지지에서 진유합금辰酉合金까지 되니 관살이 매우 강한 명조이다. 일간 을목은 막강한 지지의 관살로부터 극을 당해서 힘든

데 시간 경금과 을경합乙庚合으로 더 약해진다. 그래도 바로 옆에 갑목이 있어 등라계갑藤蘿繫甲(등나무 덩굴 같은 을목이 갑목과 얽혀 있는 상황을 지칭. 을목 바로 옆에 갑목이 있어 을목의 의지처가 된다는 뜻. 출전:《적천수》)이 되고, 연지 묘목도 약간은 의지처가 되어 종하지는 않는다.

급박하게 치고 들어오는 막강한 관살의 세력을 막는 것이 급선무이므로(병약설病弱說), 비록 원국에는 없지만 관살 금을 제어하는 식상 화를 용신으로 잡아야 한다(상관제살傷官制殺). 비겁 목이 희신이다.

어떤 인생을 살았는가

주인공 H씨는 신해辛亥 대운 경오庚午년(1990년, 28세)에 사업을 시작했다. 이 명조에서 임자壬子, 신해 대운은 인성운인 수운인데 원국에 용신인 화가 없어 용신과 직접적으로 충돌하지 않으므로 무난한 운이 된다. 경오년에 시작한 사업은 경술庚戌 대운까지는 좋았다 나빴다를 반복하다가 술戌 대운의 신사辛巳, 임오壬午, 계미癸未년(2001년~2003년, 39세~41세)의 용신 화가 오는 시기에 자기 회사를 상장하기에 이르렀다.

기유己酉 대운이 오자 불행이 닥쳤다. 기유 대운은 관살인 금의 힘을 강하게 하고 갑기합甲己合으로 갑목을 합거하며, 묘유충卯酉沖으로 연지 묘목을 깨뜨려 일간 을목의 의지처를 모두 없애 버리니, H씨에게는 결정적으로 나쁜 운이다. 기己 대운 중인 무자戊子년(2008년, 46세)에 글로벌 금융 위기가 발생했고 키코 사태(2008년 글로벌 금융 위기 무렵 한국의 중소기업들이 외환 파생상품인 키코KIKO에 대거 가입했다가 막대한 손실을 본 사건)가 터졌다. 이로 인해 H씨의 회사는 막대한 손실을 입었고, 유酉 대운 경인庚寅년(2010년, 48세)에 결국 파산하고 말았다.

명조

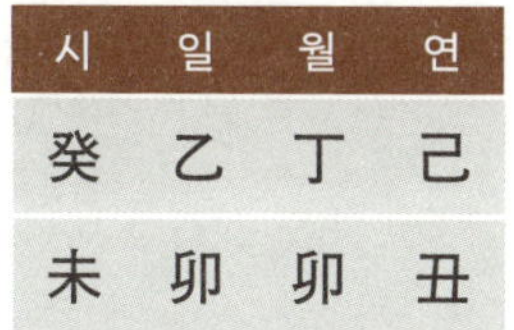

시	일	월	연
癸	乙	丁	己
未	卯	卯	丑

대운

63	53	43	33	23	13	3	運程
甲	癸	壬	辛	庚	己	戊	
戌	酉	申	未	午	巳	辰	

격국용신

신강/통관격/용신은 정화/통관용신 사례

격국용신을 어떻게 판단할 것인가

을묘乙卯 일주가 정묘丁卯월에 태어났다. 여명이다. 목이 가장 강성한 묘卯월이고 지지에 두 묘목과 미토가 묘미합卯未合을 이중으로 이루고 있으니 신강 사주이다. 목의 세력이 강하기는 하나 토의 세력도 만만치 않다. 시지 미토는 월지와 일지의 묘목과 이중으로 묘미합을 이루기는 하나, 월간 정화와 기를 통하여 정화의 생을 받는다. 그러므로 토의 정체성을 어느 정도 유지하여 완전히 목국으로 변하지는 않는다. 또한 연주 기축도 월간 정화의 생을 받아 나름대로 유력하다.

　따라서 이 명조는 마치 목과 토의 두 세력이 팽팽히 맞서는 형국이다. 이 경우 엇비슷한 두 세력을 소통시키는 역할을 하는 요소를 용신으로 잡는데 이를 통관通關이라고 한다. 이 명조에서는 목과 토의 세력을 목생화木生火, 화생토火生土로 소통시켜 주는 식상 정화가 용신이다.

어떤 인생을 살았는가

　주인공 K씨는 공무원이었다. 기사己巳 대운 중인 경술庚戌년(1970년, 22세)에 기능직 공무원으로 취직해서 용신운인 경오庚午, 신미辛未 대운에는 잘 지냈다. 순조롭게 승진하고 신미 대운 기사己巳년(1989년, 41세)에는 국무총리 표창을 받았으며, 다음 해인 경오庚午년(1990년, 42세)에는 유력 일간지에 유능한 공무원으로 기사가 나기도 했다.

　임신壬申 대운이 되자 불운이 시작되었다. 임신 대운은 대운의 임수가 용신인 정화를 합거하니 나쁜 일이 계속 일어났다. 임신 대운 병자丙子년(1996년, 48세)에 직장에서 명예퇴직을 종용받아 퇴직금으로 2억 5천만 원을 받고 퇴직했다. 2년 뒤인 무인戊寅년(1998년, 50세)에 이 돈으로 주식 투자를 시작했다가 경진庚辰년(2000년, 52세)에 이 투자금을 모두 날렸다. 엎친 데 덮친 격으로 병진년에 남편이 구속되는 불상사까지 일어났다. 다음 해인 신사辛巳년(2001년, 53세)에는 지인이 사흘만 쓰겠다고

하여 아들의 결혼 축의금 5천만 원을 빌려줬는데, 돈을 가져간 지인이 자취를 감추는 일도 있었다.

　임신 대운에 결정적 타격을 입은 후 계유癸酉 대운이 되자 사정이 더 나빠졌다. 계유 대운은 지지 유금의 힘을 받은 기신 계수가 용신 정화를 극해하기 때문에 매우 나쁘다. 결국 계유 대운 무자戊子, 기축己丑년(2008년~2009년, 60세~61세) 연운에 수가 오자 대운과 연운에 기신이 겹쳐 중풍으로 반신불수가 되고 말았다.

명조

시	일	월	연
丙	乙	丁	己
戌	巳	卯	丑

격국용신

신약/상중용인격傷重用印格/수가 가假용신/식상이 왕해 사기당하기 쉬운 명조

대운

63	53	43	33	23	13	3	運程
庚	辛	壬	癸	甲	乙	丙	
申	酉	戌	亥	子	丑	寅	

격국용신을 어떻게 판단할 것인가

을사乙巳 일주가 정묘丁卯월에 태어났다. 천간의 병정화가 월지 묘목과 일지 사화에 뿌리를 튼튼히 내리고 있으니 식상 화의 세력이 막강하다. 반면에 일간 을목은 월지 묘목 외에는 원군이 없어서 매우 약하다. 식상은 강하고 일간은 매우 약하니 인성인 수를 용신으로 삼아야 하는데(상중용인傷重用印, 용신 잡는 법 14번), 사주 원국에는 수가 없으므로 대운에서 오는 수를 가假용신으로 잡는다.

식상은 일간의 기운을 밖으로 분출하는 요소이니 식상이 왕하면 나를 드러내는 일에 능하다. 예술과 기술에 대한 감각과 호기심, 섬세함이 남다르고, 외모와 말솜씨, 재주가 출중한 사람이 많다. 장점이 많으나 단점도 만만치 않다. 자기 기운을 분출하는 것이 특성이라 안정감하고는 거리가 멀고 끈기와 뚝심이 부족하기 십상이다. 감정 기복이 심하고 즉흥적이라 심사숙고가 필요한 판단을 하기 어렵고, 남의 말을 잘 믿어 사기당하기 쉽다. 자기를 분출하는 것이 본질이라 남들한테 잘하고 베풀기를 좋아한다. 이 명조는 배우자 궁인 일지에 상관傷官 사화가 자리 잡고 있으니 배우자한테 속을 가능성이 높다.

어떤 인생을 살았는가

주인공 L씨는 식상이 왕한 사람의 특징을 잘 보여 주는 예이다. 식상이 왕한 사람답게 재주가 뛰어나 자격증만 다섯 개였다. 용신운인 갑자甲子, 계해癸亥 대운은 무사히 잘 넘어갔는데, 용신 수를 극하는 임술壬戌 대운이 오자 배우자로 인한 고통이 시작되었다.

임술 대운에 처가 치장을 하고 외출하기 시작했는데 외도였다. 외도만 한 게 아니라 외도남한테 돈까지 탕진해서 술戌 대운 정축丁丑년(1997년, 49세)에 이혼하게 되었다. 원래 첫 번째 처를 알게 된 해는 정사丁巳년(1977년, 29세), 결혼은 무오戊午년(1978년, 30세) 즉 기신인 식상운에 만나고 결혼했으니 제대로 된 배우자는 아니었다. 기신운에 만난 배우자는 도움이 안 된다는 것을 알 수 있다. 이혼 후 술戌 대운 기묘己卯년(1999년, 51세)과 경진庚辰년(2000년, 52세)에 다른 여자를 만났지만 손해만 보았다. 신사辛巳 대운 임오壬午, 계미癸未년(2002년~2003년, 54세~55세)에도 사기꾼 여자와 만나 거듭 손해를 보았다.

그 후에도 정신을 못 차리고 신유辛酉 대운 을유乙酉년(2005년, 57세)에 만난 여자와 정해丁亥년(2007년, 59세)에 재혼을 했다. 이것이 결정적 실수였다. 재혼 2년 만인 신유 대운 기축己丑년(2009년, 61세)에 재혼녀가 재산을 거의 다 가져가 L씨의 집이 압류되고 파산 지경에 이르렀다. 신유 대운 을유년과 기축년은 대운과 연운에서 사유축巳酉丑 금국金局이 이중으로 이루어지니 막강한 금기가 약한 을목인 L씨를 박살 내 버린 것이다. 식상이 왕한 명조는 식상운이 오면 사기를 당하기 쉽고, 강한 관살운이 오면 완전히 망가짐을 알려 주는 명조이다.

우당의 실전 사주명리학

명조

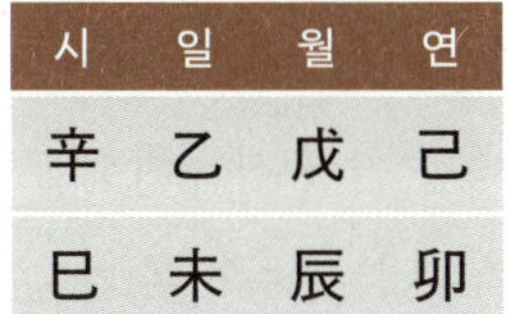

시	일	월	연
辛	乙	戊	己
巳	未	辰	卯

격국용신

신약/재중용겁격/목이 용신/신약 하나 용신은 유력한 명조

대운

67	57	47	37	27	17	7	運程
辛	壬	癸	甲	乙	丙	丁	
酉	戌	亥	子	丑	寅	卯	

격국용신을 어떻게 판단할 것인가

을미乙未 일주가 무진戊辰월에 출생했다. 월지와 일지를 진토, 미토가 점령하고 천간에 무기토가 떠 있으니 재성 토의 세력이 강하여 신약한 편이다. 단, 지지에 묘진합卯辰合 묘미합卯未合이 있어 목의 기운을 보완하니 아주 약한 편은 아니다. 신약한데 재성이 강한 경우 비겁을 용신으로 하므로(용신 잡는 법 14번), 왕성한 토의 기운을 제어해 주는 연지 묘목을 용신으로 한다(재중용겁).

시간 신辛금은 대부분 목과 토로 이루어진 이 명조에서 이 질적 요소인데 시지 사화의 지장간支藏干 중 경庚금에서 생을 받는다. 사화가 신금을 생하는 이유는 사화의 지장간이 무경병戊庚丙이기 때문이다. 사화 안에 내장되어 있는 무토와 경금으로 인해 신금이 사화에 뿌리를 내리는 것이다. 또 월지 진토도 신금을 생해 주니 신금은 나름대로 힘이 있다. 유력한 칠살 신금이 바로 옆에서 을목을 극하고 있으니 을목은 생존을 위해 머리를 쓰고 발 빠르게 움직이게 된다. 이 명조와 같이 일간 바로 옆에 관살이 붙어 있는 경우 그 명조의 주인공은 순발력이 뛰어나고 머리가 비상하다.

어떤 인생을 살았는가

주인공 H씨는 을축乙丑 대운 정미丁未년(1967년, 29세)에 K방송사의 공채 1기로 입사했다. 을축, 갑자甲子 대운에는 직장에서 순조롭게 승진하다가 계해癸亥 대운 정묘丁卯년(1987년, 49세)에 K방송사 지역 방송국 국장이 되고, 그 후 기획조정실장이 된다. 계해 대운은 대운에서 해묘미亥卯未 목국木局이 되니 좋은 자리로 가게 된 것이다. H씨는 계해 대운 중인 을해乙亥년(1995년, 57세)에 정치에 입문한다. 을해년은 연운에서도 해묘미 목국이 또 한 번 이루어지니 H씨에게는 매우 좋은 해였다. 운이 좋은 해에 정치에 입문했으니 올바른 결정이었다.

그 후 임술壬戌 대운 중인 정축丁丑년(1997년, 59세)에 필자

우당의 실전 사주명리학

를 찾아온 H씨에게 앞으로 상당히 큰 자리를 얻을 것이라고 얘기해 주었다. 과연 H씨는 다음 해인 무인戊寅년(1998년, 60세)에 인묘진寅卯辰 목방국木方局으로 용신 목의 힘이 강해지니 A방송사 사장이 되었고, 신사辛巳년(2001년, 63세)에는 K방송사 사장까지 지냈다. 그 후 임술 대운 을유乙酉년(2005년, 67세)에 유술합酉戌合과 진유합辰酉合의 영향으로 칠살 신금의 힘이 강해져 일간을 극하니 건강 악화로 사직하게 되었다.

명조

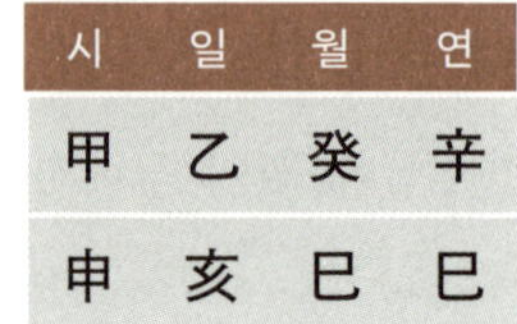

시	일	월	연
甲	乙	癸	辛
申	亥	巳	巳

격국용신

신약/상중용인격/수가 용신/등라

계갑藤蘿繫甲 사례

대운

67	57	47	37	27	17	7	
丙	丁	戊	己	庚	辛	壬	運程
戌	亥	子	丑	寅	卯	辰	

격국용신을 어떻게 판단할 것인가

을해乙亥 일주가 계사癸巳월에 태어났다. 일간 을목의 뿌리는 일지 해수인데, 해수는 월지와 연지의 사화로부터 쌍충을 받아 위태롭지만 시지 신금의 생을 받으니 명맥은 유지할 수 있다. 월지, 연지에 상관 사화가 나란히 있으니 상관의 힘이 강하다. 신약한데 상관이 강한 경우 인성이 용신이므로(용신 잡는 법 14번), 인성인 해수가 용신이다(상중용인).

이 명조에서 좋은 점은 일간 을목이 바로 옆에 있는 갑목을 의지할 수 있다는 것이다. 소위 '등라계갑'이다. 을목이 뿌리는 약하지만 등라계갑으로 시간 갑목을 의지할 수 있고, 월간 계수가 을목을 생해 주니 을목이 어느 정도는 힘이 있다.

이 명조는 배우자 궁인 일지의 해수가 두 사화로부터 쌍충을 받고 있는 것이 단점이다. 이처럼 배우자 궁이 쌍충을 맞고 있는 경우 배우자로 인해 엄청난 스트레스를 받게 될 가능성이 높다.

어떤 인생을 살았는가

주인공 K씨는 경인庚寅 대운 임자壬子, 계축癸丑년(1972년~1973년, 32세~33세)에 손위처남의 자금으로 회사를 설립했다. 대운은 비겁이고 연운이 용신인 해에 시작했으니 설립 후 회사가 탄탄대로를 걸었다.

그러나 용신인 수기를 극하는 토운이 오자 문제가 발생했다. 기축己丑 대운 을축乙丑년(1985년, 45세)부터 여자 문제가 생긴 것이다(일간 을목의 입장에서 축토는 재성 즉 여자이다). 무자戊子 대운 무진戊辰년(1988년, 48세)에 처에게 들켜 그때부터 처의 투기와 복수심으로 인해 엄청난 스트레스를 받았다. K씨는 무진년부터 같은 집에서 각방을 쓰면서 남남처럼 살았다고 했다. 용신 대운이라도 배우자 궁의 쌍충은 해결해 줄 수 없었던 것이다.

하지만 용신 대운이라 사업은 꾸준히 발전했다. 용신운인 무자 대운이 오면서 중국 공장을 짓는 등 사업은 다른 활로를 찾왔고, 정해丁亥 대운도 무난하게 지낼 수 있었다.

그 후 병술丙戌 대운이 오자 화기가 살아나 고전하기 시작했다. 병술 대운 계사癸巳년(2013년, 73세)에 사해충巳亥冲이 한 번 더 일어나자 사업에서 100억의 손해를 보고 전립선암이 발병했다.

우당의 실전 사주명리학

불세출의 미남 배우, 행운은 짧고 고난은 길었다

명조

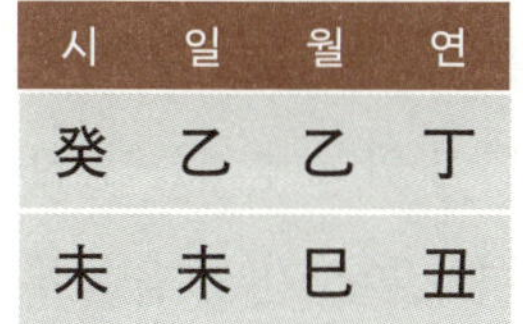

시	일	월	연
癸	乙	乙	丁
未	未	巳	丑

격국용신

신약/재중용겁격/목이 용신/입하
2일째라 월지를 무토로 보는 사례

대운

61	51	41	31	21	11	1	
戊	己	庚	辛	壬	癸	甲	運
戌	亥	子	丑	寅	卯	辰	程

격국용신을 어떻게 판단할 것인가

을미乙未 일주가 을사乙巳월에 태어났다. 이 명조의 을미일은 입하 2일째이다. 입하 초기에는 전월의 여기餘氣인 무토의 기가 상당한 영향력을 발휘하므로(용신 잡는 법 7번), 이 명조의 월지는 사화가 아니라 무토로 보아야 맞는다. 그렇게 보면 월지가 무토인데 두 미토와 축토까지 있으니 지지가 토 일색으로 재성 토의 세력이 막강하다. 일간 을목은 일지, 시지 미토의 지장간 중 을목에 약하게 뿌리를 내리고 월간 을목과 시간 계수를 의지하지만, 시간 계수는 지지에 뿌리가 없어 힘이 없다. 을목은 음 간陰干이라 약한 데다 뿌리가 미약하고 힘 있는 원군도 없으니 매우 신약하다.

신약한데 재성이 강하면 비겁이 용신이므로(용신 잡는 법 14번), 비겁인 월간 을목을 용신으로 쓰고(재중용겁), 인성인 수 가 희신이다. 일간이 약하니 용신이라도 힘이 있어야 하는데 그 렇지 못하다. 용신인 월간 을목은 일지의 미토 지장간 중 을목에 겨우 뿌리를 내렸지만 바로 옆의 연간 정화가 월간 을목의 기운 을 빼앗아 간다. 그 와중에도 목의 속성상 지지의 막강한 토기를 극해 보려고 덤비니 용신 을목은 탈진할 지경이다. 일간과 용신 둘 다 매우 약한 명조가 인생의 파도를 제대로 넘을 리 만무하다.

어떤 인생을 살았는가

불세출의 미남 배우 S씨의 명조이다. 만인의 사랑과 주목을 받은 미남 배우이니 순탄한 인생이었을까? 그렇지 않았다. 그의 실제 삶은 용신 대운인 계묘癸卯, 임인壬寅 대운을 제외하면 가 시밭길이었다.

S씨는 용신과 희신이 함께 오는 임인 대운이 전성기인데 22세에 시작해서 31세에 끝났다. 전성기가 너무 일찍 온 것이 다. 임인 대운 기해己亥년(1959년, 23세)에 S감독의 눈에 들어 〈로맨스빠빠〉로 데뷔했다. 그는 데뷔 즉시 한국의 대표 미남 배 우가 되었다. 그리스 조각상 같은 외모 덕이다. 엄청난 인기를

누려 연 300편의 영화를 찍고 돈도 많이 벌었다.

20대 초반에 일약 대스타가 되었으니 그다음 인생은 당연히 행복할 것 같지만 반대였다. 임인 대운 바로 다음이 기신인 토금의 신축辛丑 대운이니 무사할 수가 없었다. S씨가 신축 대운 무신戊申년(1968년, 32세)에 상을 많이 받고 화제의 중심에 서자, 사업과 정치 입문 제의가 빗발쳤다. 신축 대운에는 축미충丑未冲이 용신 을목의 뿌리인 미토를 충격하니 용신의 뿌리가 일부 잘린다. 게다가 대운의 축토가 연지 축토와 합세하여 기신인 재성의 세력이 커지니 일간 을목은 더 약해진다. S씨에게는 극히 좋지 않은 운이다.

문제는 신축 대운은 관살운이니 사회 활동에 관심을 갖게 되어 S씨가 사업에 뛰어들었다는 것이다. 다른 명조에서도 언급한 것처럼 관살운이나 비겁운에 사업을 시작하는 경우가 많다. 하지만 극신약 사주에 관살은 치명적이다. 극신약 사주는 관살운에 사업 해서 절대 성공할 수 없다. 하지만 한순간에 벼락 스타가 된 S씨는 사업을 만만하게 봤을까? 본업인 영화를 제작했는데 손대는 족족 실패해 얼마 못 가서 번 돈의 70퍼센트를 잃어버리고 말았다. 용신 대운인 임인 대운이 지나자 바로 인생이 망가지기 시작한 것이다. 극신약에 용신도 극히 약한 자의 숙명이다.

경자庚子 대운 경신庚申, 신유辛酉년(1980년~1981년, 44세~45세) 역시 관살이 매우 강하게 들어오자 다시금 사회 활동에 나서는데 이번에는 정치였다. S씨는 국민당에 입당해 서울에서 출마했으나 기신인 관살운에 당선될 리 만무했다. 당연히 낙선하고 재산도 바닥났다. 낙선 후 신유辛酉, 임술壬戌년(1981년~1982년, 45세~46세)에는 낙향해서 식당업으로 생계를 잇는 신세가 되었다.

S씨는 그런데도 미련을 못 버리고 기해己亥 대운 무진戊辰년(1988년, 52세)에 다시 출마했다가 고배를 마셨다. 기해 대운 경오庚午, 신미辛未년(1990년~1991년, 54세~55세)에 P카지노에서 거액의 영화 제작 자금을 받았는데, 화금火金이 강한 해라 제작한 작품 모두가 실패했다. 임신壬申년(1992년, 56세)에 다시 출마했다가 또 낙선해 결국 계유癸酉년(1993년, 57세)에는 집이 경매에 넘어갈 정도로 비참한 지경에 빠졌다. 그 후에도 정치에 미련을 못 버려 기해 대운 병자丙子년(1996년, 60세)에 출마했지만 역시 낙선했다.

무술戊戌 대운 경진庚辰년(2000년, 64세)에 4수 끝에 드디어 대구에서 당선되었고, 4년 뒤인 갑신甲申년(2004년, 68세)에 재선까지 되었지만, 다음 해인 을유乙酉년(2005년, 69세)에 2003년에 받은 뇌물 사건으로 구속되어 2년 형을 살게 되었다. 70세의 나이에 감옥살이를 하는 신세까지 간 것이다.

무술 대운이면 기신인 토의 대운인데 어떻게 국회의원에 당선될 수 있었을까? 여기서 운이 나쁠 때 일어나는 일견 좋아 보이는 일(승진, 돈, 출세 등)은 화근禍根이라는 사실을 알 수 있다. S씨의 명조에서 보듯이 운이 나쁜 시기에 의외의 좋은 일이 생기면 후일 화禍를 부르는 씨앗이 될 가능성이 높다. 기신운인 무술 대운에 일어난 국회의원 당선은 결국 좋은 일이 아니었던 것이다.

71세인 정해丁亥년(2007년)에 출감했지만 다음은 정유丁酉 대운이 기다리고 있었다. 극신약 명조에게는 치명적인 관살운이니 무사할 수 없다. 정유 대운 정유丁酉년(2017년, 81세)은 대운과 연운에서 관살이 겹치니 폐암 3기 판정을 받았고 다음 해인 무술戊戌년(2018년)에 사망했다.

명조

시	일	월	연
壬	乙	壬	庚
午	酉	午	辰

격국용신

조후/조후로 수가 용신/연주상생
連珠相生, 극설교가 사례

대운

69	59	49	39	29	19	9	運程
己	戊	丁	丙	乙	甲	癸	
丑	子	亥	戌	酉	申	未	

격국용신을 어떻게 판단할 것인가

을유乙酉 일주가 임오壬午월에 출생했다. 지지에 오화가 둘이나 있어 화기가 강하다. 갑을의 목 일간은 조후의 영향을 가장 많이 받으니(용신 잡는 법 22번), 조후로 임수가 용신이다. 화기가 막강한 시절에 태어난 약한 을목이 일지에 칠살인 유금을 깔고 있어 위태로워 보인다. 하지만 용신인 두 임수가 을목의 양쪽에서 보디가드처럼 호위하고, 연주상생連珠相生이 있는 장점이 있다. 즉 월지 오화가 연지 진토를 생하고, 연지 진토가 연간 경금을 생하고, 연간 경금이 월간 임수를 생하고, 월간 임수는 일간 을목을 생하는 연주상생이 돋보이는 명조이다.

오행 중 화기가 가장 강하지만 천간에 경금, 지지에 유금이 있어 금의 기운도 만만치 않다. 극설尅洩이 교가交加하는 사주인데, 극설교가는 두뇌가 비상하고 순발력이 뛰어난 특성을 지닌다. 인성이 없다면 사기꾼이 될 가능성이 높지만, 이 명조는 일간 양쪽에서 인성이 호위하고 있으니 극설교가의 장점을 쓸 수 있다.

어떤 인생을 살았는가

주인공 J씨는 과거 여당이었던 S당의 비자금을 관리하여 S당 금고지기로 불렸다. 젊은 시절에는 평범한 은행원이었다. 병술丙戌 대운(39세~48세)은 화토가 강해 최악의 운이지만 이 명조의 장점인 용신 임수가 을목의 양쪽에서 호위하고 연주상생이 있는 덕에 무사히 넘겼다. 심지어 병술 대운 중에도 연운에서 수기가 오는 계해癸亥년(1983년, 44세), 갑자甲子년(1984년, 45세)에 동경 지사장이 되어 재일교포인 K회장과 교류하는 행운이 있었다. 이 인연이 J씨를 평범한 은행원에서 중요한 인물로 만든 계기가 되었다.

정해丁亥 대운은 드디어 용신인 수기를 만나는 장점이 있지만 정화가 용신인 임수 하나를 합거하는 단점도 있어 좋은 일과 나쁜 일이 함께 일어난다. 정해 대운 계유癸酉년(1993년, 54세)

에 연운의 유금이 기신 유금의 힘을 배가시키니 J씨는 기획 수사 대상에 올라 구속 위기를 맞는다. 그러나 지인의 도움으로 위기를 넘기고 갑술甲戌년(1994년, 55세)에 사직하는 것으로 마무리된다. 정해 대운 을해乙亥년(1995년, 56세)에 수기가 강하게 들어오니 K저축은행 사장이 되어 당시 여당인 S당의 비자금 관리를 맡았다. 평범한 은행원에서 시작해서 여당의 비자금 관리인이 되었으니 엄청난 출세였다.

이 무렵 필자는 J씨에게 정축丁丑년(1997년, 58세)이면 좋은 운이 다하니 무리하지 말라고 충고했다. 정축년은 천간에서는 대운과 연운의 두 정화가 용신인 임수 두 개를 모두 합거하고, 지지에서는 유축합酉丑合으로 관살인 금의 기운이 강해져 천간 지지에서 모두 심한 공격을 받는다. 막강한 금기가 약한 을목을 내리치는데 도와줄 임수는 발이 묶인 형국이다. 신약한 을목이 도저히 무사할 수 없다. 정축년인 1997년 대선에서 야당 후보 DJ가 당선되자 여당의 비자금 관리자인 J씨는 당연히 수사 대상에 올랐다. J씨는 대선 다음 해인 1998년(무인戊寅년)에 미국으로 도피하여 6년 뒤인 2004년(갑신甲申년, 65세)에야 귀국할 수 있었다.

정해 대운 다음은 무자戊子 대운으로 용신인 수기가 강하게 들어오는 대운이니 회복할 수 있었을까? 필자의 경험으로는 한 번 결정적 타격을 받으면 벼락 맞은 나무 같은 상태가 된다. 큰 충격 다음에는 좋은 운이 와도 쓰지 못하고, 기껏해야 평온한 생

                                              우당의 실전 사주명리학

활을 바라는 수준에 머물게 된다. J씨는 정축년에 받은 타격이 너무 커서 용신운인 무자 대운에도 회복이 불가능했다. 이 명조의 경우 무자 대운이 용신운이기는 하나 용신의 힘이 강하다고 할 수 없다. 무토가 용신인 임수를 극하고, 자수는 사주 원국의 두 오화로부터 충을 당하여 무력해지기 때문이다. 용신운에도 좋은 일이 없었던 이유 중 하나이다.

⑧ 출세는 해도 돈과는 거리가 먼 사주

명조

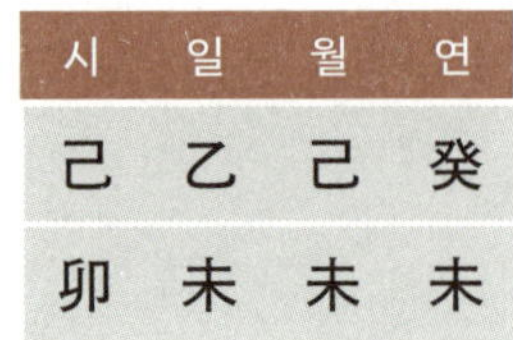

시	일	월	연
己	乙	己	癸
卯	未	未	未

격국용신

극신약/재중용겁격/목이 용신/토
다목매土多木埋 사례

대운

69	59	49	39	29	19	9	運程
壬	癸	甲	乙	丙	丁	戊	
子	丑	寅	卯	辰	巳	午	

격국용신을 어떻게 판단할 것인가

을미乙未 일주가 기미己未월에 태어났다. 천간에 기토가 둘, 지지에 미토가 셋으로 재성인 토의 세력이 막강하다. 이 정도로 토가 강하면 종격이 아닌가 살펴야 하는데, 지지의 묘미합卯未合으로 일간 을목의 뿌리가 튼튼하니 종하지는 않는다. 종격은 아니지만 일간 을목이 주위를 빙 둘러싼 토에 묻힐 지경(토다목매土多木埋)이니 극신약에 준한다(재다극신약). 신약한데 재성이 강할 경우 비겁이 용신이고(용신 잡는 법 14번), 지나치게 강한 토기를 제압하는 것이 급하므로 토를 극하는 시지 묘목을 용신으로 잡는다(재중용겁).

어떤 인생을 살았는가

한때 청와대 비서관을 지냈던 L씨의 명조이다. 미토 셋이 겹쳐 식상인 화기가 강하니 머리가 비상하다. 부모를 포함한 조상 덕을 보는 연주, 월주에 기신인 화토火土가 가득하니 한미한 집안에서 태어났다. 화운인 무오戊午, 정사丁巳 대운에는 힘들었으나 병진丙辰 대운에 운이 열리기 시작했다.

병진 대운 초입인 임자壬子년(1972년, 30세)에 언론사 기자로 입사하여 용신운인 을묘乙卯 대운에 방송사 해외 지사장, 외신 부장, 아침뉴스 앵커 등 요직을 거쳤다. 갑인甲寅 대운은 약한 을목이 갑목을 의지하는 등라계갑이 되니 전성기이다. 갑인 대운 계유癸酉년(1993년, 51세)에 청와대 비서관이 되었다가 정권이 바뀌자 청와대를 나와 S대 교수, 저명 재단 연구위원 등을 지냈다. 한미한 집안에서 태어나 국내 최고 방송사의 요직을 거쳐 청와대 비서관까지 지냈으니 출세는 남부럽지 않게 한 셈이다.

단, 재다극신약 사주로 재성이 기신이니 돈과는 인연이 별로 없었다. 계축癸丑 대운에는 대운까지 기신인 토가 와서 토에 파묻히는 지경이니 노년이 어려웠다.

명조

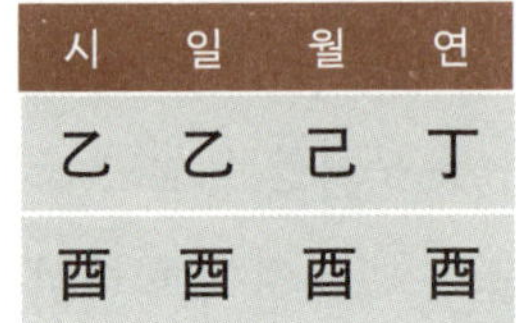

시	일	월	연
乙	乙	己	丁
酉	酉	酉	酉

격국용신

종살격從殺格/유금이 용신/ 기신이 두 개나 있어 격이 매우 낮은 명조

대운

61	51	41	31	21	11	1	運程
壬	癸	甲	乙	丙	丁	戊	
寅	卯	辰	巳	午	未	申	

격국용신을 어떻게 판단할 것인가

을유乙酉 일주가 기유己酉월에 태어났다. 지지를 네 유금이 장악했으니 관살의 위세가 극도로 강하다. 일간 을목은 지지에 뿌리가 없고 서슬 퍼런 유금의 위세를 도저히 감당할 수 없으니 자기를 버리고 관살을 종하게 된다. 종살격從殺格으로 용신은 유금이다.

을이 금을 종해야 하는데 시간 을목이 불필요하게 일간 을목을 도와주니 시간 을목은 기신이다. 또한 연간 정화는 고립되어 무력한 주제에 막강한 유금을 극하려 하니 역시 기신에 해당한다. 한 명조에 기신이 두 개나 있으니 격이 매우 낮다. 격이 낮은 사주라 인격적 결함이 있고 정상적인 생활을 할 수 없다.

어떤 인생을 살았는가

주인공 L씨는 사기꾼이었다. 병오丙午 대운은 화기가 막강한 용신 유금을 극하니 아무것도 되는 일이 없는 시기이다. 원국의 막강한 금기와 대운의 강한 화기가 겹치니 극과 설이 동시에 일어나 극설교가와 같은 상황이 된다. 극설교가 사주는 머리가 좋고 순발력이 뛰어나지만, 인성이 없을 경우에는 사기꾼이 되거나 자신이 사기를 당한다. L씨는 자신이 사기꾼이 되는 쪽이었다. 병오 대운에 L씨는 미국 유학을 가서 떠돌이 생활을 하면서 현지 교포를 상대로 사기를 쳤다.

을사乙巳 대운은 사유巳酉 금국金局이 되어 용신 금을 강화시키니 L씨에게는 좋은 시기였다. 그러나 격이 낮은 L씨는 용신의 힘을 이용해 그전보다 더 대담한 사기극을 벌였다. 을사 대운 임신壬申년(1992년, 36세)에 한국으로 돌아와 계유癸酉년(1993년, 37세)부터 본격적인 사기행각을 시작했다. 이해에 L씨는 성형외과 전문의라고 속이고 TV에 출연하여 상담을 해 주다가 급기야는 성형외과 병원까지 차렸다. 다음 해인 갑술甲戌년(1994년, 38세)에는 클린턴 대통령 집무실에서 대통령과 같이 찍은 사진을 보여 주며 미국 대통령과 친분이 있으니 미국에

서 수천억을 벌게 해 주겠다고 사기를 쳤다. 이런 방식으로 미국
에 진출하고 싶어 하는 사업가를 상대로 사기를 쳐서 사업 자금
100억 원을 삼켜 버렸다.

결국 병자丙子년(1996년, 40세)에 고발당했는데 신원 조회
를 해 본 결과 전과 8범이었다. 고발을 당하자 미국으로 도주했
다가 갑진甲辰 대운 경진庚辰년(2000년, 44세)에 다시 한국으로
돌아왔다. 자기 버릇 개 못 준다더니 이번에는 아랍 왕족을 안다
면서 사기를 쳤으나, 이어서 오는 연운이 용신 금을 거스르는 사
오미巳午未 화운이라서 잘 되지 않았던 것 같다.

계묘癸卯 대운은 묘목이 막강한 유금 연합체를 충하니 일시
에 돌발적인 큰 재난을 몰고 오는 왕신충발이 되었다. 결국 사기
로 얻었던 돈을 모두 날리고 비참하게 몰락했다.

자수성가 신화의 주인공 사업가 명조

명조

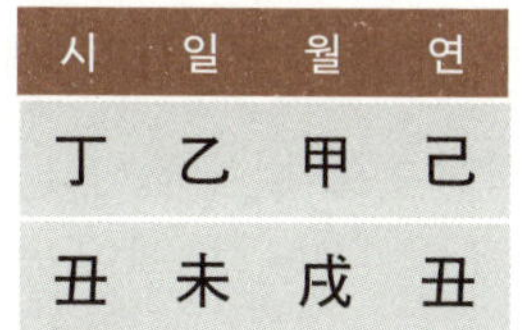

시	일	월	연
丁	乙	甲	己
丑	未	戌	丑

격국용신

종재격從財格/토가 용신/대표적인
자수성가 사례

대운

68	58	48	38	28	18	8	運程
丁	戊	己	庚	辛	壬	癸	
卯	辰	巳	午	未	申	酉	

격국용신을 어떻게 판단할 것인가

을미乙未 일주가 갑술甲戌월에 태어났다. 지지에 술토, 미토, 두 축토 등 토가 가득하니 그 영향을 받아 갑기甲己가 합하여 토로 화化한다(갑기합토甲己合土). 일간 을목은 축미충丑未冲으로 뿌리가 잘린 데다 월간 갑목이 토로 변해 등라계갑도 바랄 수 없다. 을목은 결국 자기를 버리고 강한 토의 세력을 따르게 된다. 종재격從財格으로 토가 용신이고, 토를 생하는 화가 희신이다.

이 명조는 용신인 토가 무려 여섯 자(갑목이 토로 화하는 것을 포함)인 데다 여섯 자가 한 덩어리로 뭉쳐 있으니 산술적으로 여섯 배가 아니라 여섯 제곱을 한 정도의 효과가 있다. 용신의 힘이 이처럼 막강하니 엄청난 정신력과 집념의 소유자인데, 종재격이라 초인적인 집념과 집중력으로 종재從財 즉 돈을 좇는다. 대운도 신미辛未부터 무진戊辰까지 용신과 희신인 화토火土운이 40년 동안 계속되니 세상을 놀라게 하는 돈을 벌게 된다.

어떤 인생을 살았는가

미국 이민 후 벤처 사업가로 크게 성공하여 자수성가 신화를 창조한 K씨의 명조이다. 초년에는 수금水金이 강한 계유癸酉, 임신壬申 대운을 만나 어려운 집안에서 고학을 하다시피 대학을 졸업했다. 졸업 후 임신 대운 마지막 해인 병진丙辰년(1976년, 28세)에 미국으로 이민한다. 처음에는 공장 노동자로 일하면서 고생했지만, 용신인 토가 오는 신미辛未 대운에 자기 길을 찾는다.

신미 대운 갑자甲子년(1984년, 36세)에 집 근처 차고를 빌려 회사를 창업하고 불과 6년 뒤인 경오庚午 대운 신미辛未년(1991년, 41세)에 창업 자금의 여섯 배인 5천400만 달러에 매각했다. 2년 후인 계유癸酉년(1993년, 45세)에는 네트워크 장비 업체를 창업했는데, 초고속 성장을 거듭한 끝에 기사己巳 대운 경진庚辰년(2000년, 52세)에 프랑스 A사에 20억 달러에 매각했다.

두 번의 큰 성공으로 재외 한국인 성공 신화의 주인공으로

부상했다. 큰 성공을 거둔 경오 대운 신미년, 기사 대운 경진년
은 둘 다 대운과 연운이 화토로 용신과 희신운이 겹쳐 오는 해였
다. K씨의 성공은 결코 우연이 아니었던 것이다.

명조

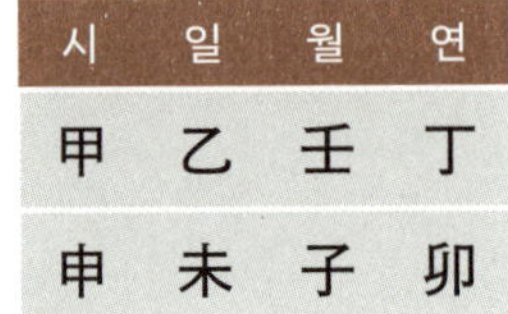

격국용신

조후/조후로 화가 용신/재벌 창업
주 명조

대운

83	73	63	53	43	33	23	13	3	
辛	庚	己	戊	丁	丙	乙	甲	癸	運
酉	申	未	午	巳	辰	卯	寅	丑	程

격국용신을 어떻게 판단할 것인가

을미乙未 일주가 임자壬子월에 태어났다. 여명이다. 겨울인 자월에 태어난 을목이니 조후가 급하여 연간 정화가 용신이고, 목이 희신이다. 이 사주는 인성 수와 비겁 목이 유력하여 신강으로 잘못 판단하기 쉽다. 하지만 한겨울 자월의 수는 일간 을목을 얼게 하니 수생목水生木이 되지 않고 수극목水剋木이 되어 인성인 수가 기신으로 작용한다(용신 잡는 법 22번). 따라서 신약이라고 판단해야 옳다. 그러나 일간 을목이 마냥 약하지는 않다. 을

목은 연지 묘목과 일지 미토의 묘미합卯未合에 뿌리가 있고, 금
상첨화로 시간 갑목이 일간 을목의 의지가 되어 주니(등라계갑),
신약으로 분류되기는 하나 일간이 어느 정도는 힘이 있다. 기신
임수를 시간 정화가 합거해 주는 것도 좋다. 용신 정화는 묘목과
미토에 뿌리를 두고 있으니 용신 또한 유력하다. 일간과 용신이
다 힘이 있고, 갑인甲寅 대운부터 기미己未 대운까지 무려 60년
간 용신과 희신인 목화木火운이 오니 일생 동안 많은 성취를 이
루게 된다.

어떤 인생을 살았는가

S산업 B회장 어머니 L씨의 명조이다. 시장에서 옷 장사
를 해서 모은 돈으로 남편의 창업 자금을 대준 일화가 유명하
다. 갑인甲寅 대운부터 기미己未 대운까지 60년간 목화운에 거
듭 발전하여 재벌을 일구고 S산업의 실세로 오랫동안 군림
했다.

그러나 60년 지속된 목화운이 가고 금운이 오자 고난이 시
작되었다. 경신庚申 대운 신사辛巳년(2001년, 75세)에 L씨가 필
자를 직접 찾아와 미래를 물었다. 필자는 미래가 좋지 않으니 조
심하라고 일러 주었다. 경신, 신유辛酉 대운의 금기가 신약한 을
목인 L씨를 내리칠 것이기 때문이다. 하지만 L씨는 귀담아듣지
않는 듯했다. 60년간 탄탄대로를 걸었으니 자신에게도 불행이
닥칠 수 있음을 실감할 수 없었을 것이다.

그러나 얼마 후 L씨의 장남, 차남이 세상을 떠나는 불운을 겪었다. 신유 대운이 시작된 경인庚寅년(2010년, 84세)에는 삼남인 B회장의 비자금 수사에 L씨 본인까지 휘말려 수사를 받기 시작했다. 다음 해인 신묘辛卯년(2011년, 85세)에 구속되어 임진壬辰년(2012년, 86세)에 4년이 확정된 후 복역하다가 숙환으로 형집행정지 결정을 받았다. 결국 을미乙未년(2015년, 89세)에 세상을 떠났다.

신유 대운에 큰 환란을 맞게 된 이유는 무엇일까? 신유 대운에는 천간 지지에서 모두 충극沖剋이 일어나기 때문이다. 신유 대운은 지지에서는 묘유충卯酉沖으로 일간 을목의 뿌리인 묘목이 잘리고 천간에서는 신금이 일간 을목을 극하니, 신약한 을목은 아래위로 난도질당하는 형국이다. 이러니 최악의 상황을 피할 수 없었던 것이다.

병화 기본

병화 기본

명조

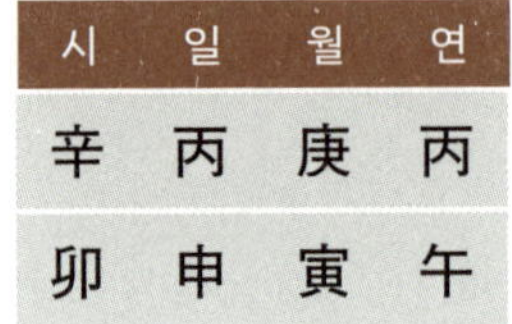

시	일	월	연
辛	丙	庚	丙
卯	申	寅	午

격국용신

신약/재중용겁격/용신은 병화/입춘 2일째이므로 월지를 축토로 봐야 하는 사례

대운

69	59	49	39	29	19	9	運程
丁	丙	乙	甲	癸	壬	辛	
酉	申	未	午	巳	辰	卯	

격국용신을 어떻게 판단할 것인가

경인庚寅월에 태어난 병신丙申 일주이다. 연주가 병오이고, 일간 병화는 월지 인목과 시지 묘목 양쪽에 뿌리가 있어 유력有力하다. 게다가 연지 오화와 월지 인목이 합쳐져 인오寅午 화국火局까지 이루고 있다. 이처럼 인성과 비겁이 막강하니 신강 사주로 보기 쉽다.

우선 신강 사주라고 가정하고 용신을 찾아보자. 신강일 경우에는 관살-재성-식상의 순서로 용신을 잡아야 하는데(용신 잡는 법 11번), 이 사주에는 관살인 수는 보이지 않고, 재성인 월간 경금이 일지 신금에 뿌리를 두고 있어 유력하니 경금을 용신으로 삼는다.

대운의 흐름을 보자. 29세에서 58세까지 계사癸巳, 갑오甲午, 을미乙未 대운 등 용신 경금을 극하는 화운이 30년간 이어지고, 59세가 되어야 비로소 용신운인 병신丙申, 정유丁酉 대운이 들어온다. 거의 환갑 직전까지는 고생만 하다가 환갑 무렵이 되어서야 편안해지는 팔자이다.

그런데 실제 주인공의 삶은 정반대였다. 30대 계사 대운에 이미 상승세를 타기 시작했고, 39세에서 48세 갑오 대운이 전성기였다. 실제 삶과 맞지 않는다면 간명看命 자체가 잘못된 것이다. 뭐가 틀렸을까? 인성과 비겁이 왕旺하니 신강인 것 같은데 왜 실제와 다르게 나왔을까?

이 의문을 풀 열쇠가 바로 이 명조의 월지에 있다. 우당 명리학은 이 사주에서 병신일(음력 1월 16일)이 입춘 2일째에 해당한다는 점에 주목한다. 인寅월에 들어서기는 했지만 아직은 한겨울처럼 춥다. 용신 잡는 법 7번이 적용되는 경우이다. 필자는 용신 잡는 법 7번에 춘추春秋, 즉 계절이 크게 바뀌는 시점의 운기 해석 방법을 정리해 두었다. 인월의 경우 입춘 7일 이내이면 전월의 한습寒濕한 축토로 보아야 하고, 신申월의 경우 입추 7일 이내라면 전월의 조열燥熱한 미토로 보아야 한다는 규정이 바로 그것이다. 이렇게 보는 이유는 인월과 신월은 운기가 크게 바뀌는 경계라서 초입에는 전월의 영향이 여전히 남아 있기 때문이다. 필자는 잔존해 있는 전월의 영향을 충분히 고려해야 실제와 부합한다는 점을 오랜 경험을 통해 확인해서 법칙으로 정리했다. 그리고 실제로 간명할 때 입절일로부터 며칠이 지났는지를 꼼꼼히 계산해 반영하고 있다.

따라서 이 명조는 입춘 2일째이므로 인월이 아니라 축丑월로 보는 것이 맞는다. 월지를 축월로 보면 해석이 완전히 달라진다. 일지 신금은 월지 축토로부터 생을 받아 힘을 얻고, 월간 경금 역시 월지 축토와 일지 신금에 뿌리를 내리며, 시간 신금도 일지 신금에 뿌리를 두니 재성 금이 강한 명조이다. 재성이 왕하여 신약한 명조가 되는데, 그럴 경우 용신은 비겁이다(용신 잡는 법 14번). 격국은 재중용겁이고 용신은 비겁인 병화이다. 그렇다면 화운인 계사, 갑오, 을미 대운이 좋은 시기이고, 특히 갑오 대운이 전성기가 된다. 이렇게 해석하면 실제 주인공의 삶과 들어맞는다.

어떤 인생을 살았는가

주인공 K씨는 은행원이었다. 그는 계사 대운 중이던 2000년(경진庚辰년, 35세)에 외국계 은행으로 이직을 계기로 급여가 크게 오르며 좋은 시기에 들어섰다. 이듬해인 2001년(신사辛巳년, 36세)에는 연봉이 7억 원에 이를 정도로 수입이 급상승했고 계사 대운 말까지 많은 돈을 벌었다. 이후 갑오 대운 진입

3년째인 2007년(정해丁亥년, 42세)에 미국 금융 회사 L사로 이직했는데, 2008년(무자戊子년, 43세)에는 자오충子午冲의 영향으로 회사가 파산하는 일을 겪는다. 하지만 회사 파산에도 불구하고 퇴직금 수십억 원을 챙기고 일본 굴지의 금융 회사 N사로 옮기는 행운을 얻었으니 K씨에게는 나쁜 일이 아니었다. 그는 이후 홍콩지사 전무를 거쳐 갑오 대운 중인 2011년(신묘辛卯년, 46세)에 국책은행 계열사 사장 자리에까지 올랐다.

이 명조는 인월과 신월의 입절 초입에서 절입일 계산이 얼마나 중요한지를 보여 주는 대표 사례이다. 이 부분을 간과하면 신강과 신약의 판단 자체가 잘못되어 운세 해석이 정반대로 나올 수 있다. 실제로 K씨는 "다른 데서는 젊은 시절 화운에 크게 고생할 거라고 했습니다"라고 말한 적이 있다. 이런 실수를 피하려면 운기의 전환점을 세심하게 살펴야 한다.

명조

시	일	월	연
丙	丙	庚	辛
申	戌	寅	巳

격국용신

신약/재중용겁격/화가 용신/입춘
3일째라 월지를 축토로 보는 사례

대운

61	51	41	31	21	11	1	運程
癸	甲	乙	丙	丁	戊	己	
未	申	酉	戌	亥	子	丑	

격국용신을 어떻게 판단할 것인가

병술丙戌 일주가 경인庚寅월에 태어났다. 지지에 인술寅戌 화반국火半局과 사화가 있고 천간에는 두 병화가 떠 있으니 신강한 사주로 보인다. 신강하니 용신은 일지 술토의 생을 받는 월간 경금으로 잡으면 끝일까? 이 명조에서는 인월이니 입춘 후 며칠 지났는지를 살피는 과정을 거쳐야 한다.

인월의 경우 입춘 7일 이내라면 전월의 한습한 축토로 보아야 하는데(용신 잡는 법 7번), 이 명조의 병술일은 입춘 3일째이다. 입춘 후 7일 이내이니 월지를 인목이 아니라 축토로 보아야 하고, 월지를 축토로 보면 신강약이 바뀐다. 계절이 축월이면 모든 것이 얼어 있는 시절이다. 일간 병화가 일지 술토에 미약한 뿌리가 있고 사화로부터도 약간 힘을 받기는 하지만, 한겨울의 병화는 신약하다고 보아야 한다.

또한 월지 축토가 천간의 경신금과 지지의 신술申戌 반합半合을 생해 주니 재성 금의 세력이 매우 강하다. 신약한데 재성이 강하면 비겁이 용신이니 시간 병화를 용신으로 잡는다(용신 잡는 법 14번, 재중용겁). 얼핏 봐선 신강에 용신 경금인 명조인 것 같았는데 면밀히 살펴보니 신약에 용신 병화인 명조로 판명이 났다. '인월, 신월은 입절 7일'을 주문처럼 외워 두자.

신약한데 재성이 강하니 재다신약財多神弱 사주이다. 재다신약 사주는 재성이 기신이니 재물과 여자를 감당할 수 없어 문제가 발생한다. 재물과 여자를 멀리해야 무사한데 이 명조의 주인공은 평생 재물과 여자를 탐하며 살았다. 그래도 처 덕은 있었으니 용신 병화의 뿌리가 배우자 궁인 술토에 있기 때문이다.

어떤 인생을 살았는가

주인공 L씨는 비상한 두뇌의 소유자로 정해丁亥 대운 을사乙巳년(1965년, 25세)에 사시에 합격하고 병술丙戌, 을유乙酉 대운까지 부장판사, 지원장을 역임했다. 지원장까지 했으니 남들에게는 좋아 보였지만 을유 대운은 조용히 지나가지 않았다. 을유 대운 중인 무진戊辰, 기사己巳년(1988년~1989년, 48세~49세)에 투자 잘못으로 큰 손해를 봐 처가에서 받은 재산을 대부분 날려 버렸다. 재다신약 사주는 재성이 기신인데 을유 대운에 신유술申酉戌 금방국金方局의 재왕財旺운을 만났으니 재산 손실이 클 수밖에 없었다.

본격적인 고난은 갑신甲申 대운에 시작되었다. 갑신 대운 임신壬申년(1992년, 52세)은 대운과 연운에서 동시에 기신인 금기가 들어오고, 관살인 임수가 신약한 일간 병화를 극하니 매우 좋지 않은 운이다. 그런데 L씨는 그해 판사를 그만두고 정치에 뛰어들었다. 기신운에 시작한 일이 결과가 좋을 리 없었다. 사회단체 직함을 여섯 개나 갖고 J당 지구당위원장을 하는 등 열심히 활동하고 병자丙子년(1996년, 56세)에는 국회의원 선거에 출마했지만 1차에 낙선하고 경진庚辰년(2000년, 60세)에 재낙선하여 재산이 바닥났다.

L씨는 돈에 쪼들리자 계미癸未 대운 계미癸未년(2003년, 63세)에 사기 사건에 연루되는 지경까지 갔다. 그해 L씨는 개발이 안 되는 땅을 개발된다고 선납금을 받고 소송을 시작했다. L씨의 사주 원국에 식상인 토가 유력해서 사기를 당할 가능성이 높은 데다 대운과 연운까지 미토의 식상운이 겹쳐 오니 사기 사건에 얽히게 된 것이다. 결국 계미 대운 무자戊子년(2008년, 68세)에 그 소송이 사기라는 이유로 구속되었다. 지원장까지 역임한 법조인에게 어울리지 않는 비참한 말로였다.

　　　　　　　　　　　　　　　　　　우당의 실전 사주명리학

명조

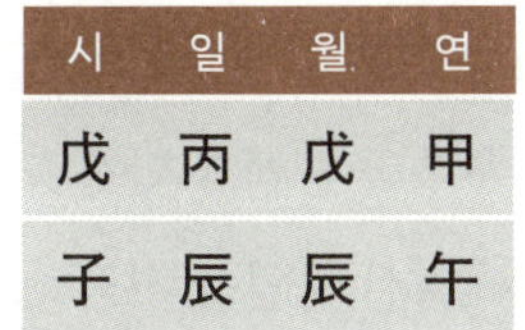

시	일	월	연
戊	丙	戊	甲
子	辰	辰	午

격국용신

신약/식중용인격/목이 용신/사업
하면 안 되는 극신약 명조

대운

62	52	42	32	22	12	2	運程
乙	甲	癸	壬	辛	庚	己	
亥	戌	酉	申	未	午	巳	

격국용신을 어떻게 판단할 것인가

병진丙辰 일주가 무진戊辰월에 태어났다. 진토가 월지와 일지를 차지하고 식신 무토가 일간 병화의 양옆에 떠 있으니 식신 토의 세력이 막강하다. 지지에 자수와 두 진토가 자진子辰 수국水局을 두 번 이루니 관살의 위협도 매우 강하다. 막강한 식신이 병화의 기운을 빼앗고 힘센 관살에게도 눌리니 일간 병화는 탈진할 지경으로 극신약이다. 신약한데 식상이 강하면 인성을 용신으로 잡는다(용신 잡는 법 14번). 태왕한 식신을 제어할 수 있

는 연간 갑목이 용신이고(식중용인食重用印), 연지 오화가 희신
이다.

어떤 인생을 살았는가

주인공 J씨는 의사였다. 임신壬申 대운까지는 대학병원에서
근무하면서 무사히 지냈으나 계유癸酉 대운부터 문제가 발생했
다. 관성운이 오면 사회 활동의 욕구가 강해져서 사업을 시작하
는 경우가 많은데, J씨도 계유 대운이 오자 사업이 하고 싶어졌
다. 문제는 극신약 사주의 경우 관살운이 치명적이라서 이때 사
업을 시작하면 실패할 가능성이 매우 높다는 것이다. 계유 대운
은 대운의 유금이 지지의 진토와 진유합금辰酉合金을 이루게 되
어 더욱 좋지 않다. 이 명조에서 용신 갑목은 진토의 지장간 중
을목에 뿌리를 내리고 있는데, 계유 대운에는 갑목의 뿌리인 이
을목이 유금에 극을 당해 용신 갑목의 뿌리가 잘리게 되기 때문
이다. 극신약에 치명적인 관살운이 오고 용신 갑목의 뿌리까지
잘리니 일간과 용신 둘 다 위태롭다. 계유 대운은 도저히 그냥
넘어갈 수 없다.

계유 대운 무인戊寅년(1998년, 45세)에 J씨는 직장을 그만
두고 개원했다. 무인년부터 계미癸未년(2003년, 50세)까지의 목
화木火 연운에는 병원이 잘 되어 계미년에 병원을 확장했는데,
이듬해인 갑신甲申, 을유乙酉년(2004년~2005년, 51세~52세)에
대운과 연운 양쪽에서 금기가 강하게 들어와 용신 갑목을 극하

자 경영 악화로 적자가 누적되기 시작했다.

갑술甲戌 대운이 오자 상황이 더 나빠졌다. 갑술 대운은 대운의 술토가 용신 갑목의 뿌리인 진토를 진술충辰戌冲으로 깨뜨리니 용신이 정면 타격을 받는다. 여기서 연운까지 수운이 오니 최악으로 치달았다. 갑술 대운 진입 3년째인 무자戊子년(2008년, 55세)에 환자가 사망하는 의료사고가 발생하고, 다음 해인 기축己丑년(2009년, 56세)에는 내부자 고발 사건이 일어나 병원은 부도가 났다. J씨는 경인庚寅년(2010년, 57세)에 개인회생을 신청했으나 그것마저 기각되었고, 결국 개원 15년 만인 임진壬辰년(2012년, 59세)에 파산하고 말았다. 임진년은 연운에서 관성 임수가 일간 병화를 꺼뜨리고 연운의 진토가 시지 자수와 자진합을 한 번 더 이루니, 결국 자진子辰 수국水局이 세 번 겹쳐 사방에서 해일이 밀어닥치는 형국이다. 극신약 병화는 도저히 버틸 수 없는 상황이다.

극신약 사주는 운의 변동에 영향을 크게 받기 때문에 사업은 금물이다. 특히 관살운은 극신약 사주에게 치명적이라 관살운에 사업을 시작하면 패가망신까지 갈 수도 있다. 자신의 그릇과 운명의 흐름을 파악하는 것이 인생을 잘 사는 방법임을 명심해야 한다.

명조

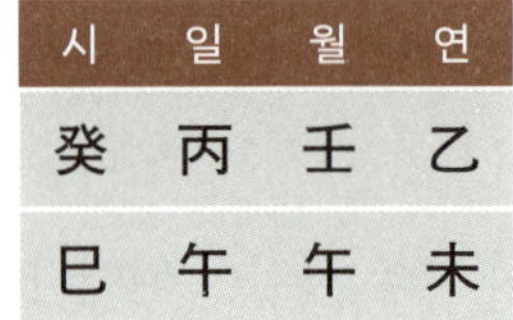

시	일	월	연
癸	丙	壬	乙
巳	午	午	未

격국용신

종왕격從旺格/화가 용신/관살이
기신인 여성 명조

대운

68	58	48	38	28	18	8	運程
己	戊	丁	丙	乙	甲	癸	
丑	子	亥	戌	酉	申	未	

격국용신을 어떻게 판단할 것인가

병오丙午 일주가 임오壬午월에 태어났다. 여명이다. 지지에
사오미巳午未 화방국火方局이 있는데 오화까지 하나 더 있으니
지지 전체가 활활 타는 불바다이다. 천간의 임계수는 뿌리가 없
어 유명무실하니 화의 세력이 극히 강하다. 극강한 화를 따르는
종왕격從旺格으로 화가 용신이다. 화기가 강하니 활동적이고 진
취적이다.

이 명조에서 관살인 임계수는 뿌리가 없어 있으나 마나 한

존재로 기신이다. 관살이 기신이니 쓸데없이 집적거리며 나를
괴롭히는 남자만 만나게 되어 있다. 정관正官과 편관偏官이 다
있으니 하나는 남편, 또 하나는 외부 남자로 볼 수도 있다. 필자
는 이런 명조를 가진 여성에게는 결혼은 당연히 안 되고 동거도
하지 말라고 경고한다. 결혼까지 안 가고 동거만 해도 동거남이
옆에서 나를 괴롭히는 존재가 되기 때문이다. 이런 명조의 여성
은 연애 정도에서 그쳐야지 남자와 그 이상의 관계로 발전했다
가는 남자 때문에 고통만 당한다.

어떤 인생을 살았는가

식품 유통업에 종사했던 여성 S씨의 명조이다. S씨는 을
유乙酉 대운까지는 평범한 전업주부였는데 남편이 특별한 직
업 없이 무능했다. 병술丙戌 대운에 오술午戌 화국火局이 이루
어져 용신운이 강하게 들어오자 활동을 시작했다. 병술 대운 갑
술甲戌년(1994년, 40세) 연운에서 또 한 번 화국이 이루어져 용
신 화의 기세가 최고조에 달하니 식품 유통업으로 사업에 뛰어
들었다. 수운인 을해乙亥, 병자丙子, 정축丁丑(1995년~1997년,
41세~43세) 3년간은 어려웠지만 무인戊寅, 기묘己卯년(1998년~
1999년, 44세~45세)에 목운이 와서 용신 화를 생하니 이 시기에
돈을 많이 벌었다. 임오壬午년(2002년, 48세)에 칠살 임수가 오
니 외부 남자와 바람이 났고 남편과의 갈등이 시작되었다.

정해丁亥 대운은 사해충巳亥冲으로 약한 수기가 극강한 화

기를 충하니 왕신충발이다. 정해 대운 갑신甲申, 을유乙酉년
(2004년~2005년, 50세~51세)에 신유금이 수기를 생하자 잘나
가던 사업이 부진해지고 병술丙戌년(2006년, 52세)에 남편인 수
기가 마르니 이혼하게 되었다. 정해丁亥, 무자戊子년(2007년~
2008년, 53세~54세)에 관살인 수기가 오자 다른 사업을 하게 되
었는데, 왕신충발이 거듭 일어나는 대운과 연운에 사업이 잘될
수가 없다. 사업은 이듬해인 기축己丑년(2009년, 55세)에 완전히
망했다. 다음 대운이 무자戊子, 기축己丑으로 극강한 용신 화기
를 충하니 재기는 불가능했을 것이다.

     우당의 실전 사주명리학

명조

시	일	월	연
丁	丙	辛	癸
酉	戌	酉	巳

격국용신

극신약/재중용겁격/정화가 용신/
일간과 재성이 합을 이루면 일간
의 주의는 재성에 집중

대운

68	58	48	38	28	18	8	運程
甲	乙	丙	丁	戊	己	庚	
寅	卯	辰	巳	午	未	申	

격국용신을 어떻게 판단할 것인가

병술丙戌 일주가 신유辛酉월에 태어났다. 지지에 사유합巳酉합과 이중 유술합酉戌합이 있고 천간에 신금까지 있으니, 병화가 막강한 재성 금의 세력에 포위된 형국이다. 막강한 금의 세력에 압도당하기는 하지만 일간 병화는 일지 술토의 지장간 중 정화에 뿌리를 내리고, 역시 술토에 뿌리를 내린 시간 정화가 도와주니 종하지는 않는다. 하지만 술토 중 정화에 내린 뿌리가 매우 약하고 막강한 재성 금의 세력에 눌리니 일간 병화가 병신합

丙辛合으로 약화된다. 이처럼 삼중고가 겹치니 극신약이다. 신약하지만 재성이 강한 경우 비겁이 용신이니(용신 잡는 법 14번, 재중용겁), 비겁인 시간 정화가 용신이다. 용신인 정화는 일지 술토의 지장간 중 정화에 미약한 뿌리가 있을 뿐이어서 용신 역시 매우 약하다.

이 명조의 일간 병화는 재성 신금과 병신합을 이루고 있다. 일간이 재성과 묶여 있으니 일간의 주의는 재성에 집중된다. 남성의 명조가 재다신약이고 재성과 합이 있으면 그 사람의 관심은 온통 재성인 여자에 쏠리게 되는데, 재다신약이라 재성이 기신이니 여난女難이 그치지 않는다.

어떤 인생을 살았는가

주인공 R씨는 사업가였다. 초년에 용신인 화기가 강한 기미己未, 무오戊午 대운이 왔으니 부모를 잘 만나 1970년대에 미국 유학을 갔다. 기미 대운 병진丙辰년(1976년, 24세)부터 기미己未년(1979년, 27세)까지 4년간 유학을 빙자해 미국에서 살았는데 공부는 안 하고 여자들과 놀기만 했다. 기미 대운 마지막 해인 경신庚申년(1980년, 28세)에 귀국하여 사업을 시작했으나 잘되지 않아 계해癸亥년(1983년, 31세)에 정리했다.

연운에서 재성이 오는 경신, 신유辛酉년에는 여자관계가 복잡했다. 갑자甲子, 을축乙丑년은 연운에서 용신 화를 극하는 수기가 강하게 오니 극신약인 R씨는 할 일이 없어 백수로 지냈

우당의 실전 사주명리학

다. 그러다 병인丙寅년(1986년, 34세)에 인술寅戌 화국으로 화기가 강해지자 정신을 차리고 취직에 성공해 한동안 직장 생활을 했다.

　무오, 정사丁巳 대운은 용신인 화가 오니 R씨에게는 이때가 그나마 좋은 시기였다. 하지만 극신약이라서 대운이 좋아도 연운에 따라 희비가 엇갈렸다. 정사 대운 중인 을해乙亥년(1995년, 43세)에는 연운에서 관살 수가 오자 주식 투자에서 손해를 보았다. 병자丙子년(1996년, 44세)에는 연운에서 관살이 오니 다시 사업을 시작했는데, 사巳 대운 후반부인 무인戊寅, 기묘己卯년(1998년~1999년)에 용신 정화를 생하는 목운이 오자 돈을 벌었다. 이 기간 중에도 연운에서 재성이 오면 여자를 만나고 재성이 가면 헤어지기를 반복했다. 경진庚辰년(2000년, 48세) 연운에서 재성 경금이 오자 다시 여자를 만나 사귀던 중, 다음 해인 신사辛巳년(2001년, 49세) 연운에서 재성 신금이 지지에 사화 용신을 달고 오자 또 다른 여자를 만났다. R씨는 뒤늦게 자신의 이상형을 만난 듯하여 결혼했다.

　병진丙辰 대운은 대운의 진토가 일지 술토를 충하는데, 이렇게 되면 일간 병화와 용신 정화의 뿌리인 일지 술토 중 정화가 깨진다. 여기에 대운의 진토가 일간 유금과 진유합금辰酉合金을 이루어 기신인 금기가 더 강해지는 것까지 더해지면서 R씨는 병진 대운을 무사히 넘기지 못했을 것으로 추측한다.

명조

시	일	월	연
庚	丙	辛	辛
寅	午	丑	丑

격국용신

신약/재중용겁격/화가 용신/용신 운에 기적 같은 무죄 석방

대운

61	51	41	31	21	11	1	運程
甲	乙	丙	丁	戊	己	庚	
午	未	申	酉	戌	亥	子	

격국용신을 어떻게 판단할 것인가

병오丙午 일주가 신축辛丑월에 태어났다. 이 명조에서 병오일은 소한小寒 지난 지 이틀밖에 안 되는 날이다. 축丑토의 지장간 계, 신, 기 중 계수癸水 사령司令이라 아주 춥다. 지지에는 축토 두 개가 나란히 붙어 있는데 천간에는 축토의 생을 받는 경신금이 떠 있으니 토금의 세력도 강하다. 한겨울인데 토금의 세력까지 강하니 일간 병화는 신약하다. 단, 시지 인목과 일지 오화가 인오寅午 화국火局을 이루어 일간 병화에게 도움을 주니 신약

이라도 일간이 어느 정도는 힘이 있다. 신약한데 재성이 강하면 비겁이 용신이므로(용신 잡는 법 14번), 비겁인 일지 오화가 용신이다(재중용겁).

어떤 인생을 살았는가

전 A엔터테인먼트 대표인 K씨의 명조이다. 무술戊戌 대운에 학교를 졸업하고 D기획에 입사했다가 정유丁酉 대운 을해乙亥년(1995년, 35세)에 B그룹이 만든 T방송본부 본부장을 맡았다. 무인戊寅년(1998년, 38세)에 B그룹 D회장의 지시로 D사를 인수하여 O사를 창립하고, 병신丙申 대운 병술丙戌년(2006년, 46세)에 O사를 상장시키는 성과를 올렸다. 남들이 보기에는 고속 승진을 계속하며 성공한 것 같았지만 K씨 본인은 정유, 병신 대운이 너무 힘들었다고 했다. 신약한 사주는 어찌 되었든 관살운은 힘들기 마련이다. 지지의 인오 화국이 도와주니 큰 탈 없이 승진도 계속했지만, 주관적으로는 힘든 시간이었던 것이다.

특히 신申 대운 중인 정해丁亥, 무자戊子, 기축己丑년(2007년~2009년, 47세~49세), 즉 수금이 강한 3년간 회사로 인해 매우 힘들었다고 했다. 이 시기에 K씨가 회사 매각이 성사될 것인지를 물어 필자는 경인년에 매각될 것이니 걱정하지 말라, 앞으로 운이 좋으니 기존의 회사를 떠나 매각된 회사를 맡으라고 조언했다. 경인庚寅년은 연운에서 용신인 화를 생하는 목운이 들어오는 해이니 K씨에게 좋은 일이 생길 것이고, 또 용신운인 을미乙

未, 갑오甲午 대운이 기다리고 있기 때문이었다. 과연 경인년에 K씨가 원하는 O사 매각이 이루어졌고, K씨는 필자의 조언대로 O사를 매수한 C그룹으로 이직하여 O사 대표를 맡았다.

힘겹게 병신 대운을 지나 을미乙未 대운에 진입하여 한시름 놓았는데 연운에서 수기가 오자 문제가 생겼다. 임진壬辰년(2012년, 52세)에 K씨는 전 직장인 B그룹 D회장의 형사 사건에 연루되어 배임수재 혐의로 법정 구속되는 수난을 겪었다. 그때 K씨는 대리인을 통해 필자에게 '나올 수 있겠느냐'고 물어왔다. 임진년은 수기가 강해 나쁘지만 다음 해인 을미 대운 계사癸巳년(2013년, 53세)은 사오미巳午未 화방국火方局이 이루어져 화가 용신인 K씨에게는 좋은 운이었다. 필자는 운이 도와줄 것이라고 보고 '나올 수 있으니 최선을 다하시라'고 했다.

K씨는 필자의 말대로 유능한 변호인단을 구성하여 법정 투쟁을 한 결과 계사년 11월에 기적적으로 무죄 판결을 받고 석방되었다. 그 후 을미 대운 기해己亥년(2019년, 59세)에 C사로 이직했는데, 이어지는 경자庚子, 신축辛丑년의 수운에는 유명 엔터테인먼트 회사인 S사를 인수하는 과정에서 불미스러운 사건에 휘말려 고전하다가 갑오甲午 대운 임인壬寅년부터 혐의를 벗고 점차 호전되었다. 갑오 대운은 K씨에게는 인생 최고의 운이므로 이후에도 많은 성과를 거둘 것으로 짐작한다.

 우당의 실전 사주명리학

정화 기본

정화 기본

명조

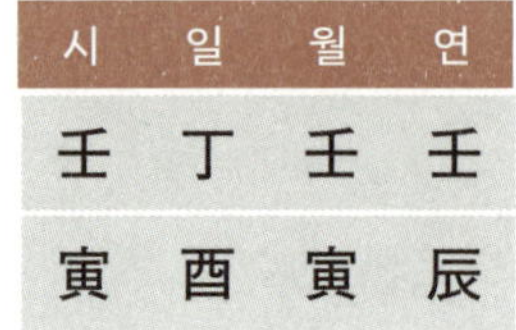

시	일	월	연
壬	丁	壬	壬
寅	酉	寅	辰

격국용신

신약/살중용인격/목이 용신/병오
대운 10년만 좋았던 살다극신약殺
多極神弱 명조

대운

64	54	44	34	24	14	4	運程
己	戊	丁	丙	乙	甲	癸	
酉	申	未	午	巳	辰	卯	

격국용신을 어떻게 판단할 것인가

정유丁酉 일주가 임인壬寅월에 태어났다. 천간에 정관 임수가 세 개나 떠 있고, 지지에는 임수의 뿌리인 유금과 진토가 받쳐 주니 수의 기세가 막강하다. 거기에 일간 정화가 이 세 임수와 합까지 이루니(정임합丁壬合) 일간 정화는 극도로 약하다. 임수는 정관이지만 정관이 지나치게 많아지면 칠살과 비슷한 위력을 갖는다(관다즉살官多則殺). 그래서 살다극신약으로 본다. 신약한데 관살이 강하면 인성이 용신이므로(용신 잡는 법 14번)

월지 인목을 용신으로 잡는다(살중용인). 비겁운인 화운도 좋다. 살다극신약 사주는 대체로 유약하고 남의 말에 잘 휘말려 사기 피해를 보기 쉽고, 강한 살이 나를 치는 형국이라 시비, 송사가 잦다.

어떤 인생을 살았는가

이 명조의 주인공인 J씨의 삶을 보자. 화기가 강한 병오丙午 대운이 시작되는 병인丙寅년(1986년, 35세)에 친구가 운영하던 요정을 인수했는데 장사가 아주 잘되었다. 기사己巳년(1989년, 38세)에 사업을 더 확장했고, 오午 대운이 시작되는 신미辛未 년(1991년, 40세)에 전광판 사업으로 전환했다. 3년 뒤 갑술년 (1994년, 43세)에 조선일보 광고판을 수주하면서 100억을 버는 대박을 터뜨렸다. 갑술년은 사주 원국, 대운, 연운이 인오술寅午 戌 화국火局을 이루어 화기가 매우 강했으니 J씨에게는 생애 최 고의 해였다. 평범하던 J씨가 병오 대운 10년 동안 100억을 벌 수 있었던 이유도 바로 대운의 강한 화기 덕분이었다. 인월이라 여전히 춥고 천간에는 수가 강해서 용신 인목이 얼어 있는데, 병 오의 강한 화기가 이 한랭한 목을 녹여 활성화시켰기 때문이다.

하지만 좋은 날은 병오 대운 10년뿐이었다. 사주에 수기가 막강하고 아직 추운 인월이라 병오만큼 강한 화기가 아니면 이 한기를 이길 수 없다. 병오 대운이 끝나고 정미丁未 대운에 들어 서자 J씨는 바로 몰락하기 시작한다. 정미 대운 첫해인 병자丙子

년(1996년, 45세)에 J씨는 사기꾼과 엮이게 된다. 그 사기꾼은 미국 대통령과 집무실에서 찍은 사진을 보여 주며 "미국 대통령과 친하니 전광판 사업을 미국 전역으로 확장시켜 주겠다"라고 장담했다. J씨는 그 사진 한 장에 완전히 넘어가 전광판 사업으로 번 100억 원을 고스란히 갖다 바쳤다. 유약하고 남의 말에 잘 속는 살다극신약 사주의 비애이다. 나중에 알고 보니 선거 자금을 많이 내면 누구나 집무실에서 대통령과 사진을 찍을 수 있는 것이었다. 그 사기꾼은 돈을 내고 대통령과 같이 있는 사진을 찍은 것일 뿐, 미국 대통령과 개인적인 친분은 전혀 없었다.

J씨는 사기당한 사실을 안 후 큰 충격을 받고 다음 해인 정축丁丑년(1997년, 46세)에 정신병원에 입원했다. 그 뒤 그의 인생은 파국으로 치달았다. 정미 대운 중 갑신甲申년(2004년, 53세)에 완전히 망했고, 을유乙酉년(2005년, 54세)에는 무직자로 전락했다. 그나마 화기가 남아 있던 정미 대운에도 그런 처지였으니 이후 무신戊申, 기유己酉 대운은 더 볼 것도 없었다.

명조

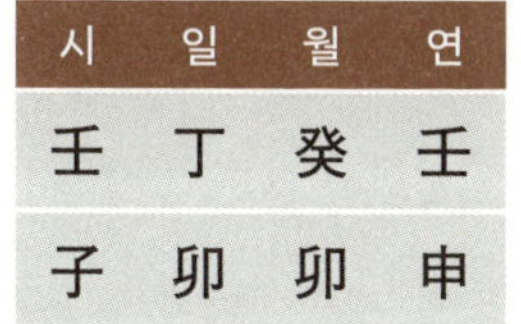

시	일	월	연
壬	丁	癸	壬
子	卯	卯	申

대운

70	60	50	40	30	20	10	運程
庚	己	戊	丁	丙	乙	甲	
戌	酉	申	未	午	巳	辰	

격국용신

신약/살중용인격/목이 용신/살다
신약殺多神弱이나 용신이 유력하
여 좋은 사례

격국용신을 어떻게 판단할 것인가

정묘丁卯 일주가 계묘癸卯월에 태어났다. 시주 임자, 연주 임신으로 일간 정화의 양옆을 임수와 계수가 포위하고 있고, 여기에 정임합丁壬슴까지 더해져 일간의 기운을 약화시키니 관살인 수의 세력이 막강하다. 신약한데 관살이 강하면 인성이 용신이므로(용신 잡는 법 14번), 인성인 묘목을 용신으로 잡는다(관다즉살→살중용인). 겉으로는 정화가 수금에 포위되어 맥을 못 출 것처럼 보이지만, 월지가 용신이고 월지와 일지에 포진한 두 묘목의 파워가 대단하다. 이처럼 용신이 매우 유력하니 용신 덕분에 신약한 정화가 막강한 수의 세력을 충분히 대적할 수 있다. 이 사주의 최대 장점이다. 용신의 힘이 넉넉해서 일반적인 살다 신약 사주와는 달리 심성이 곧고 정신력이 강하며 인품도 훌륭하다.

어떤 인생을 살았는가

주인공 S씨는 을사乙巳 대운에 공무원이 되었고, 을사 대운과 병오丙午 대운에 공직자로 평탄하게 지내다가 정미丁未 대운에 고위직까지 올랐다. 정미 대운은 묘미합卯未合으로 용신 묘목의 힘이 더 강해지는 좋은 운이다. 무신戊申 대운의 무진戊辰년(1988년, 57세)에는 M당 후보로 제13대 국회의원 선거에 출마했으나 근소한 차이로 낙선했다. 무신 대운의 무진년은 원국의 자수와 신자진申子辰 삼합 수국水局으로 수기가 매우 강해지는 시기라 국회의원이 되기에는 운의 도움이 부족했다.

기유己酉 대운 임신壬申년(1992년, 61세) 제14대 대통령 선거에서 S씨는 지역구에서 M당 후보 YS를 적극 지지했고, 그 활동으로 YS에게 인정받았다. 그 결과 기유 대운 갑술甲戌년(1994년, 63세)에 A관리공단 사장이 된다. 기기 대운 갑술년은 목과 토가 왕성해 수기의 과도함을 막아 주는 해라서 가능했다. 유酉 대운 정축丁丑년(1997년, 66세)에는 기금 수천억의 A복지재단 회장이 되었으나, 임명 후 노조와 대립해 소송전에 휘말리

우당의 실전 사주명리학

다가 몇 달 못 버티고 물러났다. 유 대운 정축년은 유축酉丑 금국金局으로 관살의 힘이 배가되어 시비와 구설이 따를 수밖에 없는 해였다.

다가 몇 달 못 버티고 물러났다. 유 대운 정축년은 유축酉丑 금국金局으로 관살의 힘이 배가되어 시비와 구설이 따를 수밖에 없는 해였다.

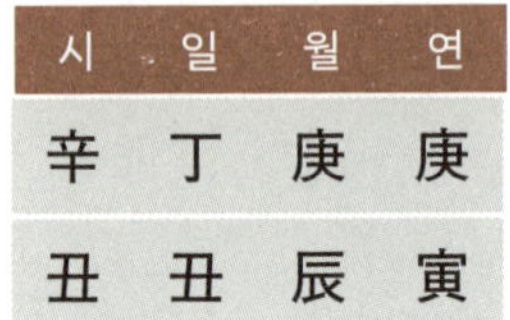

③ 극신약에 용신도 극히 약한 인생

명조

시	일	월	연
辛	丁	庚	庚
丑	丑	辰	寅

격국용신

극신약/상중용인격/인목이 용신/
극신약에 용신도 극히 약한 명조

대운

68	58	48	38	28	18	8	運程
丁	丙	乙	甲	癸	壬	辛	
亥	戌	酉	申	未	午	巳	

격국용신을 어떻게 판단할 것인가

정축丁丑 일주가 경진庚辰월에 태어났다. 천간에는 두 경금과 신금이 떠 있고, 지지에는 금을 생하는 습토인 진토와 두 축토가 있어 식상 토와 재성 금의 세력이 막강하다. 일간 정화는 막강한 토와 금의 세력을 감당해야 하는데, 정화를 돕는 세력이 거의 없어 보이니 종격은 아닌지 검토한다.

이 명조에서 정축일은 청명 후 7일째라 월지 진토의 지장간 중 을목에 해당한다(진토의 지장간은 을계무이고, 30일 기준 일자

우당의 실전 사주명리학

배분은 을9/계3/무18이다). 따라서 일간 정화는 월지 진토의 지장간 중 을목과 연지 인목에 미약하게 뿌리를 내릴 수 있다. 월지 진토와 연지 인목이 인진합寅辰合을 이루니 정화에 도움이 되지는 않을까? 인진합으로 목기가 약간 강화되기는 하지만, 천간의 막강한 두 경금이 인진합을 찍어 누르고 있으니 그 효과는 미미하다. 어쨌든 매우 약하긴 하지만 정화가 진토 중 을목과 연지 인목에 뿌리를 내리므로 종하지는 않는다. 하지만 뿌리가 미약하고 천간에는 우군이 없으니 극신약이다. 신약한데 식상이 많은 경우에는 인성이 용신이므로(용신 잡는 법 14번), 연지 인목이 용신이고(상중용인), 비겁인 화가 희신이다. 인목을 용신으로 잡기는 하나, 일간 정화에서 거리가 멀고 인진합이 막강한 두 경금의 극을 받으니 용신 역시 극히 약하다. 극신약에 용신도 극히 약하니 평온한 인생을 기대할 수 없다.

어떤 인생을 살았는가

주인공 R씨는 희신운인 임오壬午 대운(18세~27세)에는 결혼을 하고 부모로부터 사업 자금을 받아 평탄하게 지냈다. 그러나 극신약에 용신까지 극히 약한 명조라 희신운이 끝나자마자 바로 시련이 닥쳤다. 계미癸未 대운 경신庚申, 신유辛酉년(1980년~1981년, 31세~32세) 연운에서 여자 운인 재성이 강하게 들어오자 2년간 바람이 나서 문제가 되었고, 임술壬戌, 계해癸亥, 갑자甲子, 을축乙丑년(1982년~1985년, 33세~36세) 연운에서 관살인 수기가 들어오자 사업에 실패하고 유산을 탕진했다. 병인丙寅, 정묘丁卯년(1986년~1987년, 37세~38세)에는 사업 실패의 여파로 집을 팔아 이사를 하고 남은 돈으로 주식 투자를 시작했는데, 이게 화근이 되었다.

갑신甲申 대운에는 인신충寅申冲으로 허약한 용신 인목이 완전히 깨져 버리고, 대운의 신금이 막강한 재성 금기金氣를 더 강하게 한다. 이 명조에서 금기는 기신이니 당연히 탈이 나게 된다. 기신인 재성이 더 강해져 끊임없이 재물과 여자를 탐하게 되는데 하필 용신이 깨지는 시기이니 패가망신을 피할 길이 없다. 갑신 대운 임신壬申, 계유癸酉년(1992년~1993년, 43세~44세) 연운에서도 금기가 오자 주식 하다 만난 여자와 바람이 나고 재산을 탕진하고 말았다. 그 결과 갑신 대운 마지막 해인 정축丁丑년(1997년, 48세)에 이혼당했다. 그 후의 소식은 모르나 다음 대운이 유축酉丑 금국金局이 성립하는 을유乙酉 대운이니 매우 비참한 지경까지 갔을 것으로 추측한다.

명조

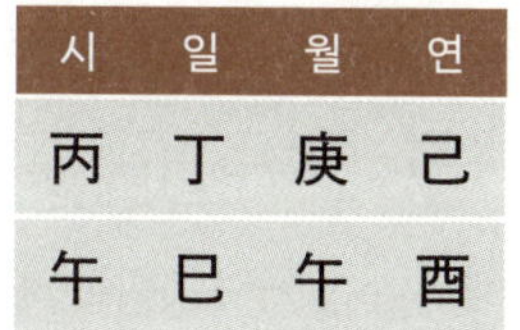

시	일	월	연
丙	丁	庚	己
午	巳	午	酉

격국용신

신강/용재격用財格/금이 용신/용신이 극히 약한 사주

대운

69	59	49	39	29	19	9	運程
丁	丙	乙	甲	癸	壬	辛	
丑	子	亥	戌	酉	申	未	

격국용신을 어떻게 판단할 것인가

정사丁巳 일주가 경오庚午월에 태어났다. 여명이다. 계절은 한여름, 천간에는 병화와 정화, 지지에는 두 오화와 사화가 있다. 팔자 중 다섯 자가 화기이다. 화기가 수적으로 절대 우위인데다 화기 다섯 글자가 인접해 한 덩어리로 뭉쳐 있으니, 매섭게 솟구치는 불기둥을 보는 듯하다. 화기가 막강하니 종왕격은 아닌지 검토해야 한다.

신강인지 종왕격인지를 구별하는 기준은 일간 외 세력을

용신으로 잡을 수 있는지 여부인데, 용신은 유력해야 하고 무력하면 안 되니 일간 외 세력이 최소한의 힘을 갖추었는지 봐야 한다. 이 명조에서는 정재正財인 월간 경금이 연지 유금에 뿌리를 내렸으니 최소한의 힘은 있는 편이라 경금을 용신으로 잡을 수 있다(용재격用財格). 경금을 용신으로 쓸 수 있으니 종왕從旺으로 보지 않고 신강으로 판단한다.

그러나 경금이 뿌리가 있다고 해도 매섭게 솟구치는 불기둥에 금기는 봄눈처럼 스러져 버린다. 용신이 극히 약하다는 말이다. 또 경금 옆에 습토인 기토가 있기는 하지만, 화기가 너무 강해서 기토마저 조토燥土(조토는 금을 생할 수 없고 습토만이 가능하다. 즉 진토와 축토는 생금을 할 수 있고, 미토는 생금이 불가하다. 술토는 조건에 따라 생금이 되기도 하고 되지 않기도 한다)가 되어 버리니, 이 명조의 기토는 금을 생할 수 없다.

여성에게 관살은 남편인데, 여성 명조에 관살이 없는 경우 대신 재성을 남편으로 보기도 한다. 이 명조에서는 재성인 월간 경금과 연지 유금이 남편이다. 하지만 강렬한 화기에 눌린 금기 재성이 극도로 약하니, 이런 명조의 여성은 남편에게서 도움을 받을 수 없고 결혼 생활을 유지하기도 어렵다. 필자는 이런 명조를 가진 여성에게는 결혼하지 말라고 충고한다.

신약 사주는 신강 사주보다 운의 영향을 더 크게 받아 대운이 좋더라도 연운에 따라 희비가 엇갈린다는 점은 앞에서도 몇 차례 언급했다. 용신이 약한 사주도 마찬가지이다. 용신이 약한

우당의 실전 사주명리학

사주는 대운이 아무리 좋아도 연운이 불리하면 길흉화복이 크게 흔들린다. 용신이 약하면 대운이 좋다고 안심하지 말고 불리한 연운에는 매우 조심해야 한다.

어떤 인생을 살았는가

주인공 L씨의 삶도 연운에 따라 심한 기복을 겪었다. 계유癸酉 대운은 생애 중 가장 좋은 대운이라 할 수 있지만, 용신이 약하기 때문에 연운에 따라 변동이 심했다. 계유 대운 초입인 무인戊寅, 기묘己卯년(1998년~1999년, 30세~31세)에 잘못된 투자로 큰돈을 잃었다. 이어서 화기가 강한 신사辛巳, 임오壬午, 계미癸未년(2001년~2003년, 33세~35세)에는 증권과 부동산 투자로 전액 손실을 보았다. 용신이 극히 약하니 용신 대운 중에도 연운이 나쁘면 실패를 피할 수 없었던 것이다. 다만 연운이 금인 갑신甲申, 을유乙酉년(2004년~2005년, 36세~37세)에는 금운 덕분에 부동산 중개로 돈을 벌 수 있었다.

결정적 타격은 병술丙戌년(2006년, 38세)에 찾아왔다. 병술년은 월지와 시지의 두 오화와 연운의 술토가 합쳐져 오술午戌 화국火局이 두 번 일어나는 해였다. 극히 약한 용신 금이 무서운 화기를 감당할 수 없었다. 이때 L씨는 여동생과의 공동 투자로 인한 갈등이 심했는데, 여동생이 L씨를 정신병원에 3개월간 강제 입원시키는 사건까지 발생했다. 사실상 인생이 끝난 순간이었다.

다음 해인 정해丁亥년(2007년, 39세)에 중개업을 접고 본업인 간호사로 다시 취직했으나, 바로 이어진 갑술甲戌 대운은 더 험난했다. 갑술 대운은 대운의 술토가 월지, 시지의 오화와 거듭 오술午戌 화국火局을 이루는 흐름이라 최악이었던 것이다. 결국 갑술 대운 첫해인 무자戊子년(2008년, 40세)에 심각한 우울증으로 정상적인 생활이 불가능해져 산속으로 도피하고 말았다.

명조

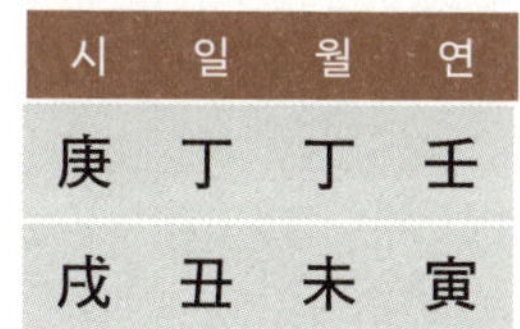

시	일	월	연
庚	丁	丁	壬
戌	丑	未	寅

격국용신

신약/식중용인격/인목이 용신/건강은 운명이 좌우한다

대운

60	50	40	30	20	10	0	運程
甲	癸	壬	辛	庚	己	戊	
寅	丑	子	亥	戌	酉	申	

격국용신을 어떻게 판단할 것인가

정축丁丑 일주가 정미丁未월에 태어났다. 지지에 미토, 축토, 술토가 나란히 있으니 식상의 세력이 매우 강하다. 일간 정화는 월지 미토의 지장간인 정화에 뿌리를 내리고 월간 정화와 연지 인목에 의지한다. 하지만 월지 미토는 축미충丑未冲으로 뿌리가 반쯤 잘리고, 월간 정화는 연간 임수가 합거하니 둘 다 일간에게는 별 도움이 안 되며, 연지 인목은 일간에서 멀어 힘이 약하다.

식상은 강한데 일간의 뿌리는 흔들리고 우군도 별로 없으니 신약하다. 신약한데 식상이 많은 경우에는 인성이 용신이므로(용신 잡는 법 14번, 식중용인), 연지 인목이 용신이고 비겁인 화가 희신이다. 명조에 용신 인목을 돕는 요소가 없고 용신이 일간에서 멀리 있으니 용신이 허약하다. 신약한데 용신까지 약하니 어려운 시기를 넘기기 힘들다.

어떤 인생을 살았는가

초년부터 용신 인목을 극하는 무신戊申, 기유己酉 대운으로 금운이 왔으니 주인공 L씨는 이 시기에 많이 아팠다고 한다. 경술庚戌 대운에는 인술寅戌 화국이 이루어지고, 신해辛亥 대운은 인해합寅亥合으로 목기가 강화되니 신해 대운까지는 직장 생활을 하면서 무난히 넘겼다.

임자壬子 대운으로 강한 수기가 오자 어려운 시기가 시작되었다. 임자 대운 갑신甲申년(2004년, 42세)은 대운의 임수가 일간 정화를 합거하고 연운의 신금이 용신 인목을 충하는 해이다. 신약에 용신도 약한 L씨가 무사하기는 어려웠다. 이해부터 병술丙戌년(2006년, 45세)까지 까닭 없이 아파서 3년간 병원에서 지냈다.

그다음 자子 대운 첫해인 정해丁亥년(2007년, 46세)에 연운의 해수, 대운의 자수, 원국의 축토가 해자축亥子丑 수국水局을 이루니 육종암 진단을 받았다. 그 후 기축己丑년(2009년, 48세)

　　　　　　　　　　　　우당의 실전 사주명리학

까지 계속 수술을 받았으나 낫지 않았다. L씨의 생명은 사실상 이때 끝난 것이나 다름없었다. 그 후 계속 입퇴원을 반복하면서 악화일로를 걸어 계축癸丑 대운 첫해인 임진壬辰년(2012년, 51세)에 사망했다. 건강이 운에 달려 있음을 보여 주는 명조이다.

명조

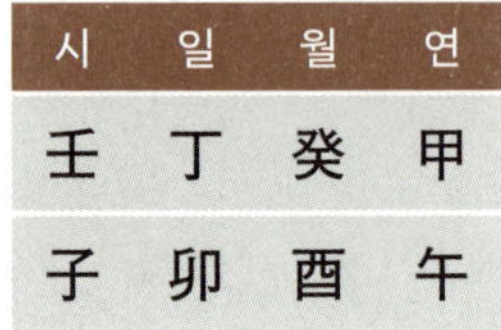

시	일	월	연
壬	丁	癸	甲
子	卯	酉	午

격국용신

신약/살중용인격/묘목이 용신/관살혼잡官殺混雜과 충이 있으면 머리 좋고 순발력 있다.

대운

60	50	40	30	20	10	0	運程
丙	丁	戊	己	庚	辛	壬	
寅	卯	辰	巳	午	未	申	

격국용신을 어떻게 판단할 것인가

정묘丁卯 일주가 계유癸酉월에 태어났다. 여명이다. 천간에서는 편관 계수와 정관 임수가 일간 정화를 협공하고 정임합丁壬合까지 있으니 일간 정화는 막강한 관성의 세력을 대적하기에는 역부족이다. 또한 일지 묘목이 일간 정화의 뿌리인데, 묘유충卯酉冲으로 일지 묘목이 타격을 받는다. 관살은 막강하고 일간의 뿌리는 흔들리니 일간 정화는 신약하다. 단, 시지 자수가 바로 옆에서 일지 묘목을 생하고 있으니 묘유충이 있어도 일지 묘목은 일부만 깨지고 70퍼센트 정도는 잔존한다. 일간 정화의 뿌리가 많이 부실한 상태는 아닌 것이다. 신약한데 관성이 많은 경우에는 인성이 용신이므로(용신 잡는 법 14번, 살중용인), 일지 묘목이 용신이다.

신약하기는 하나 일간의 뿌리이자 용신인 묘목이 어느 정도는 힘이 있고, 더욱이 연간 갑목과 연지 오화가 도우므로 좋은 운이 오면 상당한 발전을 기대할 수 있다. 이 명조처럼 일간의 양쪽에서 관살이 혼잡混雜되어 일간을 극하는 경우 일간은 막강한 관살의 압박을 극복하고 살아남기 위해 최선의 노력을 다하게 되어 있다. 여기에 더해 지지의 묘유충이 명조를 흔드니 가만히 있을 수가 없다. 순발력이 뛰어나고 머리가 비상하며 끊임없이 경제 활동을 해서 재산을 일구게 된다.

어떤 인생을 살았는가

주인공 P씨는 무진戊辰 대운에 사업을 시작했다. 무진 대운은 자진합子辰合과 묘진합卯辰合이 동시에 성립하는데, 자진합으로 관살이 강해지는 것은 좋지 않지만 묘진합으로 용신 묘목이 힘을 얻게 되는 면도 있으니 크게 나쁘다고는 할 수 없다. 무진 대운 무인戊寅년(1998년, 45세) 연운에서 목운이 오자 P씨는 부동산 사업을 본격적으로 시작한다. 이후 연운이 목화운(기묘己卯, 경진庚辰, 신사辛巳, 임오壬午, 계미癸未, 1999년~2003년)으로 흘러 꾸준히 발전한다.

정묘丁卯 대운은 용신인 묘목이 오니 결실을 맺는다. 정묘 대운 을유乙酉년(2005년, 52세)에 운영하고 있던 모텔 세 개를 처분해 대규모 찜질방을 열었는데, 이듬해 병술丙戌년(2006년, 53세)부터 운영이 잘되어 돈을 많이 벌었다. 신약한 명조라 용신 대운 중에도 관살운인 무자戊子, 기축己丑년(2008년~2009년, 55세~56세)에는 관재, 시비, 다툼 등에 시달렸다. 그러다 경인庚寅년(2010년, 57세)에 하던 사업을 정리했는데 재산이 몇 배나 늘었다고 한다.

다음에 오는 병인丙寅 대운은 병화와 인오寅午 화국火局이 동시에 오니 이 시기에 정묘 대운보다 더 크게 성공했을 것으로 추측한다. 아마 수백억 원대의 자산가가 되었을 것이다.

7

⑦ 정화 신약, 자살로 생을 끝내다

명조

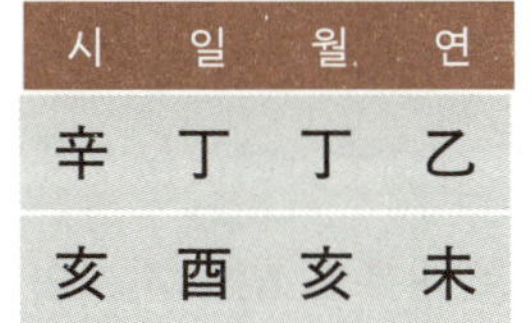

시	일	월	연
辛	丁	丁	乙
亥	酉	亥	未

격국용신

신약/살중용인격/목이 용신/정화가 신약하면 매우 예민하다

대운

62	52	42	32	22	12	2	
甲	癸	壬	辛	庚	己	戊	運
午	巳	辰	卯	寅	丑	子	程

격국용신을 어떻게 판단할 것인가

정유丁酉 일주가 정해丁亥월에 태어났다. 여명이다. 월지 해수, 일지 유금, 시지 해수가 붙어 수금 덩어리를 형성하니 그 힘이 대단하다. 일간 정화는 연지 미토에 뿌리를 둔 월간 정화와 연간 을목에 의지하고 있지만, 계절이 해월이고 수금 연합체의 기운이 훨씬 더 강하므로 신약하다(살다신약殺多神弱). 신약한데 관살이 중重하면 인성이 용신이므로(용신 잡는 법 14번), 인성인 연간 을목을 용신으로 잡는다(살중용인).

정화는 본래 예민한데 신약하면 이 예민함이 배가된다. 그래서 신약한 정화 사주는 멘탈이 매우 약하고 자기 비난, 자학에 시달리기 쉽다.

어떤 인생을 살았는가

주인공 K씨는 신묘辛卯 대운 첫해 정묘丁卯년(1987년, 33세)에 보석 사업을 시작했다. 신묘 대운은 대운의 묘와 지지의 해미가 해묘미亥卯未 목국木局을 이루니, 용신운 덕분에 큰돈을 벌었다.

그러나 임진壬辰 대운이 시작되자 불운이 닥쳤다. 임진 대운은 정임합丁壬合으로 일간 정화의 기운을 빼앗고, 진유합辰酉合으로 금기를 강화해 기신인 수금이 힘을 얻는 시기였다. 정임합은 관살과의 합이니 남자로 인한 문제, 진유합은 재물과 기신의 합이니 돈으로 인한 고통을 불러왔다. 임진 대운 첫해인 정축丁丑년(1997년, 43세)에 남편 외도로 불화가 시작되었고, 3년 뒤 경진庚辰년(2000년, 46세)에 이혼했다. 이어 신사辛巳, 임오壬午년(2001년~2002년, 47세~48세)에 사업 부진으로 고생했고 갑신甲申, 을유乙酉년(2004년~2005년, 50세~51세)에는 사기를 당해 재산을 거의 날렸다. 갑신년은 신진합申辰合, 을유년은 진유합이 형성되어 수금 기운이 극대화된 시기였다.

계사癸巳 대운은 사유巳酉 금국金局이 되어 기신 금이 강해진 운이다. K씨는 이때 아들을 결혼시키며 집을 팔아 절반을 결혼 자금으로 보탰지만 아들은 이를 고마워하지 않았다. 계사 대운 기축己丑년(2009년, 55세)에 K씨는 아들과 크게 다툰 뒤 결국 음독 자살로 생을 마감했다. 이해는 사유축巳酉丑 금국金局이 성립하고, 축미충丑未沖으로 용신인 을목의 뿌리 미토가 끊긴 시기였다. 신약한 정화인 K씨의 멘탈이 완전히 무너져 버렸던 것이다.

명조

시	일	월	연
辛	丁	戊	乙
亥	未	子	未

격국용신

신약/살중용인격/목이 용신/겨울의 목을 용신으로 잡을 수 있는 사례

대운

68	58	48	38	28	18	8	
乙	甲	癸	壬	辛	庚	己	運
未	午	巳	辰	卯	寅	丑	程

격국용신을 어떻게 판단할 것인가

정미丁未 일주가 무자戊子월에 태어났다. 여명이다. 자월 출생이고 시주가 신해라서 관살 수의 기운이 강하다. 관살이 강하므로 인성인 연간 을목을 용신으로 잡는 것이 원칙이다(용신 잡는 법 14번, 살중용인).

문제는 자축子丑월에는 목이 얼어 있어서 용신으로 쓸 수 있느냐는 점이다. 원칙상 갑을목 일간이 해자축亥子丑월에 태어나면 수생목水生木이 아니라 수극목水剋木이 된다. 그러나 만약

명조에 사오미술巳午未戌 즉 화지火支가 두 개 이상 있으면 해동이 되어 다시 수생목으로 작용한다(용신 잡는 법 22번). 이 명조는 지지에 미토가 두 개 있으므로 해동된 것으로 본다. 따라서 인성 을목을 용신으로 사용할 수 있다.

이 명조에서 남편은 월지 자수이다. 약한 정화가 칠살 자수에게 눌려 심한 억압을 받게 된다. 따라서 이 구조를 가진 여성은 남편 덕이 없고 가정폭력에 시달릴 가능성이 높다.

어떤 인생을 살았는가

주인공 S씨는 해묘미亥卯未 목국木局이 완성되는 신묘辛卯 대운이 전성기였다. 신묘 대운 기사己巳년(1989년, 35세)에 친정 어머니가 이불 가게를 물려주었고, 임신壬申년(1992년, 38세)까지 장사가 너무 잘되어 큰돈을 벌었다. 그러나 남편이 직장 생활을 하면서 바람을 피웠고, 이후 아내가 돈을 벌자 직장을 그만두고 백수로 지냈다.

임진壬辰 대운 첫해인 계유癸酉년(1993년, 39세)에 편관운이 들어오자 S씨 본인도 외도를 하게 되고, 나중에 이를 알게 된 남편이 폭행을 시작했다. 을해乙亥, 병자丙子, 정축丁丑년(1995년~1997년, 41세~43세)에는 폭행의 강도가 심해져 정축년에는 남편의 폭행으로 머리를 크게 다치는 사고까지 당했다. 대운과 연운에서 모두 수기가 겹쳐 강했던 탓이다.

계사癸巳 대운은 임진 대운보다는 나았지만 갑신甲申년

(2004년, 50세)에는 자식이 해외 출장 중 큰 사고를 당해 금전 손실까지 입었다.

다행히 갑오甲午 대운에는 공장 부지가 팔려서 돈이 들어오고 사정이 호전되었다. 화운이 오자 해동이 되어 용신 인목이 활성화된 덕분이다.

명조

시	일	월	연
庚	丁	癸	壬
子	丑	丑	寅

격국용신

극신약/살중용인격/목이 용신/극신약과 종격의 구별

대운

60	50	40	30	20	10	0	運程
庚	己	戊	丁	丙	乙	甲	
申	未	午	巳	辰	卯	寅	

격국용신을 어떻게 판단할 것인가

정축丁丑 일주가 계축癸丑월에 태어났다. 축월이고, 지지에 두 축토와 자수, 천간에는 임수와 계수까지 투출透出하여 한랭함이 극에 달했다. 극히 약한 정화가 의지할 수 있는 것은 연지 인목뿐이다. 하지만 축월이라 목이 얼어 있는 계절이므로 용신으로 쓸 수 있느냐가 핵심이다. 인목을 용신으로 쓸 수 있다면 정화는 뿌리가 있으므로 종하지 않고, 인목을 용신으로 쓸 수 없다면 정화는 완전히 고립되므로 종하게 된다.

겨울의 목을 용신으로 쓸 수 있는가는 주의 깊게 살펴야 한다. 인목은 지장간에 병화가 있어 겨울철 수기가 많아도 수를 흡수하고 화를 생할 수 있다. 따라서 용신으로 삼을 수 있다. 반면에 묘목은 지장간이 갑을甲乙이라 화기가 없어 겨울에는 죽은 나무가 되어 용신으로 쓸 수 없다. 이 명조는 인목이니 용신으로 잡을 수 있다(살중용인). 일간 정화는 인목의 생을 받을 수 있어 종격이 아닌 극신약이다.

이 명조는 관살인 수와 식상인 토의 세력이 비슷하여 전형적인 극설교가剋洩交加이다. 극설교가 명조는 극과 설이 동시에 일어나므로 머리가 비상하고 순발력이 뛰어난 특성을 갖지만 안정감이 매우 떨어진다. 인성이 있어서 안정감을 보충해 주면 극설교가 사주의 장점인 비상한 두뇌와 순발력을 쓸 수 있지만, 인성이 없을 경우에는 다른 사람에게 사기를 치거나 자신이 사기를 당하게 되는 경향이 있다.

어떤 인생을 살았는가

주인공 J씨는 초년부터 갑인甲寅, 을묘乙卯 용신운을 받아 사업가 아버지 밑에서 유복하게 성장했다. 명문 D외고와 S대 경영학과를 졸업하고 외국계 회사에 취직해 정사丁巳 대운까지 평탄히 보냈다.

무오戊午 대운은 인오합寅午合으로 화기가 강해지는 최고의 운이었다. 무오 대운 직전 신사辛巳년(2001년, 40세)에 고교

동창인 T그룹 회장 L씨로부터 스카우트 제의를 받고 필자의 조언에 따라 이직했다. J씨는 정사丁巳 대운 신사년(2001년, 40세)부터 무오 대운 병술丙戌년(2006년, 45세)까지 T그룹의 인수 합병 업무를 진두지휘하며 S화재 인수, 각종 케이블 방송 인수 등 굵직한 성과를 내고 수억 원의 성과급을 받았다.

그러나 행운은 병술년까지였다. 누누이 언급한 바와 같이 신약 사주는 대운이 좋아도 연운이 불리하면 크게 흔들린다. 최고의 대운인 무오 대운이라도 연운에서 수가 오는 정해丁亥년부터는 극신약인 J씨에게는 불리한 운이라 어려움이 많았다. 마침 회장이 아들에게 자산을 승계하려 무리수를 두면서 갈등이 깊어졌다. 필자는 운이 불리하니 회장이 시켜도 무리한 일을 하지 말라, 나중에 회장과 같이 엮여 문제가 될 것이라고 경고했다. J씨는 조언을 듣고 불법을 피하려 애썼으나 쉽지 않았다. 결국 기축己丑년(2009년, 48세)에 사직서를 두고 외국으로 떠났다.

T그룹 사직 후 J씨는 캐피털 회사를 창업했는데 이것이 실수였다. 필자는 극신약 사주인 J씨는 사업을 해서는 안 된다고 말렸으나, 무오 대운의 성공으로 자신만만했던 J씨는 조언을 듣지 않았다. 결국 J씨가 창업한 회사는 얼마 못 가 직원이 큰 손실을 내서 바로 문을 닫았다. 이듬해 경인庚寅년(2010년, 49세)에 T그룹 회장 일가가 수사를 받으면서 J씨도 연루되어 신묘辛卯년(2011년, 50세)에 집행유예 2년을 선고받았다. 그래도 필자의 조언대로 불법을 최소화한 덕분에 실형은 면했다. 만약 J씨가 필자

의 조언을 듣지 않았더라면 회장의 최측근이라 훨씬 더 무거운 형을 받았을 것이다.

　무오 대운이 최고의 운이었지만 극신약 사주인 J씨는 정해丁亥, 무자戊子, 기축己丑 같은 수운 3년간은 큰 어려움을 겪었고 창업도 실패했다. 다행히 기미己未 대운은 괜찮아 연운에서 화가 시작되는 계사癸巳년(2013년, 52세)에 다시 T그룹 임원으로 복귀하여 한동안 평온하게 지냈다.

무토 기본

명조

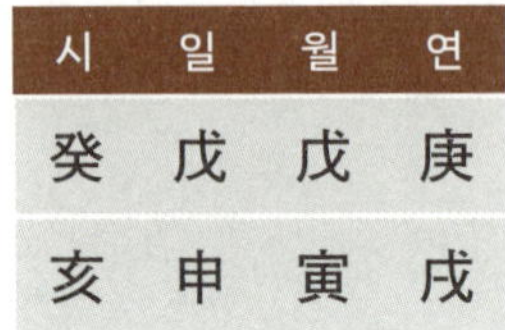

시	일	월	연
癸	戊	戊	庚
亥	申	寅	戌

격국용신

조후/조후로 화가 용신/약간 신약하되 중화中和를 이룬 상격上格 사주

대운

67	57	47	37	27	17	7	運程
乙	甲	癸	壬	辛	庚	己	
酉	申	未	午	巳	辰	卯	

격국용신을 어떻게 판단할 것인가

무신戊申 일주가 무인戊寅월에 태어났다. 인월은 입춘을 기준으로 7일 이내라면 전월인 축월의 한습한 기운으로 봐야 한다(용신 잡는 법 7번). 이 명조의 무신일은 입춘 7일째이므로 월지를 축월으로 보는 게 맞는다.

신강약은 어떻게 판단해야 할까? 일간 무토는 지지의 축토와 술토에 뿌리를 두고 있고 바로 옆에도 무토가 있으니 언뜻 보면 신강한 듯하다. 하지만 축월은 한습하여 무토가 얼어 있다는 점에 주목해야 한다. 더구나 일지 신금과 시지 해수에 뿌리를 둔 계수가 강력한데, 이 계수와 일간 무토가 무계합戊癸合이 되니 일간 무토가 약화된다. 지지의 신금과 축토, 술토에 뿌리를 둔 경금도 왕성하다. 결국 금수金水의 세력이 토의 세력보다 강하므로 이 명조는 신약으로 보는 것이 옳다. 단, 신약이라도 많이 약하지는 않고 금수에 비해 약간 약한 정도라고 봐야 한다. 신강약 판별이 아주 까다로운 명조이다. 전월의 여기餘氣인 축토를 월지로 놓으면 추운 계절이므로 조후로 화를 용신으로 삼는다(조후용신調候用神).

이 명조에서 월지 인목을 축토로 보지 않고 글자 그대로 인목으로 본다면, 칠살인 인목이 월지를 장악하고 인신충寅申冲까지 있어 불안정하니 격이 크게 떨어진다. 하지만 월지를 축토로 보게 되면 일간의 뿌리가 굳건하고, 재성과 식상의 뿌리도 튼튼해져 일간, 재성, 식상이 고르게 힘을 얻는다. 그 결과 중화中和를 이루어 상격上格 사주가 된다.

이 명조의 주인공은 국내 최고 재벌 S그룹의 창업자 L회장이다. 세간에는 시주가 임술壬戌로 알려져 있는데, 임술시라면 재성 수의 세력이 약해 재벌 창업주의 사주와는 맞지 않는다. 필자는 재성이 튼튼한 계해시로 보는 것이 더 적절하다고 생각한다.

어떤 인생을 살았는가

L회장은 경진庚辰 대운에 일본 와세다 대학에 유학했지만

재학 중 각기병으로 자퇴하고 귀국했다. 경진 대운은 경금이 수를 생하고 신진합申辰合이 이루어져 난관이 따르는 시기였다. 이어서 화운이 시작되는 신사辛巳 대운 무인戊寅년(1938년, 29세)에 S상회를 개업하며 사업을 시작했고 이후 꾸준히 성장시켰다.

임오壬午 대운은 오술午戌 화국火局이 성립한다. 월지가 인목이 아니라 축토로 사령했더라도 대운 오화가 인寅 중의 병화를 어느 정도 끌어내어 일간과 조후에 힘을 실어 준다. 이 시기가 인생 최고의 운이었다. 임오 대운 무자戊子년(1948년, 39세)에 S물산을 창업했고, 이어 화 연운인 계사癸巳년(1953년, 44세)에 J제당, 갑오甲午년(1954년, 45세)에 J모직을 창업하며 그룹의 기틀을 다졌다. 전성기는 계미癸未 대운까지 이어졌다.

화운이 끝나고 금운이 오자 시련이 닥쳤다. 갑신甲申 대운 초반부터 어려움이 시작되었다. 갑신 대운 초입인 정미丁未년(1967년, 58세)에는 S그룹 H비료회사가 사카린 밀수 사건에 연루되어 대중의 비난과 정부의 압박을 받았다. 당시 P대통령은 그룹 해체까지 고려했다고 한다. 결국 L회장은 그룹 매출의 30퍼센트를 차지하던 H비료회사를 국가에 헌납하고 스스로 경영 일선에서 물러나는 결단을 내렸다.

갑신 대운 병진丙辰년(1976년, 67세)에는 위암 수술을 받았고, 을유乙酉 대운에는 신유술申酉戌 금방국金方局이 형성되고 기신인 금수가 득세하면서 폐암까지 겹쳐 건강이 급격히 나빠졌다. 을유 대운 중인 계해癸亥, 갑자甲子, 을축乙丑년(1983년~

1985년, 74세~76세)에는 장기간 병원에 입원하여 거의 죽은 것과 다름없는 상태로 지내다가 정묘丁卯년(1987년, 78세)에 사망했다. 건강 문제 외에도 을유 대운 경신庚申년(1980년, 71세)에는 신군부에 의해 T방송사와 J일보를 빼앗기는 불운도 겪었다.

정리하면 L회장은 신사, 임오, 계미 대운 즉 용신 화운 30년 동안 그룹을 크게 성장시켰지만, 금운인 갑신, 을유 대운에는 회사는 성장했어도 본인은 병마와 불운에 시달리며 힘든 시간을 보냈다. 신약 사주는 아무리 큰 권세와 부를 쥐고 있어도 불리한 운의 흐름을 피하기 어렵다는 점을 보여 주는 사례이다.

명조

시	일	월	연
乙	戊	癸	丁
卯	申	卯	亥

격국용신

종세격/수가 용신/무토가 종격이 되는 사례

대운

68	58	48	38	28	18	8	運程
丙	丁	戊	己	庚	辛	壬	
申	酉	戌	亥	子	丑	寅	

격국용신을 어떻게 판단할 것인가

무신戊申 일주가 계묘癸卯월에 태어났다. 월지와 시지를 묘목이 차지하고 있고 해묘합亥卯合까지 있으니 목의 기세가 매우 강하다. 또 일간 무토 옆에는 묘목에 뿌리를 둔 을목이 무토를 강하게 극하고 있다. 무토의 지원군은 연간 정화 하나뿐인데, 정화는 월간 계수에 막혀 무토를 도와줄 수 없다. 게다가 무계합戊癸合으로 일간이 심하게 탈기奪氣를 당하니, 이 정도 상황이라면 아무리 무토라 해도 결국 자기를 버리고 종할 수밖에 없다.

이 명조는 관성, 재성, 식상이 모두 존재하므로 종세격從
勢格으로 보아야 하고, 재성을 용신으로 잡는다(용신 잡는 법
17번). 따라서 재성인 월간 계수가 이 명조의 용신이다.

어떤 인생을 살았는가

주인공 L씨는 용신 대운인 경자庚子, 기해己亥 대운까지는
대기업에서 근무하며 안정적인 생활을 했다. 그런데 기해 대운
마지막 해인 갑술甲戌년(1994년, 48세)에 회사를 그만두고 사업
을 시작했다.

필자의 경험에 따르면 관살운이나 비겁운에 사업을 시작하
는 경우가 많다. 관살운은 사회 활동과 명예를 의미하니 사업을
시작하게 되고, 비겁운은 내 동료가 생기니 자신감이 붙어 사업
에 뛰어들게 된다. 문제는 관살이나 비겁이 용신일 때는 성공하
지만, 기신일 경우에는 실패로 이어져 큰 어려움을 겪고 심하면
파산까지 가기도 한다는 점이다.

사업은 가진 능력과 자산을 모두 쏟아붓는 일이므로 위험
이 크다. 직장 생활이 안정된 육지라면 사업은 망망대해에 배를
띄우는 것과 같아서 언제든 폭풍에 휘말려 난파될 수 있다. 그래
서 사업을 하려는 사람은 반드시 자신의 사주가 사업에 적합한
지, 시기가 맞는지 점검하는 것이 필요하다. 필자는 극신약 사주
에게는 사업을 하지 말라고 강하게 권한다. 극신약 사주는 너무
약해서 대운이 좋더라도 연운이 불리하면 그 한 해의 충격만으

로도 결정적 타격을 입을 수 있기 때문이다.

L씨는 비겁운인 무술戊戌 대운이 오니 자신감이 올라가 사업을 시작했다. 하지만 L씨 사주에서 비겁은 용신인 계수를 극하므로 기신이다. 결국 기해己亥 대운 마지막 해인 갑술甲戌년(1994년, 48세)에 시작한 사업이 무술戊戌 대운 정축丁丑년(1997년, 51세)에 부도가 났다. 사업을 시작한 지 불과 3년 만이었다.

다음 해 무인戊寅년(1998년, 52세)에는 후배가 운영하는 회사의 대표로 초빙되었는데, 이 회사가 코스닥에 상장되면서 받은 스톡옵션을 행사해 무려 90억 원을 손에 쥐었다. 이렇게 기사회생하는 듯 보였지만 용신 계수를 극하는 무술 대운이니 행운이 오래갈 리 없었다. 동업자에게 12억을 빼앗기고 받은 돈 대부분을 사업에 재투자했는데 성과가 없었다. 결국 90억이라는 거금을 모두 날리고 말았다.

이 사례에서 알 수 있듯이 사업을 해서는 안 되는 운에 사업을 시작하면 반드시 어려움에 부딪히게 된다. 또 불리한 운에는 우연히 좋은 일이 생기더라도 그것이 후일의 화근이 되기 쉽다. 다행히 화근까지 가지는 않더라도 좋은 결과가 오래 남지 않고 흩어져 버린다.

     우당의 실전 사주명리학

③ 강한 기신운에 심장마비로 돌연사

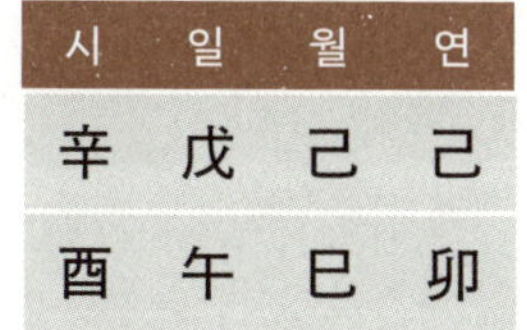

격국용신

신강/가상관격假傷官格/금이 용
신/상관을 용신으로 잡는 명조

대운

65	55	45	35	25	15	5	運程
壬	癸	甲	乙	丙	丁	戊	
戌	亥	子	丑	寅	卯	辰	

격국용신을 어떻게 판단할 것인가

무오戊午 일주가 기사己巳월에 태어났다. 일간 무토는 연간
과 월간의 기토와 함께 무리를 이루고, 월지 사화와 일지 오화가
무기토戊己土를 강하게 생生하고 있어 토의 세력이 막강하다.

신강 사주이니 관성-재성-식상 순으로 용신을 검토해 본
다(용신 잡는 법 11번). 관성인 연지 묘목은 무력하고 오히려 월
지 사화를 생하므로 용신이 될 수 없다. 재성은 없고 시간 신금
이 시지 유금에 뿌리를 두어 힘이 있으니, 상관 신금이 용신이

다. 수운은 맹렬한 화기를 눌러 간접적으로 신유금을 돕기 때문에 역시 길운이다. 월지 상관이 용신일 경우에는 진상관眞傷官이 되고, 월지가 아니라 다른 자리의 상관이 용신일 경우는 가상관격假傷官格이 되므로, 이 명조는 가상관격이다. 신강하고 용신도 유력하니 좋은 사주라 할 수 있다.

어떤 인생을 살았는가

주인공 K씨는 계해癸亥 대운까지는 보험사를 다니면서 평온하게 살았다. 40대 초반인 을축乙丑 대운 경신庚申, 신유辛酉년(1980년~1981년, 42세~43세)에는 대운에서 사유축巳酉丑 금국金局이 이루어지고 연운도 금운이라 세계적 보험사인 L사의 부산 지사장으로 발탁되며 승승장구했다. 하지만 임술壬戌년(1982년, 44세)에는 처의 도박과 외도로 부부 갈등이 발생했다. 이 명조에서 용신 금을 극하는 화는 기신인데, 배우자 궁의 오화가 술토와 만나 오술午戌 화국火局을 이루면서 화기가 강해졌기 때문이다. 이 명조에서 화기가 강해지면 나쁜 일이 생긴다는 것을 임술년의 일에서 알 수 있다.

계해 대운까지는 무사했지만, 임술壬戌 대운은 대운의 술토가 일지 오화와 오술 화국을 이루니 어려운 일이 생긴다. 특히 임술 대운 경인庚寅년(2010년, 72세)에는 인오술寅午戌 화국火局으로 화기가 극도로 강해져 용신 금을 치게 된다. 결국 K씨는 음력 5월 화기가 절정일 때 심장마비로 돌연사했다.

명조

시	일	월	연
癸	戊	壬	乙
丑	午	午	酉

격국용신

신강/상관생재격/수가 용신/강한 화가 병病

대운

63	53	43	33	23	13	3	
乙	丙	丁	戊	己	庚	辛	運
亥	子	丑	寅	卯	辰	巳	程

격국용신을 어떻게 판단할 것인가

무오戊午 일주가 임오壬午월에 태어났다. 5월에 태어난 무오 일주이니 신강하다. 신강이면 관성-재성-식상 순으로 용신을 잡는다(용신 잡는 법 11번). 관성인 을목은 뿌리가 없어 무력한데, 월간 임수는 연지 유금에, 시간 계수는 시지 축토에 뿌리를 두고 있어 유력하다. 따라서 유력한 수가 용신이다.

이 명조는 상관이 재성에 뿌리를 두고 있어 상관생재격이다. 게다가 무오 일주가 5월에 태어나 일지 오화와 함께 강한 화기를 형성하므로 조후도 시급하다. 조후로 봐서도 역시 수가 용신이다. 용신 수를 생하는 금이 희신이다.

이 명조의 병은 두 오화로 인한 과한 화기이다. 강한 화기가 용신 임수의 뿌리인 유금을 극하고, 계수의 뿌리인 축토를 말려 버리니 결국 용신 수의 뿌리가 약해진다. 사주에서 재성 수는 처인데, 중첩된 오화의 화기가 임계수를 마르게 하니 부부 관계가 원만하지 못하다.

어떤 인생을 살았는가

주인공 P씨는 희신운인 경진庚辰 대운에 S대 경제학과를 졸업하고 기묘己卯 대운까지 직장 생활을 했다. 기묘 대운에는 묘유충卯酉沖으로 어려움이 있었으나 이직 정도로 무난히 넘겼다.

무인戊寅 대운 무오戊午년(1978년, 34세)에 비겁운이 오니 사업을 시작했다. 이듬해 기미己未년까지 고전하다가 연운이 금인 경신庚申, 신유辛酉년(1980년~1981년, 36세~37세)에는 안료 수입으로 크게 돈을 벌어 반포에 아파트까지 마련했다. 이때는 천간 지지가 동일한 간여지동干與支同 금운이 들어와 용신 수를 강하게 도왔기 때문에 성과가 컸던 것이다. 하지만 을축乙丑년(1985년, 41세)까지는 버텼어도 병인丙寅년(1986년, 42세)에 투자 실패로 집을 제외한 거의 모든 재산을 날렸다. 무인 대운 병인년은 대운과 연운에서 인오寅午 화반국火半局이 거듭 일어나 용신 수기를 말려 버렸기 때문이다. 이때 그는 자살을 고민할 만큼 힘들었다고 한다. 무인 대운은 기신인 화기를 더 강하게 하므로 최악의 시기였다.

정축丁丑 대운은 축토의 한습한 기운이 강한 화기를 억제했기에 숨통이 트였다. 정축 대운 임신壬申년(1992년, 48세)에 대기업 종합상사에 스카웃되어 계유癸酉년(1993년, 49세)에는 스톡옵션으로 큰 수익을 내 빚을 청산했다. 이후 병자丙子, 정축丁丑년(1996년~1997년, 52세~53세)에는 미국 록히드사의 사일로 총판 사업을 시작했지만, 병자丙子 대운 무인戊寅년(1998년, 54세)에 대운의 병화와 연운의 인오寅午 화반국火半局으로 화기가 강해져 사업을 접을 수밖에 없었다.

병자 대운 경진庚辰년(2000년, 56세)에는 카메룬 영사 업무를 맡아 기본적인 수입을 확보하며 지냈다. 정해丁亥년(2007년, 63세)에는 아내가 약국을 개업하면서 생계 걱정이 사라졌다. 이때는 시지 축토와 해자축亥子丑 수방국水方局이 완성되어 안정기를 맞은 것이다. 결국 본인의 능력이라기보다 재성인 처의 덕을 크게 본 셈이다.

명조

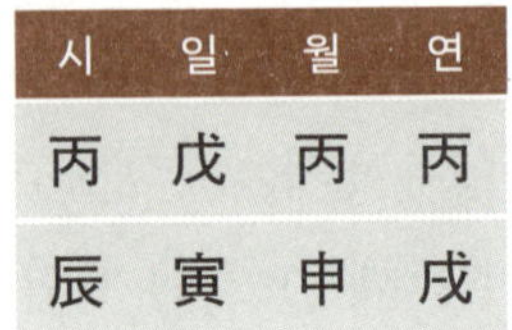

시	일	월	연
丙	戊	丙	丙
辰	寅	申	戌

격국용신

신강/용관격用官格/목이 용신/파
격破格이지만 대통령이 된 사례

대운

62	52	42	32	22	12	2	運程
癸	壬	辛	庚	己	戊	丁	
卯	寅	丑	子	亥	戌	酉	

격국용신을 어떻게 판단할 것인가

무인戊寅 일주가 병신丙申월에 태어났다. 천간에 병화가 세 개나 떠서 일간 무토를 생하고, 지지에는 술토와 진토가 있어 토의 세력이 막강하다. 신강 사주는 관성-재성-식상 순으로 용신을 잡는데(용신 잡는 법 11번), 관성인 일지 인목이 연지 진토와 인진합寅辰合을 이루어 유력하므로 편관인 인목을 용신으로 잡는다. 식상인 월지 신금은 연지 술토와 신술합申戌合으로 어느 정도 힘을 가지지만, 연간과 월간의 병화가 극하고 있어 관성 인목만큼은 못 하다. 따라서 식상은 용신이 될 수 없다. 인목을 생하는 수가 희신이다.

하지만 용신인 인목이 월지 신금과 충하니 용신이 깨져 파격이다. 용신이 충을 맞으면 안정감이 떨어지고 돌발 행동을 하게 된다. 대운의 흐름을 보면 기해己亥, 경자庚子 수운은 희신운이고 임인壬寅, 계묘癸卯 목운은 용신운이라 좋다.

어떤 인생을 살았는가

N 전 대통령은 기해 대운 을묘乙卯년(1975년, 30세)에 사법시험에 합격했다. 인묘진寅卯辰 목국木局이 완성된 덕분이다. 이후 판사로 임용되었으나 성향에 맞지 않아 7개월 만에 그만두고 변호사로 개업했다. 경자 대운 경신庚申, 신유辛酉년(1980년~1981년, 35세~36세)부터 노동 인권 변호사로 활동을 시작했고, 자子 대운 을축乙丑년(1985년, 40세)부터 제대로 인정받았다.

N 전 대통령은 신축辛丑 대운 무진戊辰년(1988년, 43세) 4월 26일(음력 3월 11일, 병진丙辰월 신해辛亥일)에 치러진 제13대 국회의원 선거에서 당선된다. 신축 대운 무진년은 앞서 자 대운의 영향력이 미쳐서(대운을 일수로 계산) 신자진申子辰 수국水局이 이루어지고, 선거일도 병진월 신해일로 희신인 수의 기운이 일진日辰까지 미치니 N 전 대통령에게는 매우 좋은 때였다. 이후 그해 11월 전국에 생중계된 5공 청문회에서 일약 스타로 부상했다. 그러나 을해乙亥년(1995년, 50세)에 민주당 부산시

장 후보로 출마해서 낙선하고, 병자丙子년(1996년, 51세)에 제 15대 국회의원 선거에서 종로에 출마해서 낙선했다. 을해, 병자 년은 희신인 수운이지만 신축 대운은 월지 신금이 대운의 축토 로부터 강한 힘을 얻어 용신 인목을 압박하므로 5공 청문회 후 별다른 성과가 없었던 것이다.

임인壬寅 대운은 용신 목과 희신 수가 함께 오는 최고의 대 운이었다. 무인戊寅년(1998년, 53세) 국회의원 재선거에서 정치 1번지인 종로구에서 당선되며 거물 정치인으로 떠올랐다. 이후 경진庚辰년(2000년, 55세)에는 지역주의 타파를 위해 부산에서 출마했으나 낙선했다. 선거에서는 패했으나 지역주의 타파를 위해 기득권을 포기한 점이 대중의 마음을 움직여 후원회가 조 직된다. 이때 조직된 후원회는 훗날 대통령 당선의 밑거름이 되 었으니 경진년은 변화의 계기가 된 셈이다. 2년 후인 임오壬午년 (2002년, 57세) 제16대 대통령 선거에서 'L후보 대세론'이 팽배 한 가운데 세간의 예상을 뒤엎고 대통령에 당선되었다.

당시 모 정보기관에서 대선 결과에 대해 자문을 구했는데, 필자는 N후보가 당선될 것이라고 말해 주었다. 임오년은 일지 의 인목, 연지의 술토와 연운의 오화가 인오술寅午戌 화국火局을 이룬다. 인오술 화국으로 강해진 화기가 이 명조의 용신인 인목 을 충하고 있는 신금을 제거했고, 또 N후보의 인기가 엄청난 기 세로 상승하고 있어서 승리할 것이라고 판단했다. 당시는 L후보 대세론이 팽배해 있던 때라 N후보의 승리를 예측한 사람은 거의 없었다. 결국 필자의 예측대로 그는 2002년 임오년에 대통령에 당선되었다.

그러나 불안정한 사주의 특성상 안정된 권력을 갖기는 어려웠다. 갑신甲申년(2004년, 59세)에는 연운에서도 신금이 와서 용신 인목을 두 번 충하니, 국회에서 탄핵소추를 당하고 2006년 무렵에는 지지율이 5.7퍼센트까지 떨어졌다. 퇴임 후 계묘癸卯 대운 무자戊子년(2008년, 63세)에 봉하마을로 내려갔지만, 기축己丑년(2009년, 64세)에 뇌물 수수 의혹으로 조사를 받던 중 스스로 생을 마감했다.

기축년은 천간 지지가 같은 유력한 습토가 기신인 월지 신금을 강하게 돕고, 유력해진 신금이 용신 인목을 또 한 번 강하게 충극하니 어려운 해였다. 그러나 필자는 용신운인 계묘 대운에 스스로 생을 마감할 정도로 운이 나빴는지는에 대한 의문을 품고 있다. 역사에 만일은 없지만, 만약, 2009년을 참고 넘겼다면 다음은 경인庚寅, 신묘辛卯, 임진壬辰으로 유리한 운이 오니 위기를 넘길 수 있지 않았을까 하는 생각이 든다.

명조

시	일	월	연
乙	戊	甲	癸
卯	午	子	未

격국용신

신약/상관제살격/병약설로 금이 용신/한겨울이지만 조후가 해제된 사례

대운

66	56	46	36	26	16	6	運程
丁	戊	己	庚	辛	壬	癸	
巳	午	未	申	酉	戌	亥	

격국용신을 어떻게 판단할 것인가

무오戊午 일주가 갑자甲子월에 태어났다. 갑목, 을목과 무토, 기토는 조후의 영향을 특히 많이 받으니 용신을 정할 때 반드시 조후를 고려해야 한다. 단, 이 명조는 자월에 태어났으나 지지에 화인 오미午未가 있어 조후가 해제된다(용신 잡는 법 22번). 조후를 적용하면 화가 용신이나 조후가 해제되면 달리 봐야 한다. 일간의 양쪽에서 시주 을묘목과 월간 갑목이 급박하게 무토를 치고 들어오는 상황이니, 강력한 관살 목의 기세를 억제

하는 것이 급선무이다. 따라서 병약설을 적용하여 목을 극하는 금을 용신으로 삼는다(상관제살).

어떤 인생을 살았는가

주인공 C씨는 초년에 고생이 많았다. 연주와 월주에 기신인 갑목과 계수가 자리했으니 부모 덕을 보기 어렵고, 초년 운도 계해癸亥와 임술壬戌이니 고생을 면하기 어려웠다. 이렇듯 무주 구천동 산골에서 태어나 임술 대운까지는 기회를 잡지 못했다. 그러다 임술 대운 마지막 해인 무신戊申년(1968년, 26세)에 친형의 포목점 점원으로 들어가 사회생활을 시작한 것이 계기가 되었다. 불과 2년 후인 신유辛酉 대운 경술庚戌년(1970년, 28세)에 독립해 자신의 점포를 열었던 것이다. 이때 C씨는 형 가게의 고객을 빼앗아 오는 꼼수를 썼다. 필자의 경험으로 보건대 관살이 강한 사주는 인성人性이 별로 좋지 않다. 일간이 늘 관살의 극을 당해 생존 자체가 위협받는 상황이니 마음의 여유가 없는 것이다. 관살의 겁박을 이기고 살아남아야 한다는 생각이 강해 자기 이익을 위해서라면 수단을 가리지 않는다.

신유, 경신庚申 대운 20여 년간 그는 승승장구하며 큰돈을 벌었고, 청담동에 단독주택을 살 정도로 부자가 되었다. 하지만 전성기는 경신 대운까지였다.

기미己未 대운 갑술甲戌년(1994년, 52세)에 C씨는 여의도에 37층 빌딩을 지을 수 있는 땅을 확보했다. 건물을 신축하면 당시 기준으로 500억 원 이상의 수익을 기대할 수 있는 기회였으니 C씨는 일확천금의 꿈에 부풀었다. 하지만 갑술년은 사주 원국과 대운에서 묘미합卯未合이 거듭 일어나고, 연운의 갑목까지 더해져 관살의 기세가 지나치게 강했다. 불리한 시기이니 사업이 제대로 진척될 리 없었다. 사업 초기에 동업자인 이종사촌이 인테리어 업자에게 10억 원을 뒷돈으로 받은 사실이 밝혀져 C씨는 배신감에 극도로 분노했다.

다음 해인 을해乙亥년(1995년, 53세)부터 두 사람은 서로 고소 고발과 손해배상 소송으로 얽히며 끝없는 법정 다툼을 이어 갔다. 을해년은 해묘미亥卯未 목국木局이 완성되어 관살이 극도로 강해지는 해이니 신약한 C씨에게는 좋지 않은 시기였다. 당시 필자는 C씨에게 운이 좋지 않으니 적당히 화해하라고 조언했지만 그는 받아들이지 않았다. 결국 사촌이 C씨를 살인 교사로 고소했고, 몇 년간 수사와 재판에 시달리며 돈은 물론이고 건강까지 잃었다. 무인戊寅년(1998년, 56세)에는 췌장암 수술을 받았고, 무오戊午 대운 첫해 기묘己卯년(1999년, 57세)에는 구속되었으며, 경진庚辰년(2000년, 58세)에는 시행 사업에서 완전히 밀려났다. 수십억의 소송 비용과 건강을 잃고 얻은 것은 아무것도 없었다.

결국 용신을 극하는 기미 대운 갑술년에 찾아온 일확천금의 기회는 오히려 화근이었다. 운이 나쁠 때 좋은 일이 생기면 그일이 결국 흉사로 이어진다는 법칙이 이 사례에서도 확인된다.

　　　　　　　　　　　　우당의 실전 사주명리학

이후 무오 대운 임오壬午년(2002년, 60세)에 건강 악화로 서울 생활을 접고 양평으로 내려가 조용히 살았다. 정사丁巳 대운 말까지 긴 화운이 남았다는 점을 고려하면 현명한 선택이었다.

무토 기본

명조

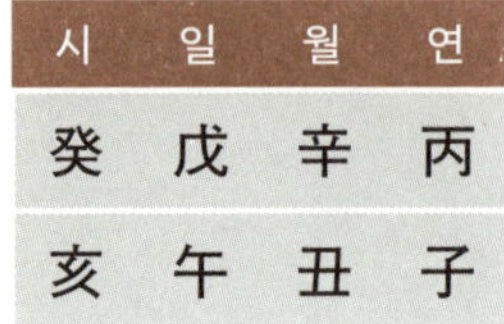

시	일	월	연
癸	戊	辛	丙
亥	午	丑	子

대운

61	51	41	31	21	11	1	運程
戊	丁	丙	乙	甲	癸	壬	
申	未	午	巳	辰	卯	寅	

격국용신

조후/조후로 화가 용신/사주 자체보다 운이 좋아 성공한 경우는 좋은 운이 끝나면 바로 무너진다

격국용신을 어떻게 판단할 것인가

무오戊午 일주가 신축辛丑월에 태어났다. 축월에 태어나 지지에 해자축亥子丑 수방국水方局이 완성되고, 천간에 계수까지 있어 매우 한랭한 사주이다. 무기토는 조후의 영향을 많이 받으므로 한랭함을 막아 주는 일지 오화를 용신으로 삼는다(조후용신調候用神). 용신은 일간과 가까워야 좋은데, 이 명조의 용신이 일간 바로 아래 있어서 힘을 발휘한다는 점은 긍정적이다. 하지만 일지 오화가 수금에 포위되어 있으니 용신의 힘이 강하지 못하

다. 또 연간 병화는 병신합丙辛合으로 무력하고 일간 무토도 무계합戊癸合으로 묶여 있는데, 재성 수가 막강하니 재다신약이다.

일간은 약하고 용신도 크게 유력하지는 않지만 을사乙巳, 병오丙午, 정미丁未 30년간 대운에서 강력한 화운이 온 것이 매우 좋다.《적천수》의 "사주 좋은 것이 운 좋은 것만 못 하다(命好不如運好)"라는 격언이 딱 맞는 사례이다.

어떤 인생을 살았는가

"세계는 넓고 할 일은 많다"라는 명언의 주인공인 D그룹 K회장의 명조이다. 을사乙巳 대운 정미丁未년(1967년, 32세)에 화운이 들어오자 섬유 수출 업체인 D실업을 창업해 폭발적으로 성장했다. 병오丙午 대운의 정사丁巳, 무오戊午, 기미己未년(1977년~1979년, 42세~44세)에는 대운과 연운에서 화운이 겹쳐 들어와 일생 최고의 전성기를 맞았다. 이 시기에 자동차, 조선 등으로 사업을 확장하며 D그룹을 재벌로 키웠다.

당시에는 P대통령과의 인연이 큰 힘이 되었다. K회장의 부친이 P대통령이 다닌 대구사범의 교사였기에 정부의 전폭적인 지원을 받았다고 한다. 이후 1980년대 신군부 정권에서도 지원을 받아 정미 대운까지 승승장구했다. 그 결과 S, H, L 그룹과 함께 한국 4대 재벌로 불리게 되었다.

그러나 K회장의 성공은 정미丁未 대운까지였다. 정미 대운이 끝나고 금운인 무신戊申 대운이 시작되자마자 D그룹은 바로 무너지기 시작했다. 무신 대운 첫해인 정축丁丑년(1997년, 62세)에 IMF 사태가 터지자 D그룹은 엄청난 타격을 입었다. 무인戊寅년(1998년, 63세)부터 구조조정을 시도했으나 결국 실패했다. 무신 대운 두 번째 해인 기묘己卯년(1999년, 64세)에 D그룹의 모든 계열사가 워크아웃 대상이 되면서 그룹이 해체되고 K회장은 해외로 도피했다. K회장의 경우 사주 자체보다는 대운의 힘으로 큰 성공을 거두었던 것이라 좋은 운이 끝나자 바로 무너지고 만 것이다.

8

재복 있는 여성 사업가

명조

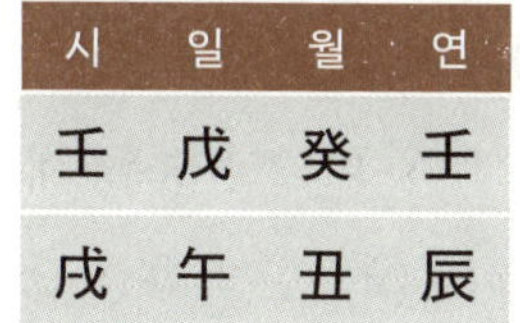

시	일	월	연
壬	戊	癸	壬
戌	午	丑	辰

격국용신

신강/상관생재격/수가 용신/결혼에 관심 없는 여성 사업가 명조

대운

61	51	41	31	21	11	1	運程
丙	丁	戊	己	庚	辛	壬	
午	未	申	酉	戌	亥	子	

격국용신을 어떻게 판단할 것인가

무오戊午 일주가 계축癸丑월에 태어났다. 여명이다. 갑을목과 무기토는 조후의 영향을 많이 받는데, 이 명조는 무토 일간이 축월에 태어났으니 먼저 조후 적용 여부를 보아야 한다. 축월이기는 하나 명命 중에 사오미술巳午未戌의 화지가 두 개 이상 있으면 조후가 해제된 것으로 보는데(용신 잡는 법 22번), 이 명조는 지지에 오화와 술토가 있으니 조후는 해제되었다.

지지에 비겁인 축토, 술토, 진토가 있고 일지가 인성인 오화이니 매우 신강하다. 신강할 경우 관성-재성-식상 순으로 용신을 잡는데(용신 잡는 법 11번), 관성은 없고 재성인 수가 유력하므로 수를 용신으로 잡는다(상관생재격). 식상인 금이 희신이다. 희신인 금이 용신인 수를 생조하니 금운에 돈을 벌게 된다. 일간이 유력하고 용신인 재성도 유력하므로 재복이 있는 사주이다.

여성의 명조에 관성이 없거나 있어도 매우 미약할 경우, 대운에서 식상운이 오면 대운의 식상이 그렇지 않아도 미약한 남편인 관살을 극하게 된다. 이런 여성은 결혼은 염두에 두지 않고 오로지 사업을 해서 돈 벌 궁리만 한다. 결혼과는 인연이 없는 명조이다.

어떤 인생을 살았는가

주인공 P씨는 희신인 기유己酉 대운에 식당업을 시작했다. 기유 대운은 유축酉丑 금국金局과 진유합금辰酉合金이 동시에 이루어져 희신인 금기가 매우 강해지니 P씨에게는 행운의 시기였다. 기유 대운 무진戊辰년(1988년, 37세)에 분식집을 시작했는데, 장사가 잘되어 이때부터 계유癸酉년(1993년, 42세)까지 돈을 많이 벌었다.

이에 자신감을 얻어 무신戊申 대운 갑술甲戌년(1994년, 43세)에 업종을 전환했는데, 기유 대운처럼 잘되지 않아 정축丁丑년(1997년, 46세)에 사업을 정리했다. 결혼에 관심이 없던 P씨도 무인戊寅, 기묘己卯년(1998년~1999년, 47세~48세) 연운에서 관살인 목운이 오자 남자로 인한 어려움을 겪는다. 특히 무인년은 인오술寅午戌 화국火局으로 용신인 수를 마르게 하고 희신인 금을 녹이니 남자와 얽혀 큰 손해를 보았다.

그 후 경진庚辰년(2000년, 49세) 연운에서 토금이 오니 심기일전하여 일식집을 시작했는데, 좋은 운에 시작한 일이니 올바른 선택이었다. 이 일식집이 자리를 잘 잡아서 정미丁未 대운 기축己丑년(2009년, 58세)까지 안정적으로 돈을 벌어 노후 대책을 할 수 있었다.

그 뒤 병오丙午 대운은 화기가 강해 재산의 상당 부분을 형편이 어려운 형제자매를 보살피는 데 써야 했다. 명조의 강한 비겁과 대운에서 오는 인성인 화기가 합세하여 재성인 수를 마르게 했기 때문이다.

기토 기본

① 용신운 30년에 장관까지 오르다

명조

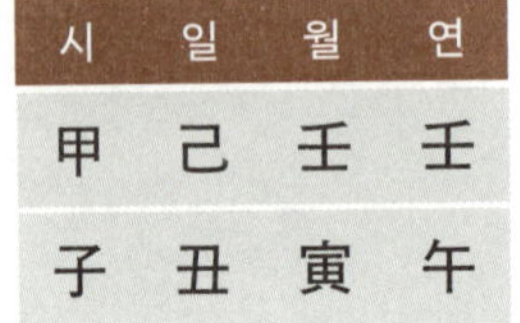

시	일	월	연
甲	己	壬	壬
子	丑	寅	午

격국용신

조후/조후로 화가 용신/입춘 1일
째라 월지를 축토로 보는 사례

대운

70	60	50	40	30	20	10	
己	戊	丁	丙	乙	甲	癸	運
酉	申	未	午	巳	辰	卯	程

격국용신을 어떻게 판단할 것인가

기축己丑 일주가 임인壬寅월에 태어났다. 이 명조의 기축일
은 입춘 1일째이다. 인월의 경우 입춘 7일 이내라면 전월의 한
습한 축토로 보아야 하므로(용신 잡는 법 7번), 월지를 축토 사령
으로 놓는다. 월지를 축토로 보면 수기가 매우 강하고 춥다. 조
후의 영향을 많이 받는 무기토이니 조후로 연지 오화를 용신으
로 잡아야 한다(용신 잡는 법 22번).

일간 기토가 신약하기는 하나 일지 축토에 튼튼히 뿌리를

우당의 실전 사주명리학

내리고 있으며, 월지의 축토에서 재차 기氣를 받으니 약간 신약
한 수준이다. 30세부터 을사乙巳, 병오丙午, 정미丁未로 화운이
30년간 오니 이 시기에 많은 발전을 이룬다.

어떤 인생을 살았는가

주인공 K씨는 T공사 사장과 장관을 지냈다. 그는 ROTC 출
신으로 대학 졸업 후 직업군인이 되었다가 을사乙巳 대운 무오戊
午년(1978년, 37세)에 소령으로 진급하고, 특채로 사무관이 되어
T공사에 입사했다. 대운과 연운에서 용신인 화가 겹치는 해의
선택이니 좋은 기회였다.

그 후 병오丙午 대운 병인丙寅년(1986년, 45세)부터 경오庚
午년(1990년, 49세)까지 P도시 개발팀장을 맡았다. 이 시기는 대
운이 병오이고 연운은 병인-정묘丁卯-무진戊辰-기사己巳-경
오로 5년간 인생 최고의 운인 목화운으로, 이때의 성공이 그 후
승진의 발판이 되었다. 경오년 다음 해인 신미辛未년(1991년,
50세)에 부사장이 되고, 정미丁未 대운 정축丁丑년(1997년,
56세)에 사장으로 승진한 후 기묘己卯년(1999, 58세)에 장관에
임명되는 등 승승장구했다.

그러나 정미 대운이 끝나가는 경진庚辰년(2000년, 59세)에
P아파트 특혜 시비로 구설에 올라 정미 대운 마지막 해인 신사辛
巳년(2001년, 60세)에 결국 사직하게 되었다. 경진년은 자진子辰
수국水局이 되고, 진토의 생을 받은 경금이 수를 생하는 등 수기

가 강해져 용신 오화를 극하므로 좋지 않았던 것이다. 하지만 장
관에서 물러난 후에도 공사 사장을 5년간 지내는 등 무신戊申 대
운까지는 무난하게 지냈다.

② 일세를 풍미한 D요정의 여주인

명조

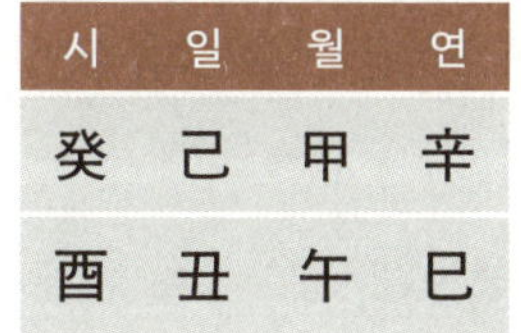

시	일	월	연
癸	己	甲	辛
酉	丑	午	巳

격국용신

신강/식신생재격食神生財格/수가
용신/식상이 왕한 여성 명조

대운

69	59	49	39	29	19	9	運 程
辛	庚	己	戊	丁	丙	乙	
丑	子	亥	戌	酉	申	未	

격국용신을 어떻게 판단할 것인가

기축己丑 일주가 갑오甲午월에 태어났다. 여명이다. 일간 기토가 일지 축토에 뿌리를 내리고 월지 오화와 연지 사화의 생을 받으니 신강하다. 신강의 경우 관성-재성-식상 순으로 용신을 잡는데(용신 잡는 법 11번), 정관 갑목은 뿌리가 없어 무력하므로 용신으로 쓸 수 없다. 재성인 시간 계수가 시지 유금에 뿌리를 내려 유력하므로 재성 계수를 용신으로 하고, 계수를 생하는 유금이 희신이다(식신생재격食神生財格).

어떤 인생을 살았는가

주인공인 L씨는 유명한 D요정의 주인이었다. 여성의 명조에서 식상이 왕하면 화류계 종사자가 될 가능성이 높은데, L씨의 명조 역시 지지에 사유축巳酉丑 금국金局이 이루어지고 천간에 신금辛金이 떠 있어서 식상인 금의 세력이 매우 강한 특징이 있다.

L씨는 젊은 시절부터 D요정에서 일했는데, 정유丁酉 대운 정사丁巳년(1977년, 37세)에 주인에게 인정을 받아 D요정을 인수하게 되었다. 정유 대운 정사년은 대운과 연운에서 사유축 금국이 거듭 이루어져 용신 계수를 생하니 L씨에게는 최고의 해였다. D요정 인수 후 정유 대운 말까지 3년간 돈을 엄청나게 벌었고, 무술戊戌 대운 전반부인 경신庚申년에서 을축乙丑년(1980년~1985년)까지 금수金水 연운 6년간도 무난하게 유지했다.

그러나 무술 대운 후반부인 술戌 대운으로 넘어가자 문제가 생겼다. 술 대운 병인丙寅년(1986년, 46세)에 지난 10년간의 성공으로 자신감을 얻은 L씨는 미국에 한식 전문점을 냈는데 이것이 패착이었다. 이 한식 전문점이 술 대운 병인년부터 기해己亥 대운 신미辛未년(1991년, 51세)까지 목화木火 연운 6년간 계속 적자를 냈다. L씨는 D요정 운영으로 얻은 수익을 전부 잃었고, 신미년에는 거의 부도 상태에까지 이르렀다.

무술 대운은 무계합戊癸合으로 용신 계수를 합거하고, 오술午戌 화국火局의 강한 화기가 희신인 금을 극하고 용신인 수기를

우당의 실전 사주명리학

말리니 최악의 시기였다. 특히 미국에 한식 전문점을 낸 병인년은 월지, 대운, 연운이 인오술寅午戌 화국이니 시작부터 크게 잘못되었다. 그 여파로 기해 대운 병자丙子년(1996년, 56세)에 사업은 부도났고, 무인戊寅년(1998년, 58세)에는 더 이상 버티지 못하고 미국으로 도피했다. 불운한 시기에는 확장과 투자를 삼가고 기존의 성과를 지키는 데 힘써야 함을 일깨워 주는 명조이다.

명조

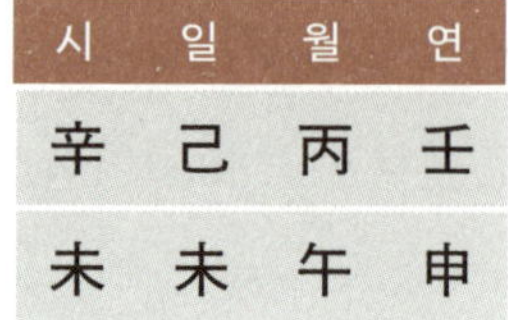

시	일	월	연
辛	己	丙	壬
未	未	午	申

격국용신

조후/조후로 수가 용신/길신태로
吉神太露. 쌍둥이 명조 보는 법

대운

68	58	48	38	28	18	8	運程
癸	壬	辛	庚	己	戊	丁	
丑	子	亥	戌	酉	申	未	

격국용신을 어떻게 판단할 것인가

기미己未 일주가 병오丙午월에 태어났다. 월지에 오화, 일지와 시지에 두 미토, 천간에 병화가 떠 있으니 화기가 막강하다. 막강한 화기를 다스리는 게 급하니 조후로 용신을 정해야 한다. 연간 임수가 연지 신금에 뿌리가 있으니 이를 용신으로 잡는다. 임수를 용신으로 잡기는 하나 전체적으로 화기가 너무 왕하여 용신이 극히 약하다. 더구나 용신 임수가 돕는 세력 없이 천간에 홀로 노출되어 있으니 길신태로吉神太露의 상황이라 매우 좋지 않다. 길신태로는 길신을 보호하는 장치가 없으니 나쁜 운이 오면 직격탄을 맞는다. 화기가 왕하니 다혈질이고 극단적 성격이다.

어떤 인생을 살았는가

주인공 Y는 정미丁未 대운 병술丙戌년(2006년, 15세)에 가출한 후 결석으로 인해 정학 처분을 받았다. 정미 대운 병술년은 대운의 정화가 용신 임수를 합거하고, 병술년의 술토가 월지 오화와 오술午戌 화국火局까지 이루어 원래도 강했던 화기가 극강의 수준에 이른다. 상황이 이러니 Y는 불과 열다섯 살에 완전히 망가져 버린다. Y의 정신세계는 이미 이때 정상적 생활을 할 수 없는 상태가 되었다고 보아야 한다. 그 후 무戊 대운 중인 신묘辛卯년(2011년, 20세)에 여자친구가 결별을 선언하자 이에 격분하여 여자친구를 폭행해서 갈빗대와 치아가 부러지는 중상을 입혔다. 이를 알게 된 여자친구의 아버지가 Y를 경찰에 신고했고, 경찰이 집에 가서 보니 Y는 자기 방에서 자살한 상태였다. 무 대운 신묘년 무술戊戌월의 일이었다.

Y에게는 쌍둥이 동생이 있었는데 그 동생에게는 별일이 없었다. 왜 그럴까? 명리학에서 쌍둥이 동생은 한 시진 늦게 태어난 것으로 간주하는 관행이 있다. 이 관행에 따르면 Y의 쌍둥이 동생은 임신壬申시에 태어난 것으로 본다. 그렇게 보면 동생의 명조는 화기가 지나치게 강하지 않고 수금의 세력이 많이 약하지 않으니, Y의 쌍둥이 동생은 정상적으로 살 수 있다.

④ 용신운 10년에 평생 쓸 돈을 벌다

명조

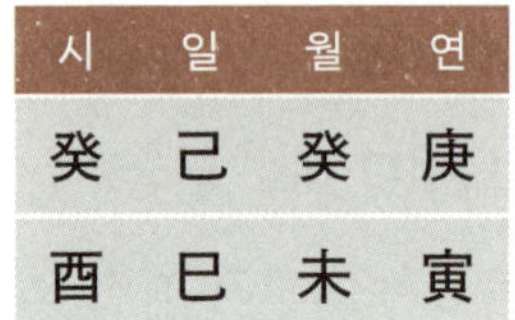

시	일	월	연
癸	己	癸	庚
酉	巳	未	寅

격국용신

신강/식신생재격/계수가 용신/이전이나 이직은 좋은 운에 해야 한다

대운

68	58	48	38	28	18	8	運程
丙	丁	戊	己	庚	辛	壬	
子	丑	寅	卯	辰	巳	午	

격국용신을 어떻게 판단할 것인가

기사己巳 일주가 계미癸未월에 태어났다. 여명이다. 일간 기토가 월지 미토와 일지 사화에 굳건하게 뿌리를 내리고 있으니 신강하다. 신강할 경우 관성-재성-식상 순으로 살펴 유력한 요소를 용신으로 잡는다(용신 잡는 법 11번). 관성인 연지 인목은 연간 경금과 월지 미토에 둘러싸여 무력하므로 용신이 될 수 없다. 재성인 시간 계수가 시지 유금의 생을 받아 힘이 있으므로 시간 계수를 용신으로 잡는다(식신생재격).

우당의 실전 사주명리학

어떤 인생을 살았는가

주인공 S씨는 초년인 임오壬午, 신사辛巳 대운에는 화기가 용신 계수를 마르게 하니 신사 대운 중인 갑인甲寅년(1974년, 25세)에 결혼해 단칸방에서 어렵게 살았다.

경진庚辰 대운은 대운의 경금이 용신 계수를 생하고, 대운의 진토가 시지 유금과 진유합금辰酉合金을 이루어 식상인 금기를 강화시켰다. 수금이 모두 강해지니 최고의 대운이다. 경진 대운 계해癸亥년(1983년, 34세)에 S씨는 안경점을 개업했는데, 장사가 잘되어 3년 만에 집 세 채를 장만했다. 단, S씨의 경우 노년의 병자丙子 대운 전까지 좋은 운은 경진 대운 10년뿐이다. 경진 대운 다음의 기묘己卯, 무인戊寅 대운 등 용신인 수를 극하는 운이 20년간 오니 이 시기에는 좋은 일을 기대할 수 없기 때문이다. 결국 S씨가 돈을 벌 수 있는 시기는 경진 대운뿐이다. 실제로 S씨는 경진 대운에 장만한 재산에서 나오는 돈으로 나머지 인생을 살았다.

기묘己卯 대운은 천극지충天剋地冲이 일어나는 대운이다. 천극지충은 천간은 극하고 지지는 충한다는 뜻으로, 천간과 지지에서 모두 공격을 받으니 갑작스러운 흉사가 발생한다. 기토가 용신 계수를 극하고, 묘목이 용신 계수의 뿌리인 유금을 충하니 매우 힘든 시기이다. 기묘 대운 기사己巳년(1989년, 40세)에 안경점을 이전했는데 손님이 없어 2년 후인 신미辛未년(1991년, 42세)에 문을 닫았다. 좋지 않은 운에는 기존의 상태를 유지하는 편이 바람직한데 가게를 이전한 것이 화근이었다. 영업장 이전이나 이직을 하고 싶다면 좋은 운에서 해야 한다. 기묘 대운 갑술甲戌년(1994년, 45세)에는 심한 당뇨가 시작되어 그 후 내내 고통받았다.

무인戊寅 대운 역시 대운의 무토가 용신 계수를 극하고, 대운의 인목이 용신 계수의 힘을 빼앗아 간다. 이와 동시에 일지 사화에 목생화木生火로 힘을 실어 주어 화기를 더 강하게 하므로 좋지 않은 시기이다. 무인 대운 무인戊寅년(1998년, 49세)에 대운과 연운에서 무인 둘이 겹치자 P씨의 신장 두 개가 손상되어 이식 없이는 생명을 유지할 수 없다는 진단을 받는다. 기묘 대운에 발병한 당뇨 합병증이었다. 다행히 이듬해 경진庚辰년(2000년, 51세)에 딸의 신장을 이식받아서 살 수 있게 되었다. 경진년이 용신을 생조하는 식상, 여성에게는 자식인 경금이 있어 좋은 해였던 덕이다. 신강하고 용신도 강한 명조라서 힘든 시기를 버텨 낼 수 있었던 것으로 생각된다. 이때는 경진 대운에 번 돈을 계속 까먹으면서 살았다.

병자丙子 대운 기해己亥년(2019년, 70세)에는 경진 대운에 샀던 집이 재개발되어 10억이 생기면서 노후 자금을 해결하게 되었다.

명조

시	일	월	연
癸	己	辛	甲
酉	巳	未	午

격국용신

조후/조후로 수가 용신/재성과 식상이 모두 약해 사업을 하면 안 되는 사례

대운

69	59	49	39	29	19	9	運程
戊	丁	丙	乙	甲	癸	壬	
寅	丑	子	亥	戌	酉	申	

격국용신을 어떻게 판단할 것인가

기사己巳 일주가 신미辛未월에 태어났다. 지지의 사오미巳午未 방합方合이 일간 기토를 생해 주니 신강하다. 사오미 방합으로 화기가 대단하니 조후가 시급하다. 재성인 시간 계수가 유금에 뿌리가 있으므로 용신으로 잡을 수 있다. 계수를 생하는 금이 희신이다. 재성 계수를 용신으로 잡기는 하지만, 계수 자체가 십간 중 가장 약한 데다 지지의 사오미 방합으로 화기가 막강하므로 용신이 매우 약하다. 식상인 금 역시 강한 화기의 극을 받아

약하니 재성과 식상이 모두 약한 명조이다. 이런 명조는 사업을 하기에 적당하지 않다. 그나마 좋은 점은 일지 사화와 시지 유금이 사유합巳酉合이 되고, 천간에 신금이 투출하여 화기를 약간은 제어해 주는 것이다.

어떤 인생을 살았는가

주인공 A씨는 5공 신군부 세력인 A씨의 아들이다. 초년인 임신壬申, 계유癸酉 대운은 용신과 희신인 수금운이 20년간 지속되니 좋은 집안에 태어나서 유복한 성장기를 보냈다. 의대 졸업 후부터 을해乙亥 대운 기묘己卯년(1999년, 46세)까지 봉직의로 일하면서 대학병원 과장을 지냈다.

갑술甲戌 대운 경오庚午, 신미辛未년(1990년~1991년, 37세~38세)에 재산 관리를 맡았던 처로 인해 큰 손실을 입었다. 재산을 잃은 A씨의 처는 이 시기에 아들을 데리고 미국으로 가서 돌아오지 않았다. 갑술 대운은 오술午戌 화국火局으로 화기가 강한데다 연운까지 화운이 오니 운이 매우 나빴던 것이다.

을해乙亥 대운 을해乙亥년(1995년, 42세)에 A씨는 여자를 만나 동거하면서 부부처럼 지냈는데, 이 여자마저 사치스러워 재산을 상당히 잃었다. 을해 대운 경진庚辰년(2000년, 47세)에 개업을 했으나 병원이 잘되지는 않았다. 을해 대운은 지지에 포진한 사오미 세 개의 강한 화기를 운에서 오는 한 개의 해수로는 제대로 제압하지 못하고 오히려 사해충巳亥冲으로 혼란만 야기하므로 좋을 수가 없었다.

뒤이은 병자丙子 대운 역시 병화가 용신 계수를 마르게 하고 자오충子午冲이 혼란을 야기하니 좋지 않았다.

명조

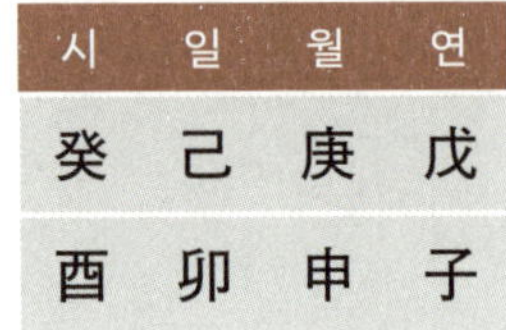

시	일	월	연
癸	己	庚	戊
酉	卯	申	子

격국용신

종세격/수가 용신/식상이 왕하고
묘유충卯酉冲으로 머리가 비상

대운

66	56	46	36	26	16	6	運程
丁	丙	乙	甲	癸	壬	辛	
卯	寅	丑	子	亥	戌	酉	

격국용신을 어떻게 판단할 것인가

기묘己卯 일주가 경신庚申월에 태어났다. 일간 기토의 원군은 연간 무토뿐인데, 연간 무토는 멀리 있고 경신금에 막혀 기토를 도울 수가 없다. 일간 기토는 완전히 고립되어 있으니 결국 자기를 버리고 종하게 된다. 식상 금과 재성 수의 세력이 왕하고 일지에 편관 묘목이 같이 분포하여 관성, 재성, 식상의 세력이 골고루 있으니 종세격이다. 종세격이니 재성 수가 용신인데(용신 잡는 법 17번), 지지의 자신합子申合으로 수기가 강하니 용신이 유력하다. 월주가 경신금이라 식상이 왕해 수기秀氣를 발하니 머리가 좋고 묘유충卯酉冲이 있어 순발력도 뛰어난 명조이다.

어떤 인생을 살았는가

유명 도자기 회사인 K기업 C회장의 명조이다. C회장의 아버지는 성공한 재일교포 사업가여서 C회장은 일본에서 고등학교를 나오고 대학은 미국에서 다녔다. 그는 계해癸亥 대운 첫해인 갑인甲寅년(1974년, 27세)에 한국으로 돌아와 D그룹에 입사했다. 용신인 계해 대운이니 옳은 선택이다. 용신운의 도움으로 입사 후 고속 승진을 해서 불과 4년 만에 유럽지사장이 되었다. 정사丁巳년(1977년, 30세)에 아프리카 섬유 시장을 개척한 공로를 인정받은 것이다. 유럽지사장이 된 후에는 경신庚申, 신유辛酉년(1980년~1981년, 33세~34세)에 D그룹의 군수품을 아프리카와 유럽에 판매하는 업무를 맡았다.

계해 대운 끝 무렵인 임술壬戌년(1982년, 35세)에 C회장의 능력을 높이 산 무기 중개상으로부터 사업 자금 50만 달러를 지원받자 C회장은 회사를 그만두고 본격적으로 무기 중개업을 시작했다. 무기 중개업에 종사했던 기간은 계해 대운 계해癸亥년(1983년, 36세), 갑자甲子 대운 갑자甲子, 을축乙丑년(1984년~1985년, 37세~38세)까지 3년이었는데, 이 시기는 대운과 연운 모두 용신인 수운이니 인생 최고의 전성기이다. 이때 불과 3년간 500억 이상을 벌었다고 전해진다.

그 후 부친의 사업이었던 K도자기 회사를 계승해 도자기, 주류, 한정식 등의 사업을 현재까지 계속하고 있다. 을축乙丑 대운 임오壬午, 계미癸未년(2002년~2003년, 55세~56세)에는 파인 다이닝 한정식집을 개업했으나, 용신 수를 극하는 축丑 대운인 데다 연운까지 화기가 강하여 많은 손해를 입었다. 그 후 병인丙寅 대운 경인庚寅년(2010년, 63세)에는 K도자기 회사의 식기가 G20회의 식기로, 이 회사의 소주인 H주가 시그니처 칵테일로 선정되는 등의 성과가 있었다. 그러나 회사 자체의 경영 상태는 그다지 좋지 못했던 것으로 보인다. C회장 개인의 전성기는 계해, 갑자 대운으로 그는 이 시기에 부를 축적했고, 그 후의 도자기, 주류, 한정식 사업은 전성기만큼의 수익을 가져다주지는 않은 듯하다.

명조

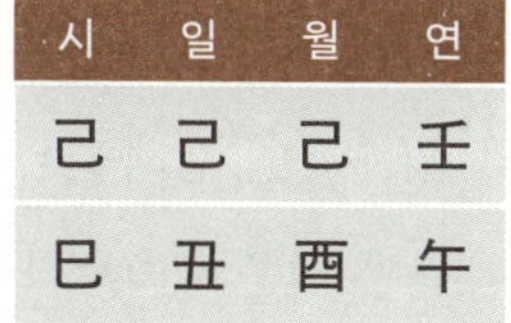

시	일	월	연
己	己	己	壬
巳	丑	酉	午

격국용신

신강/진상관격眞傷官格/금이 용신/용신이 깨지니 폐인이 된 사례

대운

62	52	42	32	22	12	2	運程
丙	乙	甲	癸	壬	辛	庚	
辰	卯	寅	丑	子	亥	戌	

격국용신을 어떻게 판단할 것인가

기축己丑 일주가 기유己酉월에 태어났다. 천간에 기토 셋이 무리를 이루고, 그 뿌리는 일지 축토와 시지 사화에 있다. 기토 셋, 일지 축토, 시지 사화 이 다섯 글자가 한 덩어리로 뭉쳐 있으니 일간 기토의 힘이 막강하다. 신강한 사주의 경우 관성-재성-식상 순으로 용신을 잡는데(용신 잡는 법 11번), 관성은 없고 재성인 연간 임수는 강한 토의 세력으로부터 극을 받는 데다 연지 오화가 수기를 마르게 하니 무력해서 용신이 될 수 없다. 식상인

월지 유금을 용신으로 한다. 유금은 사유축巳酉丑 금국金局의 영
향으로 매우 힘이 있다. 월지의 상관을 용신으로 하니 진상관격
眞傷官格이다.

어떤 인생을 살았는가

해병대 사령관을 지낸 J씨의 명조이다. 금수운인 신해辛亥,
임자壬子 대운은 무난한 운이고, 계축癸丑 대운은 대운의 축토가
용신 금과 다시 사유축 금국을 이루니 전성기이다. 따라서 계축
대운까지는 승승장구했고, 그 여파가 갑인甲寅 대운까지 미쳐
갑인 대운 마지막 해인 계유癸酉년(1993년, 52세)에는 해병대 사
령관까지 올라갔다.

문제는 을묘乙卯 대운에 발생했다. 을묘 대운 을해乙亥년
(1995년, 54세)에 정치 권유를 받은 J씨는 향후 자신의 입지를 넓
히기 위해서 병자丙子, 정축丁丑년(1996년~1997년, 55세~56세)
에 자신의 군 조직을 이용해서 L후보 지지 활동을 했는데, 이것
이 화근이 되었다. 1997년 정축년 12월 18일에 실시된 제15대
대통령 선거에서 J씨가 지지한 L후보가 낙선하고 야당 후보가
당선된 것이다. DJ 정권 출범 직후인 무인戊寅년(1998년, 57세)
에 J씨는 뇌물수수 혐의로 구속되어 무인, 기묘己卯 2년간 감옥
에서 재판을 받다가 경진庚辰년(2000년, 59세)에서야 가석방으
로 출소할 수 있었다.

황당한 사실은 출소 다음 해인 신사辛巳년(2001년, 60세)에

야 재판이 끝났는데, 그때 무죄 선고를 받았다는 점이다. 묘유충
卯酉冲으로 용신 유금이 깨진 것이 억울한 옥살이 2년으로 나타
났다고 할 수 있다. 출소 후 J씨는 모든 활동이 중단되었으니 J씨
의 사회적 생명은 을묘 대운에 끝난 것이나 다름없었다.

야 재판이 끝났는데, 그때 무죄 선고를 받았다는 점이다. 묘유충
卯酉冲으로 용신 유금이 깨진 것이 억울한 옥살이 2년으로 나타
났다고 할 수 있다. 출소 후 J씨는 모든 활동이 중단되었으니 J씨

⑧ 남자는 많으나 쓸 만한 남자는 없다

명조

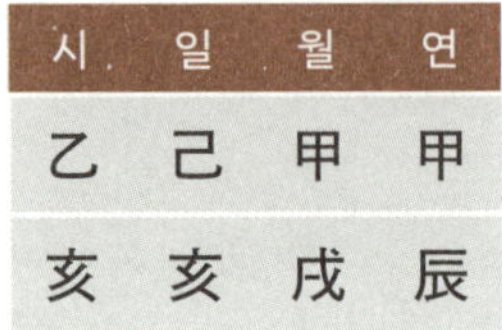

시	일	월	연
乙	己	甲	甲
亥	亥	戌	辰

격국용신

극신약/식신제살격食神制殺格/병약
설로 금이 용신/관살혼잡 극신약

대운

63	53	43	33	23	13	3	運程
丁	戊	己	庚	辛	壬	癸	
卯	辰	巳	午	未	申	酉	

격국용신을 어떻게 판단할 것인가

기해己亥 일주가 갑술甲戌월에 태어났다. 여명이다. 일간 기토의 뿌리인 술토, 진토가 충하여 기토의 뿌리가 흔들리고 있다. 게다가 관살인 연간, 월간의 두 갑목과 시간의 을목이 일간 기토를 바로 옆에서 압박하고 있는 상황이니 일간 기토는 질식할 지경이다. 이 상황에서는 양쪽에서 압박하는 관살 목의 기운을 제어하는 것이 급하다(병약설). 명조 중에는 목을 극하는 금이 없으나, 대운에서 금운이 오니 금을 용신으로 한다(용신 잡는 법

19번, 식신제살食神制殺). 극신약인 기토를 생해 주는 인성 화운도 괜찮다.

용신운인 계유癸酉, 임신壬申 대운은 평탄하고 신미辛未, 경오庚午, 기사己巳 대운도 인성인 화운이라 무난하다. 단, 극신약 사주이기 때문에 연운이 불리하면 어려움을 당하게 된다. 극신약 사주는 너무 약하기 때문에 대운이 좋아도 연운이 불리하면 불리한 연운에서 문제를 일으킬 수 있어서 매우 조심해야 한다. 이 명조는 여자 입장에서 남자인 관살이 혼잡되어 있으니 계속 남자가 몰려들지만, 관살이 양쪽에서 나를 극하고 있어서 내게 도움되는 남자는 없고 반대로 남자로 인한 고통은 끊이지 않는다.

어떤 인생을 살았는가

주인공 L씨는 신미辛未 대운 정묘丁卯년(1987년, 24세)에 결혼했다. 이해는 해묘미亥卯未 목국木局으로 기신인 관살의 힘이 극히 강하니 잘못된 결혼이다. 미未 대운 을해乙亥년(1995년, 32세)에 남편이 사업을 시작했는데, 1년 후인 병자丙子년(1996년, 33세)에 부도를 내고 도망가 버려 남편 빚을 L씨가 고스란히 떠안게 되었다.

경오庚午 대운 무인戊寅, 기묘己卯년(1998년~1999년, 35세~36세)에는 연운에서 관살인 목운이 오니 다른 남자들을 만났지만 모두 도움이 안 되었다. 경진庚辰, 신사辛巳년(2000년~2001년, 37세~38세)에 용신인 금운이 오자 비로소 정신을 좀 차리고 도움이 안 되는 남자들을 정리했다. 임오壬午, 계미癸未년 (2002년~2003년, 39세~40세)은 대운과 연운이 화금이라 직장을 잡고 빚도 약간 정리할 수 있었다. 이런 식으로 L씨는 연운에서 관살인 목운이 오면 남자들과 엮여서 고통을 받다가 인성인 화와 용신인 금운이 오는 연운에는 약간 상황이 나아지는 식으로 지냈다.

필자는 이 명조와 같이 극신약에 관살혼잡인 사주를 가진 여성에게는 결혼도 동거도 하지 말고 혼자 살라고 냉정하게 충고한다. 남자와 엮이기만 하면 그 남자로 인해 고통을 받게 되기 때문이다. 필자의 충고를 실천할 수만 있다면 남자로 인한 고통을 덜 받을 수 있으나, 극신약 사주는 특성상 의지가 굳건하지 못하고 남한테 의지하려 들기 때문에 남자한테 끌려다니며 고통받기 십상이다.

우당의 실전 사주명리학

명조

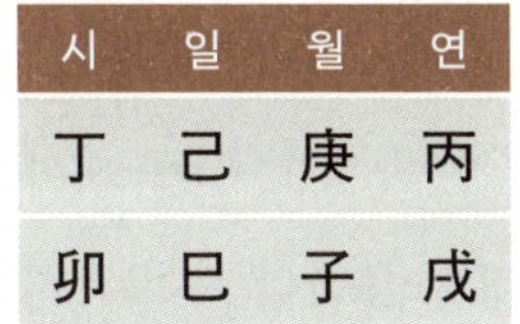

시	일	월	연
丁	己	庚	丙
卯	巳	子	戌

격국용신

신강/식신생재격/수가 용신/용신
이 깨지면 모든 것이 끝난다

대운

64	54	44	34	24	14	4	運程
癸	甲	乙	丙	丁	戊	己	
巳	午	未	申	酉	戌	亥	

격국용신을 어떻게 판단할 것인가

기사己巳 일주가 경자庚子월에 태어났다. 여명이다. 갑을목과 무기토는 조후의 영향을 많이 받으므로, 자월이면 조후를 우선적으로 고려해야 한다. 하지만 이 명조는 사오미술巳午未戌의 화지火支 중 사화와 술토 두 개가 있으므로 조후가 해제된다(용신 잡는 법 22번). 일간 기토가 일지 사화와 시간 정화의 생을 받는데, 연주 병술丙戌로부터도 어느 정도 힘을 받으므로 신강하다. 신강의 경우 관성-재성-식상 순으로 용신을 잡는데(용신 잡는 법 11번), 관성인 시지 묘목은 일지 사화와 시간 정화를 목생화木生火로 생조하여 오히려 신강한 일간 기토를 간접적으로 돕게 되니 용신으로 잡을 수 없다. 재성인 월지 자수는 위치가 월지이고 월간 경금의 도움을 받아서 힘이 있으니 용신으로 잡는다. 자수를 생하는 경금이 희신이다(식신생재). 월지 자수를 용신으로 잡기는 하나 월간 경금을 제외하면 연주 병술, 일주 기사己巳 등 화토火土의 세력에 둘러싸여 있으므로 용신의 힘이 극히 약하다. 용신이 극히 약한 명조는 극신약 명조와 똑같이 대운이 좋더라도 불리한 연운에서 깨질 수 있다.

어떤 인생을 살았는가

주인공 H씨는 희신운인 정유丁酉, 병신丙申 대운까지는 직장에 다니면서 잘 지냈다. 병신 대운에는 용신 자수와 신자申子의 반半 수국水局이 되어 용신 자수가 힘을 얻으니 총리실 일어 통역관이 되어 순탄한 날을 보냈다.

그러나 을미乙未 대운에 들어가자 바로 문제가 발생했다. 을미 대운 첫해인 경오庚午년(1990년, 45세)에 H씨는 잘 다니던 직장을 그만두었고, 같은 해에 남편이 사업을 시작했는데 순조롭지 않았다. 용신이 극히 약하니 화운으로 바뀌자마자 바로 어려움이 닥친 것이다. 4년 후인 갑술甲戌년(1994년, 49세)에 결국 남편 사업이 부도가 났고 남편은 가출한 후 잠적해 버렸다.

다음 해인 을해乙亥년(1995년, 50세)에 생계를 위해 일본 상대 여행사를 시작했으나 잘되지 않아 무인戊寅, 기묘己卯년 (1998년~1999년, 53세~54세)에 사업을 정리해야만 했다.

화기가 상대적으로 약한 을미 대운에도 사업이 잘되지 않았는데 화기가 막강한 갑오甲午 대운은 말할 것도 없었다. H씨는 갑오 대운 첫해인 경진庚辰년(2000년, 55세)에 사업을 재개했으나 경진년 다음인 신사辛巳, 임오壬午, 계미癸未(2001년~2003년, 56세~58세) 3년간 대운과 연운에서 화운이 겹쳐 오자 결국 여행사는 부도가 났다. 그 후 갑신甲申, 을유乙酉년(2004년~2005년, 59세~60세)에 일본 관계 브로커를 하면서 회복해 보려 했으나 역시 잘 풀리지 않았다. 결국 H씨는 오午 대운에 극빈층으로 전락하고 말았다. 대운의 오화가 용신 자수를 충하여 극히 약한 용신 자수가 깨지니 재기가 불가능했던 것이다.

명조

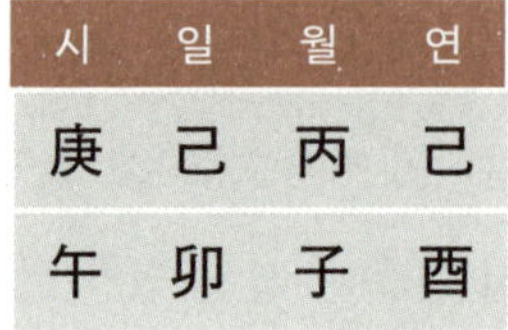

시	일	월	연
庚	己	丙	己
午	卯	子	酉

격국용신

조후/조후로 병화가 용신/기신운이 너무 길면 좋은 운이 와도 재기 불능

대운

68	58	48	38	28	18	8	運程
己	庚	辛	壬	癸	甲	乙	
巳	午	未	申	酉	戌	亥	

격국용신을 어떻게 판단할 것인가

기묘己卯 일주가 병자丙子월에 태어났다. 한겨울인 자월에 태어난 기토이니 조후로 화가 용신이다(용신 잡는 법 22번). 연지 유금-월지 자수-일지 묘목-시지 오화-일간 기토로 이어지는 연주상생이 있어 안정감이 있고, 용신 병화가 일지 묘목과 시지 오화에 뿌리가 있어 어느 정도 힘이 있으니 사주 구성 자체는 괜찮은 편이다. 그러나 이 명조는 48세부터 오는 신미辛未 대운 전까지는 기신인 금수운이 계속된다는 것이 큰 단점이다.

어떤 인생을 살았는가

주인공 P씨는 토지공사 직원으로 계유癸酉 대운 중반까지는 직장 생활을 하면서 나름대로 평온하게 지냈다. 계유 대운은 천간에서는 대운의 계수가 병화를 꺼뜨리고, 지지에서는 유금이 용신 병화의 뿌리인 묘목을 충하여 용신의 뿌리가 깨지니 좋지 않은 시기이다. 계유 대운 갑신甲申, 을유乙酉년(2004년~2005년, 36세~37세) 연운에서도 금운이 오자 주식 투자로 2억을 날리고 직장을 그만두었다. 다음 해인 병술丙戌년(2006년, 38세)에 리츠 회사를 설립했는데 운이 나쁜 시기라 잘될 수가 없었다. 도와주기로 한 사람들이 모두 등을 돌려 고전을 면치 못했다.

임신壬申 대운은 천간의 임수가 용신 병화를 극하고, 지지의 신금이 자신합子申合으로 수기를 강하게 만드니 용신 병화가 엄청난 타격을 받는다. 임신 대운 초입이 정해丁亥, 무자戊子, 기축己丑년(2007년~2009년, 39세~41세)으로 3년간 수운이 오니 사업에서는 계속 손실이 났다. 결정적 타격은 임진壬辰년에 왔다. 임진년(2012년, 44세)은 연운에서도 다시 한 번 신자진申子辰 수국水局이 이루어지니 용신 병화는 밀물처럼 몰려드는 수기를 감당하지 못해 불이 꺼지기 직전처럼 극히 약해졌다. 이해에 회사가 부도나고 이혼을 당해 결국 일본으로 도피했고, 그 후에 용신인 화운이 왔지만 재기하지 못했다. 안 좋은 운이 너무 오래가면 그 후 좋은 운이 와도 재기하기 어려운데 P씨도 예외가 아니었다.

명조

시	일	월	연
甲	己	乙	戊
戌	未	丑	辰

격국용신

종왕격/토가 용신/축월의 목에게
수는 수극목水剋木이 된다

대운

67	57	47	37	27	17	7	運程
壬	辛	庚	己	戊	丁	丙	
申	未	午	巳	辰	卯	寅	

격국용신을 어떻게 판단할 것인가

　기미己未 일주가 을축乙丑월에 태어났다. 지지에 진술축미 辰戌丑未가 깔리고, 천간에 일간 기토와 연간 무토가 떠 있으니 토의 세력이 극히 강하다. 토의 세력이 극강하니 종왕격이다. 토가 용신이고, 토를 생해 주는 화운도 좋다. 월간 을목은 토에 둘러싸여 무력하나, 미토와 진토에 약간 뿌리가 있어 기신 역할을 한다. 막강한 토의 영향으로 시간 갑목은 갑기합토甲己合土가 되어 토로 변한다. 기신 목이 용신 토로 변하니 좋은 사주이다.

어떤 인생을 살았는가

14대 대통령을 지낸 YS의 명조이다. 정묘丁卯 대운 마지막 해인 갑오甲午년(1954년, 27세)에 역대 최연소로 국회의원이 되었다. 오화의 도움 덕분이다. 경오庚午 대운 기미己未년(1979년, 52세)에 YH무역 농성 사건 이후《타임》지와의 인터뷰에서 미국이 박정희 정권에 대한 지지를 철회할 것을 주장했는데, 결국 이 발언이 문제가 되어 의원직에서 제명되었다. 계해癸亥년 (1983년, 56세)에 5.18 광주민주화 운동 기념일을 기해 23일간의 단식 투쟁에 돌입했으나 가택 연금을 당해 한동안 정치 활동을 할 수 없었다. 이처럼 경오 대운에 시련은 많았으나 민주화 투쟁의 선봉장 역할을 지속적으로 수행해 이 시기에 DJ와 같이 민주 세력의 양대 지도자로 자리를 굳혔다.

신미辛未 대운이 시작되자 본격적으로 권력을 향한 행보가 시작된다. 신미 대운은 화토운이니 전성기이다. 신미 대운 첫해인 을축乙丑년(1985년, 58세)에 해금되어 정치 활동을 재개한 후 정묘丁卯년(1987년, 60세)에 제13대 대통령 선거에 출마했으나 3김의 분열로 낙선했다. 그러나 낙선 후에도 주저앉지 않았다. 신미 대운 경오庚午년(1990년, 63세)에 3당 합당이라는 예측불허의 정치적 모험을 감행해서 여당인 민주자유당 대표최고위원으로 추대되고 신미辛未년까지 자기 세력을 구축했다. 신미 대운 경오, 신미년은 오미합午未合이 이중으로 이루어지고 오술합午戌合까지 있어 희신인 화의 세력이 막강하니 YS에게는 더없이 좋은 시기였던 것이다. 경오, 신미년의 성과를 바탕으로 임신壬申년(1992년, 65세) 12월에 치러진 대통령 선거에서 DJ를 꺾고 대통령에 당선된다. 금기가 강한 임신년은 신금이 기신 을목을 제어해 주니 대통령 당선이 가능했던 것이다.

그러나 YS의 전성기는 신미 대운까지였다. 금수운이 시작되는 임신壬申 대운 을해乙亥년(1995년, 68세)에 아들 현철 씨 문제가 공론화되면서 다음 해인 병자丙子년(1996년, 69세)에는 식물 대통령이 되어 남은 임기를 무력하게 보내야만 했다. 특히 병자년은 사주 원국과 대운, 연운이 신자진申子辰 수국水局으로 강한 수기가 용신 토를 휩쓸어 가니 매우 좋지 않았다. 이해에 YS의 정치 생명은 다한 것이나 마찬가지였다.

경금 기본

경금 기본

명조

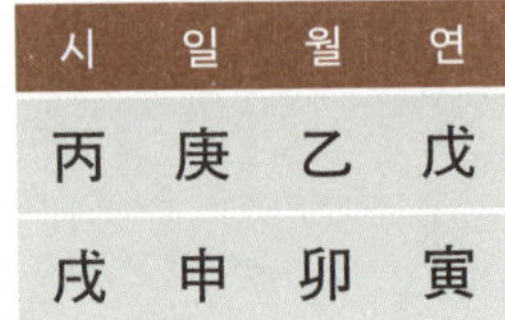

시	일	월	연
丙	庚	乙	戊
戌	申	卯	寅

격국용신

신약/재중용겁격/금이 용신/용신이 견고하고 관성이 유력하면 관료로 출세

대운

62	52	42	32	22	12	2	運程
壬	辛	庚	己	戊	丁	丙	
戌	酉	申	未	午	巳	辰	

격국용신을 어떻게 판단할 것인가

경신庚申 일주가 을묘乙卯월에 태어났다. 을묘목이 월을 장악하고 지지에 인묘합寅卯合이 있어 목의 기세가 강하다. 일주가 경신금이고 신술합申戌合으로 금의 세력도 만만치 않지만, 월령을 장악한 재성 목의 힘이 한 수 위이다. 신약한데 재성이 강하면 비겁이 용신이므로(용신 잡는 법 14번) 일지 신금을 용신으로 잡는다(재중용겁). 재성이 왕하여 신약하기는 하지만 금의 세력도 꽤 견고해 약간 신약한 정도이지 많이 신약하지는 않다.

이 사주에서는 편관인 시간 병화가 조토인 술토에 뿌리를 두고 지지의 인묘합이 보태 주니, 관성의 힘이 상당히 유력하다. 권위 의식과 권력욕이 강한 전형적인 관료형 사주로 볼 수 있다. 일간이 약간 신약하기는 하나, 용신 금이 든든하고 관성의 세력도 상당하니 좋은 명조이며, 관료로 출세할 가능성이 높다.

어떤 인생을 살았는가

주인공 C씨는 국세청 산하 기업 D주정회사의 사장을 지냈다. 세무공무원으로 출발해 무오戊午, 기미己未 대운은 무난히 지나갔고, 용신인 금운이 오자 출세 길에 올랐다. 경신庚申 대운 첫해 경신庚申년(1980년, 43세)에 B시의 세무서장으로 발탁되었고, 이곳에서 실적을 쌓아 을축乙丑년(1985년, 48세)에 국세청으로 들어갔다.

이어서 신유辛酉 대운 첫해 경오庚午년(1990년, 53세)까지 5년간 세수 확보에 큰 공을 세우면서 신유 대운 임신壬申년(1992년, 55세)에 국세청 서열 3위인 징세국장으로 승진했다. 이후 유酉 대운 병자丙子년(1996년, 59세)에는 국세청 산하 기업인 D주정회사의 사장이 되는 등 경신, 신유 대운에 승승장구했다. 일간이 유력하고 편관도 강한 사주가 용신운의 도움을 받은 덕분이었다.

명조

시	일	월	연
乙	庚	辛	乙
酉	寅	巳	巳

격국용신

신약/살중용인격/토가 용신/삼합

三슴 정도는 되어야 큰일을 이룰 수 있다

대운

70	60	50	40	30	20	10	運程
甲	乙	丙	丁	戊	己	庚	
戌	亥	子	丑	寅	卯	辰	

격국용신을 어떻게 판단할 것인가

경인庚寅 일주가 신사辛巳월에 태어났다. 지지에 사화가 둘이 겹쳤으니 관성인 화기가 강한 데다 을경합乙庚슴으로 일간 경금이 약화되니 신약하다. 여름에 태어나기는 했지만, 일간 경금은 시지 유금에 뿌리가 있고 바로 옆에 신금이라는 원군이 있다. 또한 경신금 모두 사화의 지장간 중 경금에 뿌리가 있으므로, 을경합이 있다 하더라도 많이 약화되지는 않는다. 신약하기는 하나 극신약은 아니다.

신약한데 관살이 많을 경우에는 인성이 용신이므로(용신 잡는 법 14번), 습토가 용신이다. 토생금土生金이 기본 원리이지만 엄밀하게 보면 금을 생하는 것은 습토만 가능하고, 조토는 화기 때문에 금을 생할 수 없다. 진토와 축토는 생금生金하고, 미토는 생금할 수 없으며, 술토는 조건에 따라 다르다. 명조 중에는 토가 없으나 대운 중에 축토가 오므로 이를 용신으로 잡는다. 비겁인 금이 희신이다.

어떤 인생을 살았는가

주인공 H씨는 부동산 업자였다. 무인戊寅 대운 경진庚辰, 신사辛巳년(2000년~2001년, 36세~37세) 연운에서 금운이 오니 부동산 사무실을 열어서 기반을 잡았다. 그러나 이어지는 임오壬午, 계미癸未년(2002년~2003년, 38세~39세)은 화기가 강해지니 고전했다.

정축丁丑 대운은 사유축巳酉丑 금국金局으로 희신인 금기가 매우 강해지니 최고의 대운이다. 정축 대운 첫해인 을유乙酉년(2005년, 41세)에 사유축 금국이 이중으로 성립하니 큰 거래를 성사시켰다. 이해에 H씨는 P학원 부지 매입을 맡았는데 땅 주인이 안 팔겠다고 고집을 부렸다. H씨는 지주 할머니를 찾아가 십여 차례 넘게 애원한 끝에 부지 매입에 성공했고 중개료로 세후 10억 원을 받았다. 4년 후인 기축己丑년(2009년, 45세)에도 다시 한 번 이중 사유축 금국이 성립한다. 이해에도 강남의 700억짜

리 빌딩 중개에 성공해 세후 6억 원을 중개료로 받았다. 정축 대
운에만 20억 원 이상 벌었던 것이다.

정축 대운에 굵직한 거래가 성사되었던 이유는 삼합三合 덕
분이다. 삼합 정도는 되어야 큰일이 이루어지니 H씨는 운의 혜
택을 누린 것이다. 정축 대운 후에는 다시 습토운이 오지 않으니
병자丙子 대운부터는 큰 거래를 성사시키지 못한 채 평범하게
지냈다.

③ 강한 수운이 약한 용신을 꺼뜨리면

명조

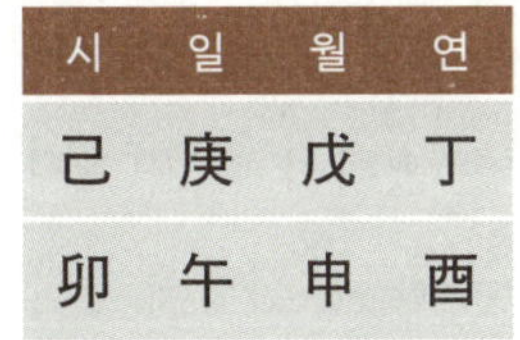

시	일	월	연
己	庚	戊	丁
卯	午	申	酉

격국용신

신강/용관격/용신은 화/강한 수운
에 용신 오화가 꺼지니 온갖 흉사
가 한꺼번에 닥친다

대운

64	54	44	34	24	14	4	運程
乙	甲	癸	壬	辛	庚	己	
卯	寅	丑	子	亥	戌	酉	

격국용신을 어떻게 판단할 것인가

경오庚午 일주가 무신戊申월에 태어났다. 여명이다. 월지와
연지를 신유금이 장악하고, 천간에 인성 무기토가 있어 신강하
다. 신강이면 관성-재성-식상 순으로 용신을 잡는데(용신 잡는
법 11번), 관성인 일지 오화가 시지 묘목의 생을 받아 힘이 있으
므로 일지 오화를 용신으로 본다. 다만 오화의 원군이 묘목 하나
뿐이라 용신이 약하다.

어떤 인생을 살았는가

주인공 A씨는 일세를 풍미한 유명 연예인의 아내였다. 신해辛亥 대운까지는 남편 덕에 풍족했으나 임자壬子 대운 병자丙子년(1996년, 40세)에 남편이 정치에 뜻을 두며 재산 손실을 입기 시작했다. 임자 대운 경진庚辰년(2000년, 44세)에는 남편의 정치 자금 용도로 막대한 빚을 져서 가진 재산을 팔아야 했고, 그해 결국 이혼했다. 경진년은 신자진申子辰 수국水局이 성립해 강한 수기에 의해 약한 용신 오화가 꺼지니 온갖 나쁜 일이 한꺼번에 닥친 해였다.

이혼 뒤 계축癸丑 대운 신사辛巳년(2001년, 45세)에 생계를 위해 음식점을 열었다. 하지만 습토가 강한 대운에다 신사년은 사유축巳酉丑 금국金局으로 강한 금기가 수를 생해 용신 오화를 꺼뜨리니 잘될 리가 없었다. 겉으로는 돈을 버는 듯했지만 실속이 없어 속으로 곪아 갔다. 계축 대운 을유乙酉년(2005년, 49세)에는 타고 다니던 차까지 팔 정도로 곤란을 겪었다. 병술丙戌년(2006년, 50세)에 관운이 오며 다른 남자를 만나기는 했지만, 신유술申酉戌 방합方合으로 금기가 강한 해라 좋은 인연이 아니었다. 상대는 돈이 없어 도움이 되지 않았으니 결국 무자戊子년(2008년, 52세)에 헤어졌다. 계축 대운 기축己丑년(2009년, 53세)에 사업을 정리했으나 남은 게 없어 무일푼 신세가 되었다.

명조

시	일	월	연
戊	庚	戊	辛
寅	午	戌	酉

격국용신

신강/재자약관격, 중화의 명조/용신은 화/신왕용왕身旺用旺, 제왕의 사주

대운

78	68	58	48	38	28	18	
庚	辛	壬	癸	甲	乙	丙	運
寅	卯	辰	巳	午	未	申	程

격국용신을 어떻게 판단할 것인가

경오庚午 일주가 무술戊戌월에 태어났다. 술월 출생에 유술합酉戌合이 있고, 일간 경금 양옆을 인성 무토가 호위한다. 여기에 연지 신금까지 더해지니 연주 신유-월주 무술-일간 경금-시간 무토가 한데 뭉쳐 거대한 토금 덩어리가 된다. 일간의 힘이 극히 강하다. 신강이면 관성-재성-식상 순으로 용신을 잡으니(용신 잡는 법 11번), 관성인 일지 오화를 용신으로 한다. 월지, 일지, 시지에 인오술寅午戌 화국火局이 이루어져 용신 오화 또한

매우 강하다. 일간이 왕하고 용신도 왕하니 중화를 이룬 제왕의 사주이다(신왕용왕 신건용건身旺用旺 身健用健). 이런 사주는 나쁜 운에도 잘 버틴다.

20대부터 용신운이 시작되어 을미乙未-갑오甲午-계사癸巳 대운 30년 동안 화운이 연속되니 전성기이다. 신왕용왕인 사주에 대운까지 도와주니 놀라운 성취가 뒤따른다. 그 뒤 임진壬辰 대운은 수와 습토 운으로 잠시 어려우나 신묘辛卯, 경인庚寅 대운은 희신 목운이라 다시 좋아진다.

어떤 인생을 살았는가

굴지의 재벌 L그룹 창업주 S회장의 명조이다. 초년 병신丙申 대운은 인신충寅申冲으로 인오술 화국이 깨져 힘들었다. 초년 불운으로 한미한 집안에서 자랐고 병신 대운에 선배 돈을 빌려 사업을 했으나 망해서 죽으려 했다는 일화도 있다. 을미 대운에 껌 장사로 시작해 갑오 대운에 회사 다섯 개를 설립하며 크게 흥했고, 계사 대운까지 승승장구했다. 임진 대운에는 다소 어려웠지만 정묘丁卯년(1987년, 67세)부터 흐름이 좋아져 신묘, 경인 대운에 회복했고, 무자戊子 대운 경자庚子년(2020년, 100세)까지 장수했다.

 우당의 실전 사주명리학

명조

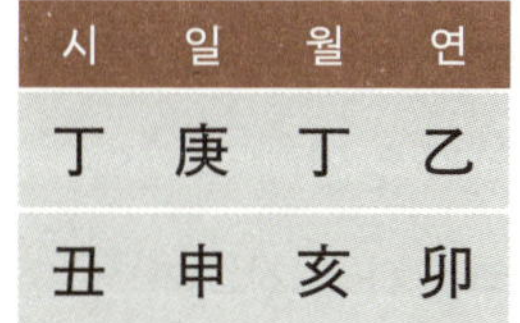

시	일	월	연
丁	庚	丁	乙
丑	申	亥	卯

대운

66	56	46	36	26	16	6	運程
庚	辛	壬	癸	甲	乙	丙	
辰	巳	午	未	申	酉	戌	

격국용신

신강/재자약관격, 중화의 명조/
용신은 화/신왕재왕 부명身旺財旺
富命

격국용신을 어떻게 판단할 것인가

이 명조는 왕회장으로 불렸던 H그룹 J회장의 사주로, 중화의 모범 사례이다. 전체적으로 보아 중화를 잘 이룬 사주로 10점 만점에 9점을 줄 만하다. 이 사주의 어떤 점이 J회장을 큰 인물로 만들었을까?

첫째, 마치 구슬을 꿴 듯이 상생이 이어지는 연주상생의 구조가 뛰어나다. 시간의 정화가 시지 축토를 생하고, 시지 축토는 일지 신금을 생하며, 일지 신금은 월지 해수를 생한다. 또 월지 해수는 연지 묘목을 생하고, 연간 을목은 월간 정화를 생한다.
이렇게 시간 정화부터 월간 정화까지 끊이지 않고 화 → 토 →
금 → 수 → 목 → 화로 이어져 아름답다.

둘째, 일간 경금이 일간의 힘을 많이 약화시키는 관살이나
재성이 아니라 식신食神월인 해亥월에 태어나고, 일지 신금과 시
지 축토에 뿌리를 두어 신강하다. 하지만 일간 양옆에 정관인 정
화가 있어 일간 경금을 견제하니 일간이 과도하게 강하지 않고
적절하게 제어된다.

셋째, 일간이 양옆에 있는 정화의 극을 받는 동시에 월지 해
수로 기운을 설洩하니, 일간을 극하는 관성과 일간을 설하는 식
상이 둘 다 세력을 비슷하게 갖춘 극설교가가 형성되어 두뇌 회
전이 전광석화처럼 빠르다.

넷째, 용신인 정화가 연주 을묘의 생을 받아 유력한데, 정화
가 일간 바로 옆에 두 개나 떠 있어 용신이 아주 유력하다. 용신
이 둘이면 하나보다 힘이 강하고 용신은 일간과 가까울수록 좋
은데, 이 명조는 두 가지 조건을 모두 갖추고 있다.

다섯째, 신강한 사주이면서 재성인 목 역시 강하다. 고서에
"신왕재왕이면 부귀를 기대할 수 있다(身旺財旺, 可期富命)"라고
했는데, 이 명조가 바로 그 전형이다.

어떤 인생을 살았는가

신강 사주이므로 관살을 먼저 살피는데(용신 잡는 법 11번),

    우당의 실전 사주명리학

관살 정화가 연주 을묘의 생을 받아 유력하므로 용신으로 삼는다. 따라서 화운인 계미癸未, 임오壬午, 신사辛巳 대운은 당연히 좋고, 중화를 잘 이룬 사주라 화운이 아니더라도 큰 탈 없이 발전을 이어 갈 수 있다.

J회장은 을유乙酉 대운(16세~25세) 중인 19세에 가출해 부두 노동자로 시작했고, 갑신甲申 대운(26세~35세) 중인 병술丙戌년(1946년, 32세)에 자동차 수리점을 열었다. 화운이 오기 전까지는 눈에 띄는 성과가 없었던 셈이다. 그러다 화운인 계미癸未 대운(36세~45세)에 운이 트이며 건설업에 뛰어들었고, 임오壬午 대운(46세~55세) 중에는 경부고속도로 건설과 H자동차 설립으로 재벌의 기틀을 마련했다. 신사辛巳 대운(56세~65세)에는 연운이 화인 정사丁巳, 무오戊午, 기미己未년(1977년~1979년, 63세~65세)에 최전성기를 맞았다. 이 시기 신사 대운과 월지 해수가 사해충巳亥冲을 이루어 역마충驛馬冲이 형성되면서 중동 사우디로 진출해 주바일 산업항 공사를 수주하고 막대한 부를 쌓았다.

그 후 임신壬申년(1992년, 78세)에 대선 후보로 나선 것은 이미 전성기가 지난 뒤라 판단력이 흐려진 결과로 볼 수 있다.

명조

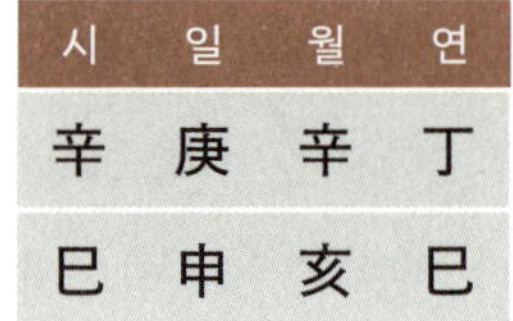

시	일	월	연
辛	庚	辛	丁
巳	申	亥	巳

대운

62	52	42	32	22	12	2	運程
甲	乙	丙	丁	戊	己	庚	
辰	巳	午	未	申	酉	戌	

격국용신

신강/용관격/용신은 화/큰 권력은 대운에서 기를 못 받으면 바로 패배한다

격국용신을 어떻게 판단할 것인가

경신庚申 일주가 신해辛亥월에 태어났다. P 전 대통령의 명조이다. 세간에는 무인戊寅시로 알려졌으나 필자는 신사辛巳시로 본다. 다음은 무인시로 본 명조의 구성이다.

戊庚辛丁

寅申亥巳

무인시로 보면 지지에 인신사해寅申巳亥가 다 있어서 사생국四生局이라 좋다는 속설 때문에 그렇게 전해지는 듯하다. 그러나 무인시로 보면 인신寅申이 충해 일간 경금의 뿌리가 크게 약해지니, 이렇게 약한 사주로는 쿠데타가 어렵다. 따라서 일간 경금 바로 옆에서 생하는 신금이 있는 신사시가 타당하다고 본다.

이 명조는 일지 신금에 뿌리를 내린 경금이 비겁 신금의 좌우 호위를 받아 천간 경금과 두 신금, 일지 신금이 한 덩어리로 뭉쳐 있으니 일간의 힘이 막강하다. 신강이면 관성-재성-식상 순으로 용신을 잡는데(용신 잡는 법 11번), 연간 정화가 연지 사화에 뿌리를 두어 힘이 있으니 정화를 용신으로 본다(용관격). 일간과 용신 모두 유력한 사주이다.

어떤 인생을 살았는가

P 전 대통령의 생애는 널리 알려져 있어 몇 가지만 짚는다. 무신戊申 대운 무자戊子년(1948년, 32세)에 여순반란 사건에 연루되어 사형 선고를 받았으나, P장군 등의 도움으로 살아났다. 뒤이어 용신운인 정미丁未 대운이 시작되니 구사일생이 가능했던 것이다. 정미 대운 기축己丑년(1949년, 33세)에 문관 예편 후 육본 정보과에 근무하고, 경인庚寅년(1950년, 34세)에 정보국 과장으로 복귀했다. 이후 4년 뒤 갑오甲午년(1954년, 38세)에 원국-대운-연운이 사오미巳午未 화방국火方局이 되자 포병 사령관이 되었고, 을미乙未년(1955년, 39세)에 1군 사단장으로 진급하는 등 승승장구했다.

병오丙午 대운 신축辛丑년(1961년, 45세)에 5.16 쿠데타를 일으켜 성공했다. 전성기인 병오 대운의 힘이 컸다. 일설에 따르면 쿠데타 전 당시 유명한 지관이었던 J씨에게 "혁명이 되는가 안 되는가"를 묻자 "되니 하시라"는 답을 듣고 실행했다고도 한다.

을사乙巳 대운 신해辛亥년(1971년, 55세)에 제7대 대선에서 막대한 자금을 투입했지만 야당 후보가 40퍼센트 중반대 득표를 하자 위기감을 느낀 나머지 1972년 임자壬子년(56세)에 계엄령, 국회 해산, 정당 및 정치 활동 중지 등 친위 쿠데타인 유신을 단행했다. 임자년의 유신을 명리학적으로 보면 용신인 화를 극하는 수기가 강한 해의 결정이라 잘못된 것이다.

을사 대운은 무오戊午년(1978년, 62세)에 끝나고 기미己未년(1979년, 63세)부터 갑진甲辰 대운이 시작되는데, P 전 대통령은 갑진 대운 첫해인 기미년 10월 26일에 총격으로 사망한다. 갑진 대운은 신진합申辰合으로 수기가 왕해 화가 용신인 P대통령에게 불리했다. 그의 비극적 최후는 임자년의 잘못된 선택이 부른 인과응보로도 읽힌다. 큰 권력의 세계에서는 대운의 기운을 받지 못하면 곧바로 패배한다는 점도 시사한다.

명조

시	일	월	연
甲	庚	甲	癸
申	寅	子	亥

격국용신

극신약/재중용겁격/신금이 용신/
용신이 박살 나면 정신력이 고갈
된다

대운

63	53	43	33	23	13	3	運程
辛	庚	己	戊	丁	丙	乙	
未	午	巳	辰	卯	寅	丑	

격국용신을 어떻게 판단할 것인가

경인庚寅 일주가 갑자甲子월에 태어났다. 여명이다. 자월에 태어나 지지에서는 수기가 우월하고 천간의 두 갑목이 투출했으니 재성 목의 세력도 막강하다. 일간 경금은 시지 신금에 간신히 뿌리내리는데, 시지 신금이 인신충寅申冲을 맞으니 일간 경금의 뿌리가 매우 위태롭다. 이 명조의 일지 인목은 천간에 뜬 두 갑목과 연결된 상태라 고립된 인목보다 훨씬 힘이 강하기 때문이다. 월등히 강한 인목과 충돌한 신금은 70퍼센트 정도는 날아가고 30퍼센트 정도만 남는다. 일간의 유일한 뿌리가 강한 충을 맞아 30퍼센트만 남아 있으니 극신약이다. 신약한데 재성이 많을 경우 비겁이 용신이므로(용신 잡는 법 14번, 재중용겁), 시지 신금을 용신으로 삼는다. 극신약에 용신까지 심하게 깨졌으니 파격이다.

어떤 인생을 살았는가

주인공 K씨는 초년인 을축乙丑 대운에는 영재 소리를 들었다. 대운의 습한 축토가 일간과 용신인 금에게 힘을 실어 준 덕분이다.

그러나 병인丙寅 대운이 오자 고난이 시작되었다. 병인 대운은 천간의 병화가 일간 경금을 녹이고 대운의 인목이 용신 신금을 한 번 더 깨뜨리니, 일간 경금은 녹고 용신 신금은 거의 박살이 난다. 병인 대운 무인戊寅년(1998년, 16세) 연운에서 인목이 또 오니 인신충寅申沖이 세 번 겹치는 재앙이 발생한다. 이해에 K씨는 정신이 반쯤 나간 것처럼 극심한 혼란을 일으키고 바보가 된 것 같은 지경까지 갔다. 어릴 적에는 영재 소리를 들을 만큼 공부를 잘했으나 이때 공부에서 손을 놓는다. 세 인목의 공격을 받아 용신 신금이 완전히 박살 나니 K씨의 정신력이 고갈된 것이다.

병인 대운 임오壬午년(2002년, 20세)에 재수하여 이대 수학과에 간신히 진학하기는 했으나 상황은 나아지지 않았다. 병인

우당의 실전 사주명리학

대운 신사辛巳년은 인신충이 두 번에 사해충巳亥冲까지 겹친다. 결국 이해에 조현병 진단을 받고 대학 시절을 힘들게 보내다 임용고시에 실패했다. 대학 졸업 후 학원 강사를 하기는 했으나 정신이 온전치 않았다.

정묘丁卯 대운은 천간에서 정화가 경금을 녹이고, 묘목이 인목에 힘을 실어 주니 병인 대운 못지않게 나쁜 운이다. 정묘 대운 경인庚寅, 신묘辛卯년(2010년~2011년, 28세~29세)이 되자 망상 장애 증세까지 나타났다. 자기 입으로 남자친구가 있다고 말했지만 사실이 아니라 망상을 현실로 착각하고 있었던 것이다.

정묘 대운 후 만나지 못해 그 후의 소식은 알지 못한다. 그러나 극신약에 파격인 사주가 일간과 용신을 심하게 공격하는 운을 20년간 겪었으니 그 뒤 희신운인 무진戊辰 대운이 와도 회복하지는 못했을 것으로 추측한다.

명조

시	일	월	연
乙	庚	乙	癸
酉	午	丑	卯

격국용신

신강/재자약관격/용신은 화/신강
일 때 재관財官이 일지에 있으면
일지의 재관이 용신

대운

65	55	45	35	25	15	5	運程
戊	己	庚	辛	壬	癸	甲	
午	未	申	酉	戌	亥	子	

격국용신을 어떻게 판단할 것인가

경오庚午 일주가 을축乙丑월에 태어났다. 월을 인성이 장악하고 시지에 유금이 있어 신강한 사주이다. 신강일 때 일지에 재관財官이 있으면 그 재관을 용신으로 삼는데, 일지는 일간이 운명적으로 품어야 하는 자리이기 때문이다. 이 명조에서는 관성인 일지 오화가 용신이고, 연지 묘목이 희신이다. 다만 용신 오화가 토금에 둘러싸여 원군이 없으니 매우 약하다.

어떤 인생을 살았는가

주인공 K씨는 계해癸亥 대운에 Y대 의대에 입학했다가 경영학과로 전과했고, 졸업 후 방송 쪽으로 진로를 잡아 임술壬戌 대운에는 방송국 PD로 잘 지냈다. 신유辛酉 대운 계미癸未년 (2003년, 41세)까지는 평온했는데, 연운이 인묘진사오미로 계미년까지 목화운이 도와줘 대운의 영향을 덜 받았기 때문이다.

그러나 신유辛酉 대운 갑신甲申년(2004년, 42세)에 사업을 시작한 것이 화근이었다. 대운이 신유인데 연운도 갑신甲申-을유乙酉-병술丙戌-정해丁亥로 금수운이 이어졌으니 사업이 잘될 리 없었다. 사업 시작 후 내내 손해를 보다가 경신庚申 대운 기축己丑년(2009년, 47세)에 부도가 나고 집까지 경매로 넘어갔다. 사회적 생명은 경신 대운에 거의 끝난 것이나 마찬가지였다. 이처럼 바닥까지 떨어진 상황에서는 기미己未, 무오戊午 대운이 와도 회복이 어렵다. 다만 배우자 궁에 용신이 있으니 처의 경제활동으로 근근이 버텼을 가능성은 있다.

이 명조가 보여 주듯 비겁운이 오면 자기가 강화되어 자신감이 높아지므로 사업을 시작하는 경향이 있다. 비겁이 용신이면 성공하겠지만 기신이면 실패를 피하기 어렵다. 사업은 직장생활과 달리 자신의 전 재산을 걸고 능력을 시험하는 일이라 실패의 대가가 막대하다. 사업을 결정하기 전 자신의 그릇과 운을 꼭 점검받기를 권한다.

신금 기본

신금 기본

명조

시	일	월	연
丙	辛	丁	甲
申	酉	卯	午

격국용신

신약/신살양정身殺兩停/병약설로
수가 용신/신살양정은 병약설을
취해 식상이 용신

대운

70	60	50	40	30	20	10	運程
甲	癸	壬	辛	庚	己	戊	
戌	酉	申	未	午	巳	辰	

격국용신을 어떻게 판단할 것인가

신유辛酉 일주가 정묘丁卯월에 태어났다. 관살 병정화가 월지 묘목에서 힘을 받아 양쪽에서 일간 신금을 강하게 누르고 있으며, 신금의 뿌리인 일지 유금은 묘유충卯酉冲으로 크게 흔들리고 있다. 관살의 세력이 매우 강하다. 하지만 시지 신申금이 일간 바로 옆에서 힘을 보태고 있으니, 일간 신辛금도 어느 정도는 힘이 있다. 이렇게 관살이 강한데, 일간도 유력한 상황을 신살양정身殺兩停이라고 한다. 이런 국면에서는 급박하게 치고 들어오는 관살이 병이다. 병부터 먼저 치료해야 하니 관살을 극하는 식상 수가 용신이다(병약설).

어떤 인생을 살았는가

주인공은 고위 공무원을 지냈던 C씨이다. 그는 경오庚午 대운 중 기사己巳, 경오庚午, 신미辛未년(1989년~1991년, 36세~38세)에 대운과 연운이 모두 관살인 화기가 겹치면서 건강이 나빠졌고 업무를 제대로 볼 수 없었다. 경오 대운이 끝날 무렵인 임신壬申, 계유癸酉년(1992년~1993년, 39세~40세)부터는 용신인 수기가 들어왔고, 이후 을해乙亥-병자丙子-정축丁丑 등 연운이 수운으로 흐르자 건강이 호전되어 신미辛未 대운 정축丁丑년(1997년, 44세)까지 6년 정도는 대체로 평온하게 지낼 수 있었다.

하지만 신미 대운 무인戊寅년(1998년, 45세)에 오미합午未합, 인오합寅午합으로 관살인 화기가 더욱 강해지고, 동시에 인신충寅申冲이 일간을 도와주는 시지 신금을 타격하니 결국 동맥경화로 쓰러졌다. 경진庚辰년(2000년, 47세)에도 다시 쓰러져 관상동맥 일부를 절제하고 교체하는 수술을 받고 겨우 회복했다. 그러나 다시 연운에서 사오미巳午未 화운이 오자 건강이 또 나빠졌다. 신사辛巳년(2001년, 48세)에는 원국-대운-연운이 모두 사오미 화방국火方局을 이루며 관살이 극도로 강해지자 교통사고로 중상을 입었고, 그 후유증으로 임오壬午년과 계미癸未년

(2002년~2003년, 49세~50세)에는 계속 입원해서 정상적인 생활을 할 수 없었다.

경오, 신미 대운처럼 화기가 강한 시기에는 병마에 시달렸으나, 임신壬申 대운에서 용신인 수운이 들어오자 임신 대운 첫 해인 갑신甲申년(2004년, 51세)부터 점차 회복해 중년 이후에는 평화로운 시간을 보낼 수 있었다.

사람들은 대체로 노력으로 건강을 지킨다고 생각하지만 이 명조는 건강조차 운의 흐름에 크게 좌우된다는 점을 잘 보여준다.

명조

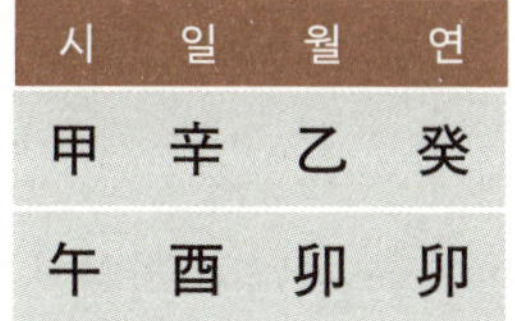

격국용신

종재격/용신은 목/극신약과 종격
의 구별

대운

66	56	46	36	26	16	6	運程
壬	辛	庚	己	戊	丁	丙	
戌	酉	申	未	午	巳	辰	

격국용신을 어떻게 판단할 것인가

신유辛酉 일주가 을묘乙卯월에 태어났다. 여명이다. 일간 신금의 유일한 뿌리가 일지 유금인데, 일지 유금이 두 묘목의 쌍충을 받아 대부분 깨지고 시지 오화의 극까지 받으니 없는 것이나 마찬가지이다. 일간 신금의 유일한 뿌리인 유금이 박살 나고 달리 의지할 곳이 없으니, 신금은 자기를 버리고 종할 수밖에 없다. 지지의 두 묘목, 천간의 을목과 갑목 등 재성인 목의 세력이 강하니 목기木氣를 종한다. 따라서 종재격으로 목이 용신이다.

일지는 배우자 궁인데, 배우자 궁이 쌍충을 받아 박살이 난다면 배우자와의 관계가 유지될 수 없고 이혼할 가능성이 매우 높다.

어떤 인생을 살았는가

주인공 A씨는 조상과 부모의 자리인 연월에 용신인 목이 굳건하니 부유한 한의사 집안에 태어나 부모 도움을 많이 받았다. 무오戊午 대운 을해乙亥년(1995년, 33세)에 부친이 A씨에게 재산을 많이 물려주었다. 돈이 생기자 무오 대운 마지막 해인 무인戊寅년(1998년, 36세)에 사업을 시작하여 기미己未 대운 정해丁亥년(2007년, 45세)까지 10년간 사업이 잘되었다. 기미 대운은 연지, 월지의 두 묘목과 대운의 미토가 묘미합卯未合을 이루어 목기가 매우 강하니 A씨 인생에서 최전성기였다. 단, 갑신甲申년(2004년, 42세)에 사업을 하면서 만난 남자와 불륜을 저질렀는데 남편이 이 사실을 알게 되어 을유乙酉년(2005년, 43세)에 이혼했다.

기미 대운 마지막 해인 무자戊子년(2008년)부터는 사업이 힘들어지기 시작했고, 경신庚申 대운에 들어서자 어려움의 강도가 급격히 상승했다. 경신 대운은 강한 금기가 용신 목을 내려치니 불리한 시기였다. 그때 A씨가 조언을 구해 필자는 운이 다해 사업은 안 되니 다 팔고 정리하시라고 권했다. A씨는 다른 사람들은 경신, 신유 대운에 큰돈을 번다고 했는데 왜 당신만 그러느냐고 신경질을 내면서 필자의 충고를 듣지 않았다.

A씨의 사주를 신약으로 보면 비겁운인 경신 대운과 신유 대운이 좋지만, 서두에 설명한 것처럼 A씨 사주는 신금이 의지할 곳이 전혀 없어 재성인 목을 종하게 되니 종재격으로 보아야 마땅하다. A씨가 상담했던 다른 명리가들이 A씨 사주를 잘못 판단한 것이다. 사람들은 명리가에게 조언을 구하지만 대개 듣기에 달콤한 말만 믿고 싶어 한다.

결국 A씨는 필자의 충고를 듣지 않고 경신, 신유 대운이 전성기라는 말을 믿고 무려 천억 원대의 투자를 유치했다. 그 결과 경신 대운 초반부터 엄청나게 고전하다가 경신 대운 임진壬辰년(2012년, 50세)에 부도를 내고 종적을 감추었다고 한다. 명리가의 잘못된 판단이 내담자의 운명에 얼마나 큰 영향을 미치는지를 보여 주는 사례이다. 타산지석으로 삼아 주길 바란다.

명조

시	일	월	연
壬	辛	戊	戊
辰	卯	午	寅

격국용신

신약/살중용인격/용신은 습토/살
인상생 사례

대운

67	57	47	37	27	17	7	運程
辛	壬	癸	甲	乙	丙	丁	
亥	子	丑	寅	卯	辰	巳	

격국용신을 어떻게 판단할 것인가

신묘辛卯 일주가 무오戊午월에 태어났다. 여명이다. 지지에
인오寅午 화국火局이 이루어져 관살 화의 세력이 매우 강하다.
반면에 일간 신금의 우군은 연간과 월간의 두 무토와 시지의 진
토뿐으로 관살을 대적하기에는 역부족이니 신약하다. 신약한데
관살이 강한 경우 인성이 용신이므로(용신 잡는 법 14번), 인성인
진토가 용신이다(살중용인). 좋은 점은 칠살 오화가 인성인 두
무토를 생하여 일간 신금을 간접적으로 도와준다는 것이다(살

인상생). 살인상생은 적이 나를 돕는 요소로 변하는 것이니 격이 높다. 시간 임수가 시지 진토에 영향을 미쳐 습토화를 돕는 것도 좋은 점이다.

어떤 인생을 살았는가

주인공 K씨는 남편과 같이 사 모은 압구정 땅값이 올라 부자가 된 인물이다. K씨는 을묘乙卯 대운 무신戊申년(1968년, 31세)부터 남편과 함께 압구정의 과수원과 땅을 사서 모으기 시작했다. 갑인甲寅 대운 무오戊午년(1978년, 41세)에 원국과 대운, 연운에서 인오 화국이 거듭 일어나 약한 신금을 공격하니 남편이 갑자기 사망하는 불운을 겪었다. 가장인 남편이 갑자기 세상을 떠나자 K씨는 생계가 곤란해져 갑인 대운 내내 고생이 막심했다.

용신운인 계축癸丑 대운이 시작되는 첫해인 을축乙丑년(1985년, 48세)에 갖고 있던 땅의 일부가 팔려 생계의 곤란에서 벗어나기 시작했고, 그 후부터는 남편과 함께 샀던 압구정 땅이 엄청나게 올라 몇 년 만에 부자 소리를 들었다. 계축 대운 계유癸酉년(1993년, 56세)에는 마침내 압구정 요지에 건물을 올려서 '회장님'으로 대우받게 되었다.

용신운인 계축 대운 10년간 큰돈을 벌었으나, 임자壬子 대운에는 손해가 잇따랐다. 임자 대운은 식상운인데, 식상운에는 사기를 당하기 쉽기 때문이다. 임자 대운 을해乙亥년(1995년,

58세)에 지인 보증을 서서 3개월에 1억을 손해 보았고, 다음 해인 병자丙子년(1996년, 59세)부터 기묘己卯년(1999년, 62세)까지 4년간 기신인 수목 연운에 약 20억 손실을 보았다. 이듬해인 경진庚辰년(2000년, 63세)에 용신인 습토운에 가서야 문제를 수습하고 안정을 찾았다.

명조

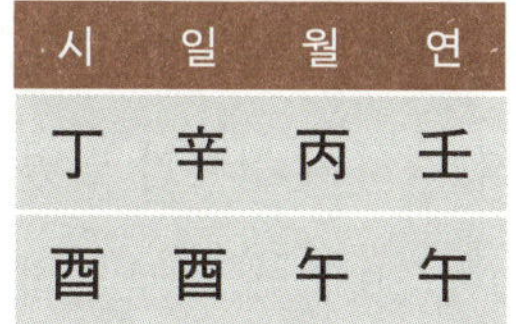

시	일	월	연
丁	辛	丙	壬
酉	酉	午	午

격국용신

신약/신살양정/병약설로 식상인
수가 용신

대운

60	50	40	30	20	10	0	運程
癸	壬	辛	庚	己	戊	丁	
丑	子	亥	戌	酉	申	未	

격국용신을 어떻게 판단할 것인가

신유辛酉 일주가 병오丙午월에 태어났다. 월주가 병오, 연지가 오화라 칠살 화의 힘이 강한데, 일간도 일지, 시지의 두 유금에 굳건하게 뿌리를 내렸으니 일간 역시 힘이 있다. 칠살과 일간이 둘 다 힘이 있고 그 힘이 비슷하니 신살양정에 해당한다. 일간과 칠살의 힘이 비슷하기는 하나 병오월이라 칠살의 힘이 더 우월하므로 결과적으로는 신약하다. 신살양정의 경우에는 급박히 치고 들어오는 관살을 막는 것이 시급하므로 관살을 제어하는 식상을 용신으로 한다(병약설, 용신 잡는 법 18번), 식상인 수가 용신이고, 비겁인 금운도 좋다.

어떤 인생을 살았는가

3선 의원을 지냈던 K씨의 명조이다. 초년부터 희신인 금운이 오니 20세에 S대 법대, 27세에 사시에 합격하여 검사가 되었다. 그 후 경술庚戌 대운 경신庚申년(1980년, 39세)에 국보위에 파견되었다.

수운이 시작되는 신해辛亥 대운 첫해인 임술壬戌년(1982년, 41세)에 K씨는 청와대 비서관이 되었다. 그때부터 신해 대운 마지막 해인 신미辛未년(1991년, 50세)까지 10년간 용신운을 맞아 수석비서관까지 역임하며 실세로 군림했다.

임자壬子 대운 첫해인 임신壬申년(1992년, 51세)에 국회의원 선거에 출마해 당선된 후 3선 의원이 되는 등 용신운인 신해, 임자 대운 20년간 승승장구했다.

K씨는 계축癸丑 대운 첫해인 임오壬午년(2002년)에 여당인 H당의 사무총장이 되어 일견 더 큰 권력을 잡은 것처럼 보였다. 그러나 계축 대운은 약한 계수가 사주 원국의 맹렬한 화기를 잡지 못하고, 또 임오년은 칠살인 오화가 사주 원국 오화와 세 개로 합치니, 화기가 극히 강해 일간 신금을 극해하는 해이다. 이런 시기에는 좋은 일이 생긴다 하더라도 결과적으로는 후일의 화근이 될 가능성이 높다.

　　　　　우당의 실전 사주명리학

K씨가 사무총장이 되기 전 K씨의 처가 남편의 운이 어떤지 물은 적이 있다. 그때 필자는 꺾이는 운세이니 사무총장을 하지 않는 것이 좋겠다고 조언했지만 K씨 부부는 듣지 않았다.

2002년 7월에 사무총장이 되어 그해 12월에 있었던 제16대 대통령 선거의 선거대책위원장을 맡았다. 그러나 16대 대선 결과 자당 후보가 패배했으니 선거대책위원장이었던 K씨가 무사할 리 없었다. 대선 다음 해인 계미癸未년(2003년, 62세)에 불법 정치자금 수수 혐의로 구속 기소되어 을유乙酉년(2005년, 64세)이 되어서야 석방되었다. 이후 당적을 정리하고 정계에서 은퇴했다.

⑤ 용신운이 끝나자 바로 스러진 사업가

명조

시	일	월	연
丙	辛	癸	戊
申	巳	亥	午

격국용신

극신약에 가까운 신약/상중용인
격/용신은 습토/극신약에 가까운
신금은 화운 초반에서 끝이 난다

대운

63	53	43	33	23	13	3	運程
庚	己	戊	丁	丙	乙	甲	
午	巳	辰	卯	寅	丑	子	

격국용신을 어떻게 판단할 것인가

신사辛巳 일주가 계해癸亥월에 태어났다. 일간 신辛금이 시지 신申금과 일지 사화 중 경금에 뿌리를 내리기는 했다. 그러나 상관인 계해월에 태어나 설기洩氣가 심해서 약하다. 또 천간의 병신합丙辛合이 일간 신금의 기운을 빼앗아 가니 더 약해진다. 극신약에 가까운 신약이다.

이 명조는 상관월에 태어나 설기가 심한데, 일간 신금을 극하는 화의 세력도 상당하므로 극설교가이다. 극설교가 사주의 경우 머리가 비상하고 눈치도 빠르며 추진력이 강한 것이 특징이다. 신약한데 식상이 강한 경우에는 인성이 용신인데(용신 잡는 법 14번), 사주에는 인성이 없으나 대운 중에 습토인 축토와 진토가 오므로 진토와 축토를 용신으로 잡는다(상중용인).

어떤 인생을 살았는가

부산에서 큰 어망 기업이었던 A공업의 창업주 B씨의 명조이다. 일찍이 용신운인 을축乙丑 대운에 어머니로부터 땅을 물려받는 행운을 누렸다. 그러나 그다음 병인丙寅, 정묘丁卯 대운은 병정화가 일간을 극하고, 인묘목이 용신을 극하므로 힘들게 살며 별다른 발전이 없었다. 단, 정묘 대운 병신丙申년(1956년, 39세) 연운에서 금운이 오니 가내 공업으로 어망 사업을 시작하여 훗날 성공의 단초를 만들었다.

용신운인 무진戊辰 대운이 되자 가내 공업이었던 회사가 중소기업으로 성장했고, 을사乙巳년(1965년, 48세)에는 중견기업으로 성장하여 무진 대운 무신戊申, 기유己酉년(1968년~1969년, 51세~52세)에는 상도 받고 돈도 많이 벌었다. 무진 대운은 용신인 습토가 가장 탄탄하게 오니 이때가 전성기이다.

기사己巳 대운에 들어서도 첫 3년인 신해辛亥, 임자壬子, 계축癸丑년(1971년~1973년, 54세~56세)까지는 그럭저럭 잘 지냈다. 그러나 갑인甲寅년(1974년, 57세)에 목운이 오자 건강에 문제가 생겼다. 이유 없이 살이 빠지고 여기저기 아프기 시작하여 정사丁巳년(1977년, 60세)에 후두암 진단을 받았고, 기미己未년(1979년, 62세)에 사망했다. 기사 대운 기미년은 사오미巳午未 방합方合이 이루어져 화기가 매우 강하므로 극신약에 가까운 이 명조가 더 이상 버틸 수 없었던 것이다.

우당의 실전 사주명리학

전성기 5년 만에 강남 땅부자가 되다

명조

시	일	월	연
壬	辛	癸	癸
辰	卯	亥	未

격국용신

극신약에 가까운 신약/상중용인격/진토가 용신/극신약 신금의 성격적 특징

대운

63	53	43	33	23	13	3	運程
庚	己	戊	丁	丙	乙	甲	
午	巳	辰	卯	寅	丑	子	

격국용신을 어떻게 판단할 것인가

신묘辛卯 일주가 계해癸亥월에 태어났다. 여명이다. 월지가 해수이고 천간에 두 계수와 임수가 떠 있으니 식상인 수기의 세력이 가장 강하고, 지지에 해묘미亥卯未 목국木局이 있으니 재성인 목의 세력도 상당하다.

일간 신금은 시지 진토에 뿌리를 내리기는 했으나, 막강한 수기한테 기운을 빼앗기면서도 금의 속성상 지지의 막강한 목국을 극하려 하니 힘이 매우 부족하다. 일간의 유일한 뿌리인 시

지 진토는 해묘미 목국으로 힘이 매우 센 목기의 극을 받는 데다 바로 옆 일간 묘목의 영향과 해묘미 목국의 영향으로 묘진합卯辰合을 이루어 목으로 화化하려는 유혹까지 받고 있으니 매우 약화된 상태이다. 천간에 고립된 신금이 뿌리마저 부실하니 극신약에 가까운 신약이다.

신약한데 식상이 많은 경우에는 인성이 용신이니(용신 잡는 법 14번, 상중용인), 시지 진토를 용신으로 잡는다. 용신인 진토는 해묘미 목국의 극을 받는 상태이니 이 역시 매우 약하다. 금은 신의를 나타내는데, 신금이 극신약이면 신의가 없다. 극신약 신금 명조는 수시로 말을 바꾸는 성향의 소유자이니 믿을 수 없다.

어떤 인생을 살았는가

주인공 L씨는 부동산 부자였다. 병인丙寅 대운 을묘乙卯년(1975년, 33세)에 남편이 사망하면서 땅을 상속받았다. 정묘丁卯 대운 계해癸亥, 갑자甲子, 을축乙丑년(1983년~1985년, 41세~43세)에 부동산에 눈뜨기 시작했다. 무진戊辰 대운은 용신운으로 최고 전성기였다. 무진 대운 무진戊辰년(1988년, 46세)부터 임신壬申년(1992년, 50세)까지 5년간 집 15채를 사고팔아 강남에서 양도세 납부 순위 10위 안에 들 정도로 돈을 벌었다.

그러나 이런 행운이 계속되지는 않았다. 부동산 거래에서 자신감을 얻은 L씨는 무진 대운 계유癸酉년(1993년, 51세)에 논현동에 건물을 짓고 식당을 개업했다. 그러나 다음 해인 갑술甲

　　　　　　　　우당의 실전 사주명리학

戌년(1994년, 52세)은 연운의 술토가 용신인 진토를 충하여 일간의 뿌리가 흔들리니 개업한 식당은 고전을 면치 못했다.

기사己巳, 경오庚午 대운은 극신약 신금을 극하는 화운이니 무진 대운과 같은 행운은 없었고, 이 시기는 무진 대운에 마련한 재산을 처분하면서 살아갔다.

명조

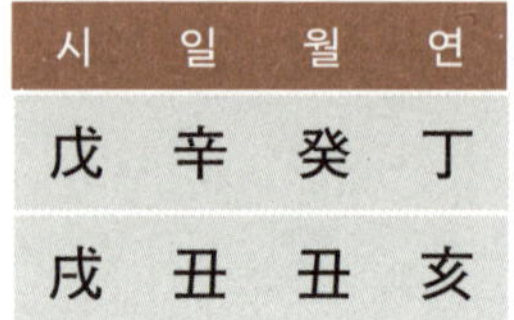

시	일	월	연
戊	辛	癸	丁
戌	丑	丑	亥

격국용신

신강/가상관격/용신은 수/금수쌍청金水雙淸 사례

대운

64	54	44	34	24	14	4	運程
丙	丁	戊	己	庚	辛	壬	
午	未	申	酉	戌	亥	子	

격국용신을 어떻게 판단할 것인가

신축辛丑 일주가 계축癸丑월에 태어났다. 일간 신금이 두 축토에 단단히 뿌리를 내리고 있으니 신강하다. 신강할 경우에는 관성-재성-식상 순으로 용신을 잡는데(용신 잡는 법 11번), 칠살 정화는 뿌리가 없어 무력하니 용신이 아니라 기신이고, 재성인 목은 없으니 상관 계수가 용신이다. 계수는 지지의 두 축토와 해수에 뿌리가 있으니 유력하다. 용신인 상관이 월지에 있을 경우에는 진상관격, 월지 외에 있을 경우에는 가상관격인데, 이 명조는 상관 계수가 월간에 있으므로 가상관격이다. 일간 신금이 튼튼하고, 용신인 수도 유력하니 좋은 사주이다.

해자월에 태어난 금의 경우 사주 원국의 오행 구성이 혼잡되지 않고 순수한 격을 이루면 금수쌍청金水雙淸 또는 금백수청金白水淸이라 한다. 수가 금으로 인해 주위에 잡스러움이 없이 생조를 받아 더욱 맑아지고, 수기를 머금은 금이 마치 숫돌에 간 것처럼 빛을 내는 것을 일컫는다. 이런 사주는 대개 두뇌가 비상한 것이 장점이다. 이 명조는 해자월이 아닌 축월 출생이지만 축이 습토로 해수와 합을 이루기 때문에 금수쌍청으로 본다.

어떤 인생을 살았는가

주인공 O씨는 한때 '서울 강남에서 가장 돈을 잘 버는 약사'로 불렸던 인물이다. 신해辛亥 대운 을사乙巳, 병오丙午, 정미丁未년(1965년~1967년, 19세~21세)에는 집안이 어려워 대학에 들어가지 못했다. 정미년에 대학 입시를 준비했으나 그해에는 낙방했고, 다음 해인 무신戊申년(1968년, 22세)에 S대 약대에 합격했다.

O씨는 경술庚戌 대운 무오戊午년(1978년, 32세)에 결혼했는데, 이해는 대운에서는 조토인 술토가 용신을 극하고 연운은 오화가 용신 수를 마르게 한다. 불리한 시기의 잘못된 결혼이라 결혼 생활 내내 불화에 시달렸다. 이어지는 기미己未년(1979년, 33세)에는 교통사고를 크게 당하는 불운까지 겪었다. 역시 대운

과 연운에서 조토가 용신을 극해서 생긴 사건이었다.

경술 대운 마지막 해인 경신庚申년(1980년, 34세)에 연운에서 강한 금기가 들어오자, 강남역 근처 좋은 위치에서 약국을 개업했다. 그로부터 기유己酉 대운 10년과 무신戊申 대운 정축丁丑년(1997년, 51세)까지 금운이 들어와 토생금土生金, 금생수金生水로 금수쌍청이 더욱 빛을 발하고 용신인 수기의 힘이 더욱 강해진다. 그 결과 무려 17년간 약국이 너무 잘돼서 '강남에서 가장 돈을 잘 버는 약사'로 불리게 된 것이다.

하지만 O씨의 행운은 무신 대운까지였다. 정미丁未 대운이 오자 더 이상 운이 따라주지 않았다. 정미 대운 초반의 신사辛巳, 임오壬午, 계미癸未년(2001년~2003년, 55세~57세)에 대운 정미가 용신인 수를 극하고, 연운에서 기신 정화를 생하는 화운이 3년간 이어지자 O씨는 투자에서 크게 실패해 그동안 모은 재산을 모두 잃고 말았다.

 우당의 실전 사주명리학

임수 기본

명조

시	일	월	연
甲	壬	甲	丁
辰	戌	辰	亥

격국용신

극신약/살중용인격/용신은 금/격이 낮은 명조 사례–살다극신약에 용신까지 깨짐

대운

63	53	43	33	23	13	3	運程
丁	戊	己	庚	辛	壬	癸	
酉	戌	亥	子	丑	寅	卯	

격국용신을 어떻게 판단할 것인가

임술壬戌 일주가 갑진甲辰월에 태어났다. 지지에 두 진토와 술토가 있으니 관살이 매우 강하고, 일간 임수 양옆의 갑목이 임수의 기운을 설洩하니 극신약이다(살중극신약殺重極身弱). 신약일 때 관살이 강하면 인성이 용신이므로(용신 잡는 법 14번, 살중용인), 일지 술토 중 신금이 용신이고 비겁인 해수가 희신이다. 문제는 일지 술토가 양쪽의 진토로부터 쌍충을 당하니 용신 신금이 깨져 있다는 것이다. 살다극신약에 용신까지 깨져 있으니

격이 매우 낮은 사주이다.

극과 설이 교차하고 있는 극설교가 사주인데, 극설교가의
특징은 머리 회전이 빠르고 순발력이 좋다는 장점이 있는 반면
에 자기 이익만 추구하는 단점도 있다. 배우자 궁인 일지 술토가
쌍충을 당하니 배우자와 사이좋게 살기는 어렵다.

어떤 인생을 살았는가

세관공무원을 했던 P씨의 명조이다. 어려운 가정에서 태어
나 계묘癸卯, 임인壬寅 대운에는 고생을 많이 했다. 초년인 계묘,
임인 대운은 목기가 일간과 용신의 기운을 빼앗아 가니 어려운
시기이다.

신축辛丑 대운은 축토가 용신 신금을 생하므로 운이 트이
기 시작했다. 신축 대운 병진丙辰년(1976년, 30세)에 세관공무원
이 되었다. 경자庚子 대운 경신庚申, 신유辛酉년(1980년~1981년,
34세~35세) 대운이 용신과 희신이고 연운까지 용신운이 겹치
니, 이 두 해 동안 세관공무원의 지위를 이용한 뒷거래로 엄청나
게 돈을 벌었다.

이런 행운은 을축乙丑년(1985년, 39세)까지 이어졌으나 자
子 대운 병인丙寅년부터는 문제가 생기기 시작했다. 극신약 사주
는 대운이 좋더라도 연운이 불리하면 망가지기 쉽기 때문이다.
병인丙寅, 정묘丁卯년(1986년~1987년, 40세~41세)에 재성(외부
여자)인 화운이 오자 외도를 하고, 무진戊辰, 기사己巳년(1988년~

1989년, 42세~43세)에는 주식 투자에 실패하고 직장에서 징계까지 받았다.

기해己亥 대운이 오자 본격적으로 불운이 밀어닥쳤다. 기해 대운은 희신인 해수가 오기는 하나, 대운의 기토가 임수를 극해서 좋지 않고 극신약 사주라 희신 해수 정도로는 좋은 운이라 할 수 없다. 기해 대운 첫해인 경오庚午년(1990년, 44세)에 여수로 좌천되고, 다음 해인 신미辛未년(1991년, 45세)에는 교통사고가 나서 3개월간 병석에서 지내야 했다. 임신壬申년(1992년, 46세)에 연운에서 용신인 금운이 오자 본청에 복귀해 예전 업무를 다시 맡을 수 있었다.

그러나 갑술甲戌년(1994년, 48세)에 상관인 갑목과 기신인 술토가 동시에 오면서 사기를 당했다. 경주 지방 부동산에 1억만 투자하면 10억이 된다는 말을 믿고 샀는데 계속 돈이 들어가는 애물단지였던 것이다. 해亥 대운 정축丁丑년(1997년, 51세)에 업자한테 뇌물을 받은 것이 탄로 나서 구속되었고, 이듬해 무인戊寅년(1998년, 52세)에 2년 6개월 실형을 선고받았다. 이 사건으로 P씨의 공무원 생활은 막을 내리고 이혼을 했으며 건강까지 악화되었다. 이때 P씨의 사회적 생명은 거의 끝난 것이나 다름없었다. 복역을 마친 P씨는 무술戊戌 대운 신사辛巳년(2001년, 55세)에 낙향하여 근근이 살아갔다.

     우당의 실전 사주명리학

② 꽃뱀한테 속아 퇴직금을 날린 노교수

명조

시	일	월	연
壬	壬	丁	癸
寅	寅	巳	酉

격국용신

신약/재중용겁격/용신은 수/재성이 기신이고 식상이 왕하면 처 덕이 없다

대운

70	60	50	40	30	20	10	運程
庚	辛	壬	癸	甲	乙	丙	
戌	亥	子	丑	寅	卯	辰	

격국용신을 어떻게 판단할 것인가

임인壬寅 일주가 정사丁巳월에 태어났다. 월주가 정사이고 지지의 두 인목이 사화를 생해 주니 재성인 화기가 강하다. 재성이 강하고 식상 목의 세력도 상당하니 신약하다. 신약한데 재성이 많은 경우 비겁이 용신이므로(용신 잡는 법 14번) 비겁인 연간 계수를 용신으로 한다(재중용겁). 월지 사화와 연지 유금이 사유합巳酉합을 이루어 연간 계수를 생해 주니 용신인 계수가 유력하다. 계수가 월간 정화를 극하여 일간 임수와 정화의 정임합丁壬

슴을 제어해 주는 것도 이 명조의 장점이다. 신약하기는 하나 용신은 유력하니 일정 수준은 갖춘 명조이다.

단, 이 명조는 재성이 기신이라 배우자를 믿을 수 없고 처덕, 여자 덕이 없다. 배우자 궁에 식상이 강한데, 식상은 사기와 밀접한 관련이 있으니 배우자한테 사기를 당할 가능도 있다. 또 식상이 강하니 감정이 풍부하여 정에 이끌려 일을 그르치기 쉽다. 다정이 병인 명조이다.

어떤 인생을 살았는가

국제 문학기구 이사, C대 인문대 학장을 지냈던 B교수의 명조이다. 병진丙辰, 을묘乙卯, 갑인甲寅 대운은 식상운이므로 좋다고는 할 수 없으나 유력한 용신 덕분에 헤쳐 나간다. 을묘 대운에 강한 식상의 힘으로 문학에서 두각을 나타낸다. 을묘 대운 기해己亥년(1959년, 27세)부터 일간지에 칼럼을 연재하기 시작했고, 임인壬寅년(1962년, 30세)에 등단했다.

계축癸丑 대운은 사유축巳酉丑 금국金局이 용신 계수를 생하고, 임자壬子 대운은 용신운이니 이때가 전성기이다. 계축 대운 계축癸丑년(1973년, 41세)에 사유축 금국이 거듭 이루어져 용신이 힘을 받으니 유명 대학 교수가 되어 자리를 잡았다. 그러나 처 덕이 없는 사주이니 계축 대운에도 배우자로 인한 문제는 피할 수 없었다. 계축 대운 정사丁巳, 무오戊午, 기미己未년(1977년~1979년, 45세~47세)에 연운에서 강한 재성과 관살이 오자 처

    우당의 실전 사주명리학

가 재산 문제를 일으켜 이혼하게 되었다. 용신운인 임자壬子 대운에는 국제 문학기구 이사가 되고 C대 인문대 학장이 되는 등 명성을 얻으며 안정되고 평온한 삶을 누렸다.

신해辛亥 대운이 되자 인해합목寅亥合木으로 강해진 식상이 문제를 일으켰다. 신해 대운 두 번째 해인 갑술甲戌년(1994년, 62세)은 식상이 왕한 운이다. 식상이 왕해지면 사기를 당하기 쉬운데, 62세라는 늦은 나이에 사기를 당하면 노후가 엉망이 된다. B교수는 이해에 여자를 만났는데 꽃뱀이었다. 당시 B교수가 어머니에게 결혼할 여자라고 인사를 시키니 어머니가 "그 여자는 결혼할 생각은 없고 네 재산만 노리는 여자다"라면서 결혼에 반대했다. 그래서 결혼까지 하지는 않았지만 계속 돈을 뜯기는 상황이었다.

B교수는 무인戊寅년(1998년, 66세)에 정년퇴직을 하면서 퇴직금을 받았는데, 그 여자가 서울 K동에 큰 카페를 차리겠다며 돈을 달라고 해 있는 돈을 전부 준 것이 결정타였다. 무일푼이 된 상태에서 기묘己卯년(1999년, 67세)에 췌장암 수술을 하게 되었다. 묘유충卯酉冲이 계수를 생해 주는 사유합巳酉合을 깨니 건강이 악화된 것이다. 전 재산을 주었으니 돌봐 줄 거라고 기대를 했지만 애초에 돈을 노리고 접근한 여자가 빈털터리 암 환자인 B교수를 보살펴 줄 리 없었다. 결국 꽃뱀한테 속아 비참한 노후를 맞게 된 것이다. 식상이 왕한 사람은 감정으로 일을 그르치는 것이 없는지 늘 경계해야 함을 알려 주는 명조이다.

③ 운이 다하니 모든 것이 끝난 개그맨 B씨

명조

시	일	월	연
壬	壬	壬	庚
寅	午	午	子

격국용신

신약/재중용겁격/용신은 수/용신 운이 끝나자 명예와 재물이 바로 떠나는 사례

대운

65	55	45	35	25	15	5	運程
己	戊	丁	丙	乙	甲	癸	
丑	子	亥	戌	酉	申	未	

격국용신을 어떻게 판단할 것인가

임오壬午 일주가 임오壬午월에 태어났다. 지지에 인목과 두 오화가 인오합寅午合을 이루니 재성 화가 극히 강하여 신약하다. 신약한데 재성이 많은 경우 비겁이 용신이므로(용신 잡는 법 14번, 재중용겁), 임수가 용신이고 임수를 생하는 금이 희신이다. 일간 임수는 양옆의 임수가 도와주고 연지 자수에 뿌리가 있으니, 신약하기는 하나 일간이 어느 정도는 힘이 있다.

단, 일간 임수의 뿌리인 연지 자수가 두 오화로부터 쌍충을

맞고 있는 게 단점이다. 오화는 둘이 뭉친 데다 월지를 점령하여 세력이 막강하니 약한 자수가 강한 오화의 충을 받아 큰 타격을 입은 상태이다. 일간의 뿌리가 쌍충을 맞으니 사주의 안정감이 떨어진다. 충으로 인해 불안정한 단점이 있는 반면에 순발력과 임기응변이 뛰어난 장점도 있다.

어떤 인생을 살았는가

한 시대를 풍미했던 코미디언 B씨의 명조이다. B씨는 좋은 운이 일찍 왔다. 16세에 희신인 갑신甲申 대운이 시작되었다. 갑신 대운 경신庚申년(1980년, 21세)에 유명 방송사 개그콘테스트에서 수상을 하고 연예계 활동을 시작했다. 이후 1980년대부터 1990년대까지 최고 인기 코미디언으로 군림했다.

을유乙酉 대운은 금기가 가장 강하니 전성기이다. 특히 을유 대운 임신壬申, 계유癸酉년(1992년~1993년, 33세~34세), 대운과 연운에서 희신 금운이 겹쳐 오니 최전성기이다. 이때 서울 요지에 빌딩을 마련하며 을유 대운까지는 평탄한 세월을 누렸다. 단, 좋은 시기는 을유 대운까지였다.

병술丙戌 대운은 천간이 병화이고, 지지에서는 술토가 사주 원국의 인목, 오화와 인오술寅午戌 화국火局을 형성하니 화기가 맹렬한 시기이다. 막강한 화기가 용신인 수기를 마르게 하니 모든 것이 수포로 돌아간다. 병술 대운 무인戊寅년(1998년, 39세)부터 문제가 생기기 시작했다. 평소 정치에 뜻이 있었던 B씨는 1998년 정치 세계에 뛰어들었다. B씨는 병술 대운 경진庚辰년(2000년, 41세)에 실시된 국회의원 선거에서 정당 공천을 받지 못해 무소속으로 출마했다가 낙선했다. 낙선 후 엄청난 선거자금을 감당하지 못해 갖고 있던 건물을 팔고 이혼했다. 이혼 후 생활을 엉망으로 하여 건강도 악화되었다.

병술 대운 임오壬午, 계미癸未년(2002년~2003년, 43세~44세)은 연운에서도 인오술 화국이 반복되니 용신과 일간의 수기를 거의 말려 버리는 시기이다. 이때 건강이 극도로 나빠졌으니 사실상 죽은 목숨이나 다름없었다. 요행히 갑신甲申, 을유乙酉년(2004년~2005년, 45세~46세)에 건강이 약간 회복되자 이 2년간 재기를 위해 노력했다.

그러나 정해丁亥 대운 두 번째 해인 병술丙戌년(2006년, 47세)에 결국 과로에 의한 심장마비로 사망했다.

    우당의 실전 사주명리학

명조

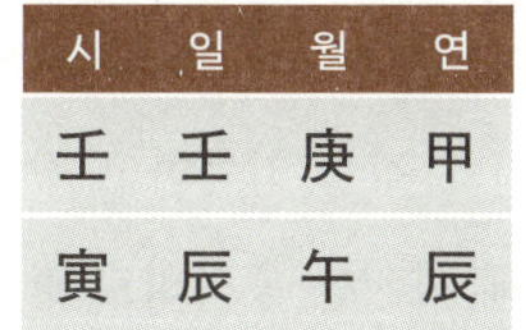

시	일	월	연
壬	壬	庚	甲
寅	辰	午	辰

격국용신

극신약/재중용겁격/용신은 수/극신약 사주는 사업 하면 안 된다

대운

68	58	48	38	28	18	8	運程
丁	丙	乙	甲	癸	壬	辛	
丑	子	亥	戌	酉	申	未	

격국용신을 어떻게 판단할 것인가

임진壬辰 일주가 경오庚午월에 태어났다. 계절이 오누월이고 지지에 약한 인오합寅午合도 있어 화기가 매우 강하다. 게다가 칠살인 두 진토가 일간 임수를 극하고 시지의 인목은 임수의 기운을 빼앗아 가니 임수는 극히 약하다. 극신약이니 비겁이나 인성을 용신으로 써야 하는데 인성 경금은 오화를 깔고 앉아서 힘이 없다. 그나마 비겁인 시지 임수가 일지 진토에 뿌리가 있으니 시간 임수를 용신으로 잡는다(재중용겁). 그러나 시지 임수는

진토의 지장간 중 계수에 미약한 뿌리를 내린 것에 불과하다. 일간과 용신 모두 매우 약한 사주이다.

어떤 인생을 살았는가

성형외과 의사였던 P씨의 명조이다. 초기의 임신壬申, 계유癸酉 대운은 희신인 금운이니 무사히 의사 자격을 취득하고 잘 지냈다. 계유 대운 정축丁丑년(1997년, 34세)까지는 봉직의로 평온하게 살았다.

문제는 계유 대운 무인戊寅년(1998년, 35세)에 전문의 자격도 없이 성형외과를 개원한 것이었다. 무인년은 인오寅午 화국火局이 거듭 일어나는 해이므로 비록 대운은 계유이지만 연운이 매우 나쁘다. 이 명조와 같은 극신약 사주는 대운이 좋더라도 나쁜 연운에서 치명타를 입을 수 있다. 극히 조심해야 하는 시기인데 무모한 일을 벌인 것이다. 무인년 개원 후에 한 수술이 문제가 되어 계속 시달리다가 결국 개원 4년 차인 신사辛巳년(2001년, 38세)에 폐업했다.

갑술甲戌 대운은 인오술寅午戌 화국이 이루어지는데, 극신약 임수가 인오술 화국의 맹렬한 화기를 당해 낼 수 없으니 바닥까지 추락하게 된다. 갑술 대운 첫해인 임오壬午년(2002년, 39세)에 다시 개원했으나 이번에도 수술이 문제였다. 무인년보다 더 심각한 상황이었다. 갑술 대운 임오년은 인오술 화국이 겹으로 이루어지는 해이니 P씨의 생애 중 최악의 해였다. 이때 발생한 문제로 인하여 계속 고생하다가 재개원 5년 차인 갑술 대운 병술丙戌년(2006년, 43세)에 10억 이상의 채무를 지고 결국 파산 신청으로 끝났다.

극신약 사주는 대운이 좋더라도 불리한 연운을 이겨 내기 힘들다. 한동안 잘되는 듯하더라도 나쁜 연운에 허망하게 망할 수도 있다. 따라서 극신약 사주는 사업을 하지 않는 것이 바람직하다. 불리한 운이란 맨몸으로 북풍한설을 맞는 것과 같다. 사업은 모든 위험을 혼자서 감당해야 하는데 극신약 사주로는 이런 상황을 버텨 낼 수 없다. 불리한 연운도 감당하기 어려운데 10년 가는 대운이 불리할 때는 말할 나위도 없다. P씨와 같은 극신약 사주가 최악의 대운인 갑술 대운에 재개원한 것이 결정적 패착이었다. 극신약 사주를 가진 분은 사업을 하지 말라고 권하고 싶다.

명조

시	일	월	연
己	壬	壬	庚
酉	子	午	申

격국용신

신강/용재격/용신은 화/신강일 때 월지에 재관이 있으면 이 재관이 용신

대운

65	55	45	35	25	15	5	運程
己	戊	丁	丙	乙	甲	癸	
丑	子	亥	戌	酉	申	未	

격국용신을 어떻게 판단할 것인가

임자壬子 일주가 임오壬午월에 태어났다. 임수가 일지 자수, 시지 유금에 뿌리를 내리고, 천간에는 월간 임수, 연간 경금의 도움을 받고 있으니 일간이 매우 강하다. 신강일 때 월지나 일지에 재관이 있으면 이 재관을 용신으로 잡아야 한다. 월지와 일지는 일간이 운명처럼 받아들여야 하는 자리이기 때문이다. 따라서 재성인 월지 오화가 용신이다. 월지 오화가 자오충子午冲으로 50퍼센트만 잔존하니 용신이 약하다.

어떤 인생을 살았는가

명리학 대가 L선생의 명조이다. 가난한 집안에서 태어나 갑신甲申, 을유乙酉 대운에는 어렵게 살다가 병술丙戌 대운 기해己亥년(1959년, 40세)에 상경했다. 상경 당시 가져온 살림이라곤 냄비 하나 숟가락 하나밖에 없을 정도로 매우 가난하여 중구 정동의 판잣집에 살았다. 상경 후 경자庚子, 신축辛丑년까지는 고전했으나, 상경 3년 만인 임인壬寅년(1962년, 43세)부터 이름이 알려지기 시작하여 문전성시를 이루었다. 입시 때는 하루에 150명, 평소에는 하루 50~60명이 상담하러 왔다고 한다. 병술 대운 임인년은 인오술寅午戌 화국火局이 이루어지는 해이니 이때 전성기가 시작된 것이다. 이 운은 정해丁亥 대운 정미丁未년(1967년, 48세) 즉 연운이 목화인 6년간(해로는 임인, 계묘癸卯, 갑진甲辰, 을사乙巳, 병오丙午, 정미丁未) 계속되었다. 그 후 정해 대운 기유己酉년(1969년, 50세) 가을에 필동으로 이사를 했는데 전세금이 1천만 원이었다. 사주 복채가 몇 천 원이었던 시절이니 빈손으로 상경해 몇 년 만에 1천만 원 전세금을 마련한 것은 엄청난 성공이었다.

정해 대운에는 역학 학원을 열어 제자를 가르치기 시작했고, 무자戊子 대운에는 사주책 저술에 힘썼다. 무자 대운은 대운의 자수가 용신 오화를 한 번 더 충하니 매우 위험한 시기였다. 무자 대운 경신庚申년(1980년, 61세)에 혈압으로 쓰러지자 의사가 일을 중단하라고 권했으나 책 쓰는 작업을 계속했다. 다음 해인 신유辛酉년(1981년, 62세)에 두 번째 쓰러진 것이 결정타였다. L선생은 너댓 살 정도의 지능 수준이 되어 버렸다. 사주 명리학의 대가도 자신의 운명을 피해 갈 수는 없었다. 2년 후인 무자 대운 계해癸亥년(1983년, 64세)에 대운과 연운의 막강한 수기가 미약한 용신 오화의 불씨를 완전히 꺼버리자 세상을 떠났다.

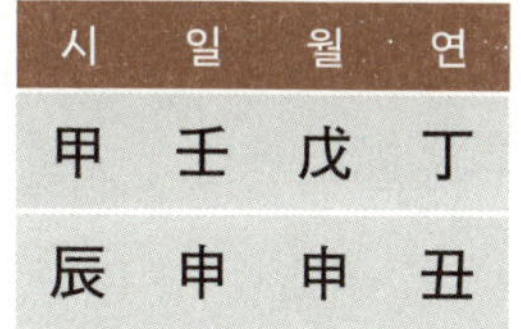 6 평생 병약했던 극신약 임수

명조

시	일	월	연
甲	壬	戊	丁
辰	申	申	丑

대운

62	52	42	32	22	12	2	
辛	壬	癸	甲	乙	丙	丁	運
丑	寅	卯	辰	巳	午	未	程

격국용신

극신약/살중용인격/용신은 금/입추 5일째라 월지를 미토로 보는 사례

격국용신을 어떻게 판단할 것인가

임신壬申 일주가 무신戊申월에 태어났다. 신申월이니 먼저 입추로부터 며칠 지났는지 살펴야 한다. 이 명조의 임신일은 입추 5일째이다. 입추 7일 이내이므로 전월의 조열한 미토로 보아야 한다(용신 잡는 법 7번). 이렇게 보면 월지 신금은 일간 임수의 뿌리가 될 수 없고, 일지 신금만 임수의 뿌리가 된다. 지지에 연지 축토, 월지 미토(신금을 미토로 보므로), 시지 진토 등 관살이 가득한데, 일간 임수는 일지 신금밖에 의지할 데가 없으니 극신

약이다(살중극신약). 관살이 많아 신약할 때에는 인성을 용신으로 하므로(용신 잡는 법 14번), 일지 신금이 용신이다(살중용인).

어떤 인생을 살았는가

공무원이었던 M씨의 명조이다. 극신약인데 초년부터 정미丁未, 병오丙午, 을사乙巳 대운으로 30년간 화운이 왔으니 일간을 마르게 하고 용신 신금을 극해 건강하기를 기대할 수 없다. 어려서부터 몸이 약해서 고생을 많이 했고, 불과 서른 살 즈음부터 혈압약을 복용하기 시작했다. 그 후 갑진甲辰, 계묘癸卯 대운도 일간 임수의 기운을 빼앗아 가는 목운이라 좋지는 않았다.

내내 힘들었지만 임인壬寅 대운에 결정타를 맞는다. 임인 대운은 대운의 인목이 용신인 신금을 충하기 때문이다. 임인 대운 첫해인 기사己巳년(1989년, 53세)부터 신미辛未년(1991년, 55세)까지 화운 3년간 고혈압으로 휴직을 반복하다가 갑술甲戌년(1994년, 58세)에 건강이 급격히 악화되었다. 임인 대운 무인戊寅년(1998년, 62세)에 체중이 갑자기 증가하고 상태가 나빠져 퇴직했다. 임인 대운 무인년은 대운과 연운의 두 인목이 용신 신금을 거듭 충하니 M씨는 이때 건강에 큰 타격을 받았다. 그 후 몇 년은 버텼으나 신축辛丑 대운 계미년(2003년, 67세)에 결국 뇌졸중으로 사망했다. 초년부터 말년까지 극신약 임수가 감당할 수 없는 운이 계속되니 평생 병약할 수밖에 없었다.

⑦ 무자격으로 법률사무소를 개업한 간 큰 여성

명조

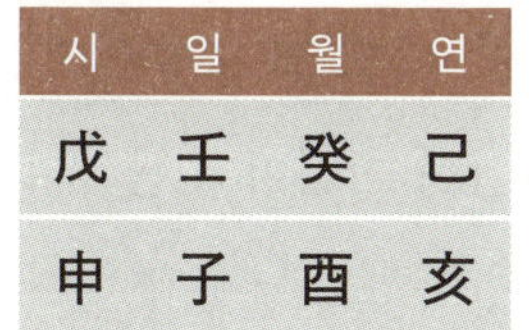

시	일	월	연
戊	壬	癸	己
申	子	酉	亥

대운

64	54	44	34	24	14	4	運程
庚	己	戊	丁	丙	乙	甲	
辰	卯	寅	丑	子	亥	戌	

격국용신

종왕격/수가 용신/기신 관살이 혼잡된 여성 명조

격국용신을 어떻게 판단할 것인가

임자壬子 일주가 계유癸酉월에 태어났다. 여명이다. 월지가 인성인 유금이고, 연간 기토와 시간 무토를 제외한 나머지 여섯 글자가 뭉쳐 거대한 수금 덩어리를 이루고 있다. 수기가 쓰나미처럼 밀어닥치는 형국이라 뿌리 없는 무기토는 힘을 쓸 수가 없다. 막강한 수의 세력을 따르는 종왕격이고, 수를 용신으로 잡는다. 무기토는 무력하여 수를 극하는 역할을 하지 못하면서 걸리적거리기만 하므로 기신이다.

어떤 인생을 살았는가

주인공 K씨는 일찍부터 용신을 극하는 갑술甲戌 대운이 와서 어린 시절이 매우 어려웠다. 아버지는 일찍 돌아가고 어머니가 시장에서 장사를 해서 K씨를 키웠다. 힘든 성장기를 보낸 탓에 K씨는 젊은 시절부터 돈에 대한 강한 집착을 보였고 수단 방법을 가리지 않았다. 여성의 명조에서 관살이 기신이고 관살이 혼잡되어 있는 경우 한 남자에게 정착하지 못하고 남성 편력이 심할 가능성이 높은데, K씨의 경우가 여기에 해당한다. K씨는 남자를 목적을 이루기 위한 수단으로 여기며 평생 이익을 얻기 위해 많은 남자를 만났는데, 주로 관살인 토기가 오는 운에 관계가 시작되었다.

대학을 졸업한 후 K씨는 법률사무소 직원으로 사회생활을 시작했다. 직원으로 한동안 일하면서 법률사무소 운영 원리를 익히고 나자 병자丙子 대운 무진戊辰년(1988년, 30세)에 변호사 자격도 없으면서 변호사를 고용해 법률사무소를 차리는 대담함을 보였다. 무진년은 신자진申子辰 수국水局으로 용신인 수기가 힘을 받는 시기이니 가능했던 일이다. 이후 병자 대운과 정축丁丑 대운의 정丁 대운까지는 법률사무소 운영으로 돈을 많이 벌었다.

정축 대운은 정임합丁壬合으로 일간이 재성인 정화와 합을 이루니 돈에 대한 욕심이 더 강해지는 시기이다. 법률사무소로 큰돈을 벌자 자신감이 생긴 K씨는 사업 규모를 키우고 싶어 했다. 유명 요정인 대원각에서 운영하는 '고려정'이라는 식당을 인수하고 싶어 했으나 자금 부족으로 성사되지 않았다. 정축 대운은 축토가 해자축亥子丑 수국水局을 이루니 자신의 야망을 이루고자 하는 욕구가 강해졌고, 자기 자본이 별로 없는 상황에서 무모하게 일을 추진해 나갔다.

그러나 축토가 기신인 무기토에 힘을 더해 주기 때문에 사업을 키울 만한 운은 되지 못했다. 축丑 대운 무인戊寅년(1998년, 40세)에 큰 샤브샤브 식당을 열었으나 장사가 잘되지 않았다. K씨는 식당의 적자를 보전하기 위해 기묘己卯년(1999년, 41세)에 새로운 남자를 만났다. 그 남자로부터 10억 정도를 받아내는 데 성공하기는 했으나 이 돈은 식당의 적자 보전에 다 들어가며 큰 도움이 되지는 않았다. 신사辛巳, 임오壬午, 계미癸未년(2001년~2003년, 43세~45세) 화 연운에는 힘든 시기를 보냈고, 무인戊寅 대운 을유乙酉년(2005년, 47세)에는 부도 직전의 상태에 이르렀다.

K씨는 새로운 사업을 해서 어려움을 벗어나려고 애를 썼다. 무인 대운 병술丙戌년(2006년, 49세)에 필자는 K씨에게 새로 만나는 남자가 사업권을 가져올 텐데 그 사업은 사기가 분명하니 절대 하지 말라고 충고했다. 무인 대운은 기신인 무토가 오고 인신충寅申冲이 지지의 자신합子申合을 깨뜨려 용신인 수가 타격을 받으니 매우 좋지 않은 운이었다. 또 무인 대운은 상관 인목의 대운인데 식상이 강한 대운에는 사기를 당하기 쉽다. 특히 무인 대운 중의 병술丙戌년은 술토의 영향으로 기신인 관살이 살

아난다. 이 모든 요소를 종합해 보면 무인 대운 병술년에 남자로부터 사기당할 가능성이 있다고 봐서 그런 충고를 한 것이었다.

K씨는 필자의 말을 귀담아듣지 않았다. 연락이 두절된 지 6개월 만에 나타난 K씨는 크루즈 사업으로 큰 건을 계약했다면서 들떠 있었다. 상식적으로 도저히 말이 안 되는 구조를 가진 사업이었는데, K씨는 그 사업이 잘될 거라고 철썩같이 믿고 엄마와 동생의 집과 지인의 건물을 담보로 돈을 빌려 그 사업에 투자했다. 이 사업 건으로 인해 K씨는 무인 대운 내내 희망 고문을 당하고 사업 자금도 대부분 날리고 말았다.

기묘己卯 대운은 기신인 기토가 오고 묘유충卯酉冲으로 월지 유금이 깨지니 역시 좋지 않은 시기이다. 기묘 대운 을미乙未년(2015년, 57세)에 대장암이 발견되어 수술을 받았다. 무술戊戌년(2018년, 60세) 연운에서 술토가 와 관살이 살아나자 새로운 남자를 만났다. 기묘 대운이 관살과 식상인 데다 무술년은 기신인 관살의 해이니 이때 만난 남자가 제대로 된 사람일 리 없었다. 그는 K씨가 희망을 버리지 못하고 있던 크루즈 사업을 자신이 해결해 준다고 큰소리치는 사기꾼이었다. 물론 사업은 성사되지 못했고 임인壬寅년(2022년, 64세)에는 그 남자와도 헤어졌다. 그 후 만나지 못했는데 기묘 대운 임인년은 묘유충卯酉冲과 인신충寅申冲으로 용신과 희신이 동시에 크게 깨지니, 무려 17년간 끌어 온 사업은 무산되고 병이 났을 것으로 추측한다.

⑧ 무일푼에서 시작, 용신운 20년에 큰 부자가 되다

명조

시	일	월	연
辛	壬	戊	乙
亥	申	子	酉

격국용신

종왕격/용신은 수/왕신충발 사례

대운

67	57	47	37	27	17	7	運程
辛	壬	癸	甲	乙	丙	丁	
巳	午	未	申	酉	戌	亥	

격국용신을 어떻게 판단할 것인가

임신壬申 일주가 무자戊子월에 태어났다. 자월에 태어나서 지지에 신유금과 해수가 있고 천간에 신금까지 투출透出하여 임수의 세력이 극히 강하다. 일간의 세력이 매우 강하니 신강인지 종왕격인지를 판단해야 한다. 일간 외 다른 세력을 용신으로 잡을 수 있는지를 봐야 하는 것이다. 관성-재성-식상 순으로 살피면, 칠살인 월간 무토는 힘이 없으면서 홀로 태왕한 수의 세력을 대항하려 하니 걸리적거리는 존재가 되어 기신이다. 재성인

화는 없고, 식상인 연간 을목은 한랭한 자월이라 얼어 있어서 쓸
수 없다. 일간 외 세력이 모두 무력하므로 종왕격으로 판단한다.
수가 용신이고 수를 생하는 금이 희신이다.

어떤 인생을 살았는가

주인공 C씨는 어려운 집안에서 태어나 큰 부자가 된 인물
이다. 용신인 수가 마르는 병술丙戌 대운에는 매우 가난했다. 병
술 대운 신해辛亥년(1971년, 27세)에 결혼했으나 단칸방에 살아
야 할 정도로 형편이 나빴다.

28세에 을유乙酉 대운이 와서 희신 금운으로 바뀌자 변화
의 계기가 생겼다. 을유 대운 을묘乙卯년(1975년, 31세)에 이란
에서 트레일러 기사로 취직해 해외 건설 현장에 나가게 된 것이
다. 대운이 희신인 금운이고, 을묘년의 강한 목기가 기신 무토
를 제거하는 해이니 좋은 일이었다. 취직은 트레일러 기사로 했
지만 C씨가 영어를 할 줄 알았기 때문에 다음 해인 병진丙辰년
(1976년, 32세)에 바로 통역 겸 사무직으로 승진하고 관리인으
로 전격 발탁되었다. 병진년은 연운의 진토가 원국의 자수 및 신
금과 신자진申子辰 수국水局을 이루어 용신인 수가 힘을 얻는 해
라서 예상외의 행운이 찾아온 것이다. 그다음 해인 정사丁巳년
(1977년, 33세)은 사유합巳酉合으로 희신인 금기가 살아나니 병
진년, 정사년 2년간 돈을 많이 벌었다.

C씨는 정사년 4월에 당시로서는 큰돈인 700만 원을 갖고

귀국하여 바로 집을 한 채 사고, 무오戊午년(1978년, 34세)에 명동에서 가게를 열고 어음, 사채 할인업을 시작했다. 기미己未년(1979년, 35세)에는 직원의 실수로 손해를 많이 보았으나 일시적인 일이었고, 을유 대운 경신庚申년(1980년, 36세)부터 갑신甲申 대운 을축乙丑년(1985년, 41세)의 6년간(경신, 신유辛酉, 임술壬戌, 계해癸亥, 갑자甲子, 을축) 연운까지 금수金水로 오니 그동안 돈을 어마어마하게 벌었다.

갑신 대운 무진戊辰년(1988년, 44세)부터는 부동산을 사기 시작했는데 사는 것마다 올랐다. 좋은 운은 계미癸未 대운 정축丁丑년(1997년, 53세)까지 이어졌다. 계미 대운 임신壬申, 계유癸酉년(1992년~1993년, 48세~49세)에 충남 연기군에 땅을 많이 샀는데 행정수도 이전으로 지가가 급등해 큰 이익을 남겼다. 무일푼이었던 C씨가 희신운인 을유 대운부터 계미 대운 초반까지 20여 년 동안 큰 부자가 된 것이었다.

그러나 계미 대운 중 수운이 끝난 후부터 하락세가 시작되었다. 계미 대운은 미토의 영향으로 기신 무토가 힘을 얻어 용신 임수를 극하기 때문이다. 계미 대운 무인戊寅년(1998년, 54세)부터는 사건, 사고, 실수 등이 잇달아 일어나 손해를 보기 시작했다. 임오壬午 대운 임오壬午년(2002년, 58세)에 외도를 하면서 그 여자에게 당시로서는 엄청난 금액인 4억 원을 뜯겼고, 갑신甲申년(2004년, 60세)에는 병이 발견되었다.

그 후 소식이 끊겼으나 임오 대운 경인庚寅년(2010년, 66세)

을 넘기지 못했을 것으로 추측한다. 이해는 대운의 오화가 원국의 자수를 충하는 자오충子午冲이 일어나는데, 약한 오화가 막강한 자수를 충하니 왕신충발이다. 여기에 더해 연운의 인목이 일간 임수의 뿌리인 신금을 충하니 결정적으로 위태로운 상황이 거듭 발생하는 것이다. 이해에 세상을 떠났거나 사망과 비슷한 상태가 되었을 것으로 추측한다.

우당의 실전 사주명리학

⑨ 태왕한 세력은 거스르지 않아야

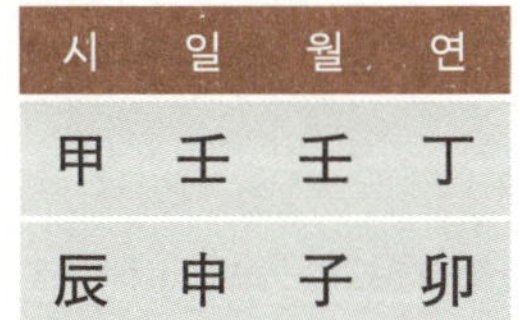

시	일	월	연
甲	壬	壬	丁
辰	申	子	卯

격국용신

종왕격/용신은 수/사주의 15퍼센트가 종격

대운

64	54	44	34	24	14	4	運程
乙	丙	丁	戊	己	庚	辛	
巳	午	未	申	酉	戌	亥	

격국용신을 어떻게 판단할 것인가

임자壬子월에 태어난 임신壬申 일주이다. 지지에는 신자진申子辰 수국水局이 완전하게 이루어져 있고, 천간에도 임수가 나란히 둘이 있으니 일간 임수의 세력이 극히 강하다. 이렇게 일간이 매우 강할 경우 신강인지 종왕격인지를 고민해야 한다.

종왕격 여부를 판단하는 핵심은, 일간 외의 다른 오행이 과연 용신으로 잡을 수 있을 정도로 유력한가이다. 용신을 잡는 기본 원칙은 "용신은 반드시 힘이 있어야 하고, 무력한 것은 용신으로 삼을 수 없다"라는 것이다(용신 잡는 법 11번). 일간 외에 다른 세력이 힘이 있어 용신으로 쓸 수 있으면 신강으로, 다른 세력이 무력해 용신으로 삼을 수 없다면 종왕격으로 판정한다.

이 명조에는 일간 임수 외에도 관성(시지 진토), 재성(연간 정화), 식신(시간 갑목, 연지 묘목)이 있다. 그렇다면 이들을 용신으로 쓸 수 있을까?

관성 진토: 신자진 수국에 편입되어 이미 수로 변질되었으니 용신으로 삼을 수 없다.

재성 정화: 얼핏 보면 연지 묘목이 정화를 생하는 듯하지만, 정화는 이미 정임합丁壬合으로 합거된 상태이고, 자월은 너무 춥고 습하여 묘목이 얼어 있다. 얼어 있는 연지 묘목은 정화를 생하지 못한다. 묘목의 지장간은 갑을로 화기가 없어 자월 수가 왕하면 화를 생할 수 없다. 단, 같은 목이라도 인목의 경우에는 지장간이 '무, 병, 갑'으로 병화가 있으므로 자월이라도 화를 생할 수 있다. 젖은 나무에는 불이 붙지 않는 이치와 같다. 목의 생조를 받지 못한 무력한 정화는 용신으로 쓸 수 없다.

식신 갑목: 자월의 갑목은 수가 많으면 한겨울의 부목浮木이다. '수극목水剋木'이나 '수다목부水多木浮'가 되어 역시 무력하다.

결론적으로 진토, 정화, 묘목, 갑목 모두 힘이 없어 용신이 될 수 없다. 일간 임수의 세력을 제어할 수 있는 다른 기운이 없으므로 임수의 왕성한 기운을 따르는 종왕격으로 판정한다. 종

우당의 실전 사주명리학

왕격으로 본다면 용신은 비겁인 수, 희신은 인성인 금이다. 따라서 이 명조에서 최전성기는 신자진 수국이 두 번이나 겹치는 무신 대운이다.

어떤 인생을 살았는가

주인공 A씨는 무신戊申 대운(34세~43세)에 큰 부를 이루었으나, 그 후 정미丁未 대운부터는 운이 서서히 기울기 시작했다. 병오丙午 대운(54세~63세)에는 화가 강하게 들어오면서 태왕한 수의 기세를 거스르니 '왕신충발'의 상황이 발생했다. 왕신충발이 오면 갑작스러운 사건 사고 등 크게 흉한 일이 일어난다. A씨는 결국 왕신 수를 거스르는 화운이 들어오자 삶을 마감했다.

명조

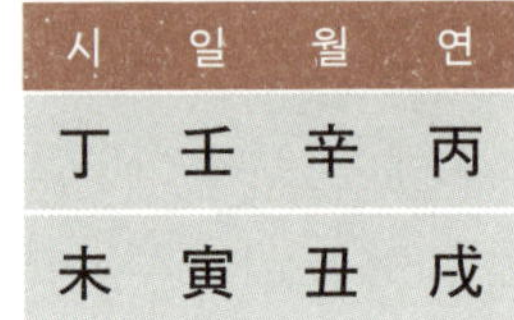

시	일	월	연
丁	壬	辛	丙
未	寅	丑	戌

격국용신

극신약/살중용인격/용신은 금/극
신약에 용신까지 합거된 최악의
명조 사례

대운

64	54	44	34	24	14	4	運程
戊	丁	丙	乙	甲	癸	壬	
申	未	午	巳	辰	卯	寅	

격국용신을 어떻게 판단할 것인가

임인壬寅 일주가 신축辛丑월에 태어났다. 지지에 술토, 축토, 미토 등 관살이 가득하다. 일간 임수가 의지할 곳은 월간 신辛금밖에 없는데, 일간 임수가 시간 정화와 정임합丁壬合까지 이루고 있다. 극신약이다. 신약한데 관성이 강하면 인성을 용신으로 잡으니(용신 잡는 법 14번, 살중용인), 월간 신금이 용신이다. 문제는 용신 신금마저 연간 병화가 합거한다는 점이다. 용신이 합거되니 파격이다. 극신약에 용신까지 합거되었으니 최악의 명조이다. 인격적 결함이 심각하고 의리나 도덕관념이라곤 찾아볼 수 없는 비열한 인생이다.

대운이라도 도와주면 좀 나을 텐데, 임인壬寅에서 시작해 정미丁未 대운까지 수목운이 60년간 계속되니 거의 평생 좋은 운이 오지 않는다. 극신약이고 파격인데 대운까지 불리하니 평생 좋은 날이 없고, 잠깐 좋았다가도 바로 그 성과가 순식간에 사라지게 된다. 을사乙巳 대운은 사축합巳丑合으로 금기가 살아나니 이때 잠시 나아질 것이나, 극신약이므로 연운에서도 실패를 맛볼 수 있다.

어떤 인생을 살았는가

주인공 K씨는 부동산 업자였다. 초년부터 목운이 오니 되는 일이 없었다. 심지어 갑진甲辰 대운 갑인甲寅, 을묘乙卯년(1974년~1975년, 29세~30세)에 까닭 없이 몸이 아파 신병이라 생각하고 정사丁巳년(1977년, 32세)에 신내림을 받아 기미己未년(1979년, 34세)까지 3년간 무속인 생활을 했다.

을사乙巳 대운 경신庚申, 신유辛酉년(1980년~1981년, 35세~36세)에 사유축巳酉丑 금국金局이 이루어지고 연운에서도 금운이 오자 정신이 들어 무속인 노릇을 그만두고 부동산과 사채업을 시작했다. 하지만 자기 돈이 없어서 다른 사람 돈을 끌어다 써야만 했다. 그래도 을사 대운 을축乙丑년(1985년, 40세)까지 금수金水운이 지속되는 6년 동안은 어느 정도 돈을 벌었다. 그러나 을사 대운 병인丙寅년(1986년, 41세)부터 병오丙午 대운 신미辛未년(1991년, 46세)까지 6년간 기신인 목화木火운이 오니 다세대 주택 분양이 잘 안 돼 손해를 많이 보았다. 병오丙午 대운 임신壬申, 계유癸酉년(1992년~1993년, 47세~48세)에도 잠시 연운에서 수금운이 와서 부동산 중개로 돈을 벌었다.

다음 해인 갑술甲戌년(1994년, 49세)에 요행히 여의도 땅 수천 평을 잡아 이 땅에 건물을 올려서 큰돈을 벌겠다는 꿈을 꾸게 되었다. 그러나 병오 대운 갑술년은 인오술寅午戌 화국火局이 거듭 이루어져 화기가 막강하다. 이 화기가 용신 신금을 극하는 해이니 좋은 일일 수 없었다. 나쁜 운에는 외견상 좋아 보이는 일이 생기더라도 결국 이 일은 후일의 화근이 될 가능성이 높다. 갑술년에 여의도 땅을 잡은 것이 큰 행운인 것처럼 보였으나, 시행을 준비하는 과정에서 K씨가 동업자이자 물주인 회장 몰래 인테리어 업자로부터 뒷돈을 10억이나 챙긴 사실이 드러나 그때부터 회장과의 다툼이 시작되었다. 상호 고소, 고발, 민사소송 등으로 몇 년을 허비하고 결국 그 땅도 다른 사람 손에 넘어가게 되었다.

병오 대운 무인戊寅년(1998년, 53세)에 다시 인오술 화국이 거듭 이루어지니 K씨는 뇌졸중으로 쓰러져 수족을 못 쓰고 말도 할 수 없는 상태가 되었다. 실질적으로는 이때 생명이 끝난 것이나 다름없었고, 살아도 산 것이 아닌 상태에서 간신히 연명하는 것에 불과했다.

그 후 정미丁未 대운 계미癸未년(2003년, 58세)은 천극지충이 일어났다. 천간에서는 대운의 정화가 용신인 월간 신금을 극하고 지지에서는 축미충丑未冲이 겹쳐 용신 신금의 뿌리인 축토가 거의 깨지게 된다. 여기에 미토가 겹쳐 관살인 토의 세력까지 득세하니 사망했다.

계수 기본

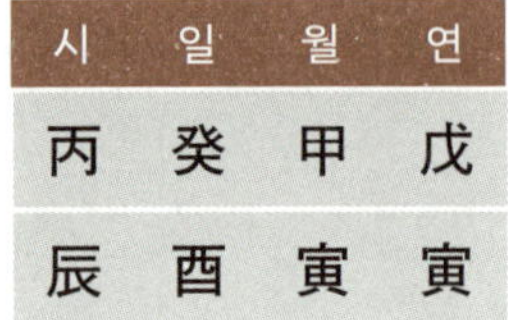 불법으로 번 60만 불은 그림의 떡이었다

명조

시	일	월	연
丙	癸	甲	戊
辰	酉	寅	寅

격국용신

신약/살중용인격/용신은 금/입춘 6일째라 월지를 축토로 보아야 하는 사례

대운

68	58	48	38	28	18	8	運程
辛	庚	己	戊	丁	丙	乙	
酉	申	未	午	巳	辰	卯	

격국용신을 어떻게 판단할 것인가

계유癸酉 일주가 갑인甲寅월에 태어났다. 인월이니 입춘으로부터 며칠 지났는지를 먼저 살핀다. 이 명조의 계유일은 입춘 후 6일째이므로, 월지를 전월의 한습한 축토로 보아야 한다(용신 잡는 법 7번). 월지를 축토로 보면, 월지를 토가 차지하고 시지 진토와 연간 무토도 있으니 관살의 세력이 강하다. 일간 계수의 뿌리는 유금뿐이며, 천간에도 계수를 돕는 세력이 없다. 신약한데 관살이 강한 경우 인성이 용신이므로, 용신은 인성 유금이다

 우당의 실전 사주명리학

(용신 잡는 법 14번, 살중용인).

지지에 축토와 진토, 천간에 무토 등 관살의 세력이 강한데, 지지의 인목과 천간의 갑목 등 식상의 세력도 상당하므로 극설교가이다. 앞서 언급했듯이 극설교가 사주는 머리가 매우 비상하고 행동이 빠른 장점은 있으나 사기꾼 기질이 농후하여 내가 사기를 치거나 사기를 당하는 경우가 많다.

어떤 인생을 살았는가

외항 선원이었던 L씨의 명조이다. 초년의 병진丙辰 대운은 진유합辰酉合으로 용신 유금을 강하게 하니 좋고, 정사丁巳 대운은 사화가 용신 유금과 합을 이루어 좋을 것 같았으나, 이 시기는 천간 지지가 같은 강한 화기로 용신 유금을 오히려 화극금火剋金하므로 나쁜 운이다. 병진 대운 신축辛丑년(1961년, 24세)에 해양대를 졸업한 후 항해사로 취업해 외항 선원이 되었는데, 영어를 잘해서 돈을 많이 벌었다.

정사 대운 첫해인 병오丙午년(1966년, 29세)에 베트남에 가서 하역 작업을 하다가 미군 군수품을 빼돌려서 파는 불법 거래에 얽히게 된다. L씨의 말에 의하면 하역 작업을 하는데 미군 장교가 와서 무기 판매 사업을 같이 하자고 권했다고 한다. 무기를 빼돌려 줄 테니 팔아 달라는 의미였다.

L씨는 일확천금의 기회라 여겨 외항 선원을 그만두고 무기 판매 사업을 시작했다. 극설교가 사주의 소유자답게 돈을 번다

면 불법도 마다하지 않았던 것이다. L씨는 병오년부터 경술庚戌
년(1970년, 33세)까지 5년간 60만 불을 미국 은행에 예치했다고
했다. 1960년대의 60만 불은 엄청난 거액으로 현재의 천만 불
이상의 가치가 있는 금액이다.

문제는 임자壬子년(1972년, 35세)에 불거졌다. 그해 미국의
정보기관이 불법 무기 거래를 알아채고 수사를 시작하여 L씨는
FBI에 연행되었다. 요행히 구속과 처벌까지 가지는 않았으나,
을묘乙卯년(1975년, 38세)에 미국 은행에 예치해 두었던 60만
불이 압류되고 말았다. 자금 취득 경위를 소명하면 찾을 수 있었
지만, 불법 무기 거래로 취득한 자금의 경위를 제대로 설명할 수
없었던 것이다. 결국 정사 대운 5년간 벌었던 60만 불은 그림의
떡이요, 일장춘몽으로 끝나 버렸다.

다음에 오는 무오戊午, 기미己未 대운은 용신인 금을 극하는
화운이니 불리한 시기였다. 특히 무오 대운은 인오합寅午合으로
화기가 살아나 용신 유금을 극하고, 무계합戊癸合으로 일간 계
수를 무토가 합거하는 사태까지 일어나니 이 시기에 결정타를
입는다. L씨는 정사 대운에 벌었던 60만 불을 찾을 수 없게 되자
무오 대운 정사丁巳년(1977년, 40세)에 다시 외항선을 타기 시작
하여 그런대로 평온을 찾는 듯했다. 그러나 임술壬戌년(1982년,
45세)에 처가 돈을 가지고 가출하는 사건이 발생했다. 무오 대운
임술년은 연운에서 인오술寅午戌 화국火局이 한 번 더 이루어지
니 화기가 용신 유금을 맹렬하게 공격하는 최악의 해였다. 이 사

건으로 L씨는 결국 무일푼으로 전락했다.

기미 대운 첫해인 병인丙寅년(1986년, 49세)에 그간의 실패를 만회하겠다는 생각으로 사업을 시작했으나 모조리 실패하고 말았다. 기미 대운은 강한 관살이 신약한 일간을 극하니 사업 성공은 불가능했다. 기미 대운 중인 무진戊辰년(1988년, 51세)에 L씨가 필자에게 매일 회한 속에서 지낸다, 죽고 싶은 생각뿐이라고 심경을 토로한 적이 있다. L씨는 거듭되는 불운과 회한이 길어지니 몸이 버틸 수 없었다. 기미 대운 갑술甲戌년(1994년, 57세)에 폐암 진단을 받고 다음 해인 을해乙亥년(1995년, 58세)에 요양원에 들어갔다. L씨의 생명은 사실상 이때 다한 것이나 다름없었다.

그 후 만나지 못해 말년에 오는 용신운인 경신庚申, 신유辛酉 대운을 어떻게 지냈는지 듣지 못했다. 다만 불운한 기간이 길어지면 벼락 맞은 나무처럼 되어 좋은 운이 와도 살아나기 어렵다는 것이 필자의 경험이다. 이 명조에서는 20년간 화운이 왔으니 신약한 계수는 말라 버려 용신운이 와도 누릴 수 없었을 것으로 추측한다.

명조

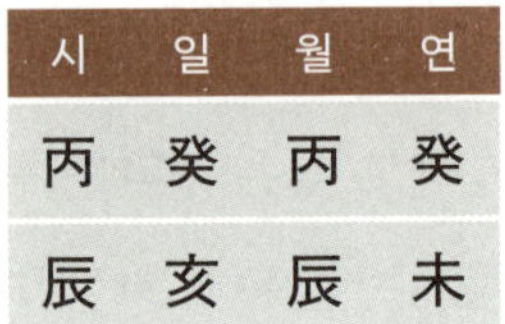

시	일	월	연
丙	癸	丙	癸
辰	亥	辰	未

대운

60	50	40	30	20	10	0	運程
癸	壬	辛	庚	己	戊	丁	
亥	戌	酉	申	未	午	巳	

격국용신

극신약/살중용인격/용신은 금/극신약과 종격의 구별

격국용신을 어떻게 판단할 것인가

계해癸亥 일주가 병진丙辰월에 태어났다. 여명이다. 월지, 시지의 두 진토와 연지의 미토까지 토가 지지를 거의 차지해서 관살이 매우 강하다. 게다가 일간 계수의 양옆에는 병화가 일간 계수를 마르게 하고 있으니 재성의 세력도 상당하다. 계수가 십간 중 가장 약한 일간인 데다 관살과 재성이 강하니 이 정도면 종격 여부를 검토해야 한다. 연간 계수가 월지 진토의 지장간 중 계수와 일지 해수에 뿌리내리니 연간 계수의 힘이 어느 정도는 있어 월간 병화의 화기를 약간 눌러 준다.

이 명조에서 연간 계수의 도움은 상당히 중요한 의미가 있다. 연간 계수의 도움으로 일간 계수는 조금 숨통이 트이니 종하지는 않고 극신약으로 판단한다. 신약한데 관살이 강한 경우는 인성이 용신인데(용신 잡는 법 14번), 사주 원국에는 금이 없지만 대운 중에 금운이 오니 금을 용신으로 잡는다(살중용인).

어떤 인생을 살았는가

부동산 투자자였던 B씨의 명조이다. 초기의 정사丁巳, 무오戊午, 기미己未 대운은 화기가 극신약 일간의 수기를 마르게 하고 용신 금을 극하니 매우 어렵게 지냈다.

경신庚申, 신유辛酉 대운 20년간은 용신운으로 전성기이다. 경신 대운 경신庚申년(1980년, 38세)에 B씨는 대운과 연운에서 금운이 겹치자 부동산 투자를 시작했다. 이때부터 임술壬戌 대운 첫해인 계유癸酉년(1993년, 51세)까지 장장 14년 동안 매수한 부동산이 모두 올라서 큰돈을 벌었다. B씨에 의하면 명리가 P선생도 "당신 운이 좋으니 좋은 물건이 있으면 소개하라"라고 했을 정도이다.

그러나 행운은 계유년까지였다. 임술 대운은 술토가 극신약인 일간 계수를 극하는 동시에, 용신인 연간 계수가 뿌리내리고 있는 월지 진토를 충하게 된다. 극신약인 B씨는 결정적인 타격을 입을 수밖에 없다. 임술 대운 갑술甲戌년(1994년, 52세)에 부동산 시행 사업을 시작했는데 사업 첫해부터 고전을 면치 못했다. 임술 대운 갑술년은 연운에서도 술토가 겹쳐 연간 계수의 뿌리인 월지 진토를 쌍충하고, 강한 토기가 극신약 일간을 극하니 아주 불리한 해였다. 결국 정축丁丑년(1997년, 55세)에 시행을 포기하고 부동산을 팔았는데, 공교롭게도 1997년은 IMF 금융 위기가 시작된 해이니 손해가 막심했다. 그 후 술戌 대운 말인 임오壬午년(2002년, 60세)까지 내리 5년간 손실을 입었다. 결국 용신운에 얻은 재산을 기신운 8년간 모두 날리고 말았다. 재산은 운이 가져다주고 가져간다는 사실을 일깨우는 명조이다.

③ 수백억 기부 후 고독사한 한의사

명조

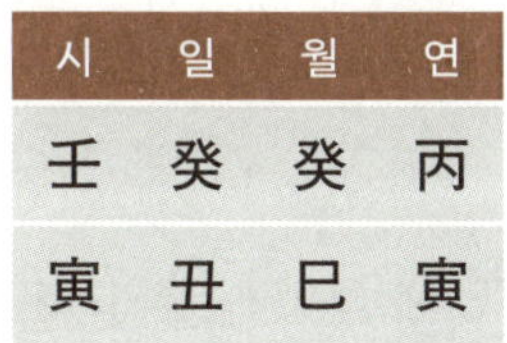

시	일	월	연
壬	癸	癸	丙
寅	丑	巳	寅

격국용신

신약/재중용겁격/용신은 수/불과
물이 대치해 소통이 안 되는 사주

대운

84	74	64	54	44	34	24	14	運程
壬	辛	庚	己	戊	丁	丙	乙	
寅	丑	子	亥	戌	酉	申	未	

격국용신을 어떻게 판단할 것인가

계축癸丑 일주가 계사癸巳월에 태어났다. 월지를 사화가 점령하고, 연주 병인과 월지 사화 세 글자가 한 덩어리로 뭉쳐 있으니 재성 화의 세력이 가장 강하다. 일간 계수는 양옆의 계수, 임수의 도움을 받으나 뿌리가 일지 축토의 지장간 중 계수밖에 없어 신약하다. 신약한데 재성이 강한 경우 비겁이 용신이므로 (용신 잡는 법 14번) 수를 용신으로 잡는다(재중용겁).

이 명조는 명조의 오른쪽은 불의 세력이 차지하고 왼쪽은

물의 세력이 차지하여 대치하고 있는데, 양자를 소통시켜 주는 요소가 없다. 화기를 설하는 동시에 수기를 생해 주는 금이 있었더라면 훨씬 나았을 것이나, 금이 없으므로 답답한 사주가 되었다.

어떤 인생을 살았는가

K대학에 거액을 기부한 한의사 A씨의 명조이다. 을미乙未 대운에는 너무 가난해서 밥도 제대로 못 먹고 초등학교를 겨우 졸업할 정도였다. 일본으로 건너가 제철 회사에 근무하면서 중고교 과정을 독학으로 마치는 등 고군분투하며 뒤늦게 한의대에 입학하고 병신丙申 대운 을미년(1955년, 30세)에 한의대를 간신히 졸업했다. 그 후 무술戊戌 대운까지 K대 한방의료원에서 근무하면서 차근차근 승진했다. 무술 대운 정사丁巳, 무오戊午, 기미己未년(1977년~1979년, 52세~54세)은 대운의 토가 일간과 용신을 극하고, 연운의 화기가 수기를 마르게 하니 투자 실패로 재산 손실을 보고 이혼까지 해서 매우 힘들었다.

기해己亥, 경자庚子 대운은 용신운으로 전성기이다. 기해 대운 첫해인 경신庚申년(1980년, 55세)에 A씨는 한의원을 개원했다. 개원 직후부터 너무 잘돼 기해 대운 을축乙丑년(1985년, 60세)까지 큰돈을 벌었다고 한다. 번 돈을 다른 사람들에게 빌려 주면서 땅을 담보로 잡았는데, 이 땅값이 올라 엄청난 재산이 되었다. 그 뒤 경자 대운까지 한의원이 잘되고 순조로운 시기가 계속되었다.

　큰돈을 벌기는 했으나 가족과의 관계는 별로 좋지 못했다. 신축辛丑 대운 무자戊子년(2008년, 83세)에 A씨가 전 재산(수백억대 부동산과 보유하고 있는 골동품)을 K대학에 기부한 것도 가족에게 느낀 실망감과 관련 있을 것이다. 이 기부가 큰 반향을 일으켰으나, 용신 수를 극하는 신축 대운에 일어난 일이므로 A씨 자신에게는 올바른 결정이 아니었다. 말 그대로 전 재산을 기부하여 살 집과 노후 자금조차 남지 않았던 것이다.

　결국 80대 노인이 K대학의 8평짜리 기숙사에서 거처하는 처지가 되었다. 재산이 없어지니 A씨를 돌봐주던 여자도 떠나버리고 가족과는 완전히 등져 외로운 신세가 되었다. 3년 후인 임인壬寅 대운 신묘辛卯년(2011년, 86세)에 노환으로 사망했는데 고독사에 가까웠다고 한다.

명조

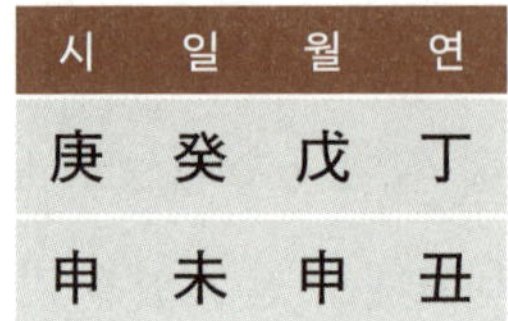

시	일	월	연
庚	癸	戊	丁
申	未	申	丑

대운

61	51	41	31	21	11	1	運程
辛	壬	癸	甲	乙	丙	丁	
丑	寅	卯	辰	巳	午	未	

격국용신

극신약/살중용인격/용신은 금/입추 2일째로 월지를 미토로 보는 사례, 극신약 최약체 명조

격국용신을 어떻게 판단할 것인가

계미癸未 일주가 무신戊申월에 태어났다. 신월이니 입추로부터 얼마나 지났는지 살펴야 한다. 이 명조의 계미일은 입추 2일째이니 전월의 조열한 미토로 보아야 한다(용신 잡는 법 7번). 그렇게 보면 지지에 두 미토와 축토, 천간에 무토와 정화가 있어 관살이 극히 강한데, 무계합戊癸合까지 있으니 계수는 극히 약하다. 종격인지를 검토해야 하는데, 계수가 약하기는 하나 시주 경신이 바로 옆에서 일간 계수를 생해 주니 종하지는 않고 극신약

으로 판단한다. 신약한데 관살이 강한 경우 인성을 용신으로 하므로(용신 잡는 법 14번) 시간 경금이 용신이다(살중용인). 계수는 십간 중 가장 약한 일간인 데다 관살이 극히 강하고 무계합까지 있으니 극신약 중에서도 최약체의 명조이다.

어떤 인생을 살았는가

유아기부터 계속 병마에 시달렸던 소년 K의 명조이다. 정미丁未 대운 첫해인 무인戊寅년(1998년, 2세)이 시작되자마자 계속 토하기 시작했다. 정미 대운 무인년은 대운의 화기가 일간 계수와 용신 경금을 극하고 연운의 무토로 인하여 무계합戊癸合이 거듭 일어난다. 여기에 더해 연운의 인목이 인신충寅申冲으로 용신 경금의 뿌리인 시지 신금을 충하는 등 사면초가의 상황이니 도저히 무사할 수 없었다. 위 유문에 문제가 있다고 하여 수술을 했으나 문제가 해결되지 않았고 계속 갖가지 병에 시달리며 힘들게 성장했다.

정미 대운 마지막 해인 정해丁亥년(2007년, 11세)부터 병오丙午 대운 무자戊子, 기축己丑년(2008년~2009년, 12세~13세)까지 3년간 수운이 오니 약간 나아졌다. 그러나 병오 대운 중 연운이 화인 계사癸巳, 갑오甲午, 을미乙未 3년은 대운과 연운에서 모두 화기가 오므로 극히 강한 화기가 용신 경금을 극하고 일간 계수를 마르게 한다. 아마 이 시기를 넘기지 못하고 사망했을 것으로 짐작한다.

만약 이 명조의 월지를 미토로 바꿔 보지 않고 글자 그대로 신월로 본다면 계수가 월지와 시지의 인성 신금에 뿌리내리고 있는 것이니 신약이 아니고 신강으로 봐야 한다. 그렇게 보면 K소년이 유아기 때부터 줄곧 허약했던 이유를 설명하기 어렵다. 월지를 미토로 보아야만 K소년의 명조를 정확히 감정할 수 있다. 입절로부터의 일자를 따지는 것이 얼마나 중요한지를 보여주는 대표적 사례이다.

⑤ 재성이 기신이니 돈과 여자는 고통만 준다

명조

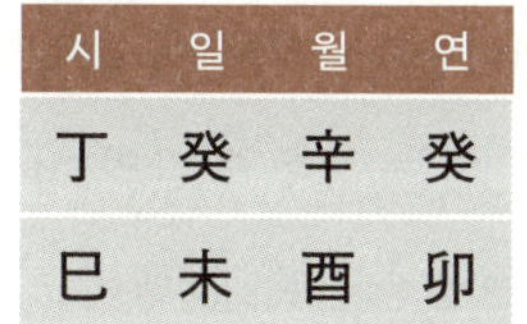

격국용신

신약/용인격/용신은 금/신약한데
용신까지 깨져 불안정한 명조

대운

70	60	50	40	30	20	10	運程
甲	乙	丙	丁	戊	己	庚	
寅	卯	辰	巳	午	未	申	

격국용신을 어떻게 판단할 것인가

계미癸未 일주가 신유辛酉월에 태어났다. 칠살인 일지 미토
가 일간 계수를 극하고, 시주 정사丁巳가 바로 옆에서 일간 계수
를 마르게 하니 계수가 의지할 곳은 월주 신유금뿐이다. 그러나
월지 유금은 묘유충卯酉沖으로 타격을 받아 50퍼센트만 남은 상
태인 데다 일지 미토와 시지 사화의 화기로 극을 받고, 월간 신
금은 시간 정화의 극을 받고 있다. 신약하니 인성인 월간 신금을
용신으로 잡을 수밖에 없는데, 그 뿌리가 되는 월지 유금이 묘유

충으로 깨져 있으니 파격이다.

　　매우 신약한데 용신까지 깨져 있으니 사람 자체가 불안정하고 초조하여 늘 흔들리며 살게 된다. 필자가 만나 보니 그는 눈에 초점이 없고 정신과 몸이 붕 떠 있는 상태였다. 재성인 시주 정사의 화기가 신약한 일간 계수를 마르게 하니 재성이 기신이다. 이 명조처럼 재성이 일간 바로 옆에 있는 경우 일간의 마음은 바로 옆의 재성에 쏠려 평생 여자와 돈을 좇는다. 불행히도 재성이 기신이라 실제로 얻지는 못하면서 욕망 때문에 계속 흔들리는 삶을 살게 된다.

어떤 인생을 살았는가

　　주인공 S씨는 회사원이었다. 20대부터 30년간 기미己未, 무오戊午, 정사丁巳로 화운이 계속되며 용신 유금을 극하니 되는 일이 없었다. 기미 대운 끝 무렵인 임신壬申, 계유癸酉년(1992년~1993년, 30세~31세)에 잠시 금운이 오자 중소기업에 입사하고 결혼도 했지만 좋은 시기는 짧았다.

　　무오 대운 정축丁丑년(1997년, 35세)에 지인 권유로 사업을 시작했으나, 빚만 잔뜩 지고 2년 만인 기묘己卯년(1999년, 37세)에 정리했다. 무오 대운 신사辛巳년(2001년, 39세)에 다른 사업을 시작했지만 역시 실패했다. 신사년은 연운에 재성이 오니 첫사랑과 재회하며 외도를 했다. 신약하고 용신마저 깨진 명조라 자기관리가 철저할 수 없는 성격이라 외도 사실이 금방 들통났

　　　　　　　　　우당의 실전 사주명리학

다. 결국 임오壬午년(2002년, 40세)에 이혼했다.

정사 대운 갑신甲申년(2004년, 42세)에 금운이 오니 다행히 취직하여 갑신, 을유乙酉, 병술丙戌(2004년~2006년, 42년~44세) 3년간 직장 생활을 하면서 조용하게 보냈다. 다음 해인 정해丁亥년(2007년, 45세) 연운에서 재성인 화기가 오니 새로운 여자를 만났는데 사업을 하는 사람이라 그 여자의 돈으로 같이 사업을 시작했다. 이처럼 무오, 정사 대운 20년간 수시로 여자를 바꾸면서 사업으로 돈을 벌어 보려 했으나, 재성이 기신이니 돈과 여자로 인한 고통만 받았을 뿐이다.

정사 대운 경인庚寅년(2010년, 48세)부터는 만나지 못해 그 후의 일은 알지 못하나, 병진丙辰 대운 초입이 계사癸巳, 갑오甲午, 을미乙未년(2013년~2015년, 51세~53세)으로 화운이 3년간 오니 이때 완전히 망했을 것으로 추정된다.

명조

시	일	월	연
壬	癸	丙	乙
戌	酉	戌	丑

격국용신

신약/관중용인격/용신은 금/천극
지충이면 모든 것이 끝난다

대운

63	53	43	33	23	13	3	
己	庚	辛	壬	癸	甲	乙	運
卯	辰	巳	午	未	申	酉	程

격국용신을 어떻게 판단할 것인가

계유癸酉 일주가 병술丙戌월에 태어났다. 지지에 두 술토와
축토 등 관살이 가득하고, 월간 병화가 일간 바로 옆에서 일간
계수를 마르게 하니 신약하다. 신약한데 관살이 강한 경우 인성
이 용신이므로(용신 잡는 법 14번), 인성인 일지 유금이 용신이다
(관중용인). 관성 술토가 인성 유금을 생하니 살인상생이 성립되
기는 한다. 그러나 병술월이라 화기가 유력하여 술토가 생금 기
능이 약하기 때문에 제대로 된 살인상생은 아니다. 배우자 궁에

용신이 자리 잡았으니 배우자 덕을 보게 된다.

어떤 인생을 살았는가

철도 공무원이었던 M씨의 명조이다. 살인상생 명조답게 인품이 좋고 올곧아 공무원에 잘 어울리는 성품의 소유자였다. 청년기의 계미癸未, 임오壬午 대운은 용신 유금을 극하니 힘든 시간이다. M씨는 계미, 임오 대운에 타지로 발령이 나서 고생했다고 했다.

신사辛巳 대운에는 사유축巳酉丑 금국金局이 이루어지고, 경진庚辰 대운은 진토가 용신 유금을 생하니 20년 정도 평온한 시기가 온다. 신사 대운 무신戊申년(1968년, 44세)에 신유술申酉戌 금방국金方局이 이루어지니 고향인 부산으로 복귀했고 능력을 발휘하여 진급했다. 경진 대운 경신庚申, 신유辛酉년(1980년~1981년, 56세~57세)은 대운과 연운에 용신인 금기가 가득하니 과장으로 진급하고 공작창의 창장廠長이 되었다. 이후 정묘丁卯년(1987년, 63세) 정년퇴직까지 순탄하게 지냈다.

그러나 기묘己卯 대운은 대운의 기토가 일간 계수를 극하고, 대운의 묘목이 용신 유금을 충하여 천극지충이 발생하니 무사할 수 없다. 기묘 대운에 들어서자 바로 문제가 발생했다. 기묘 대운 첫해인 무진戊辰년(1988년, 64세)에 M씨는 심각하게 기침을 하기 시작했고 건강이 악화되었다. M씨는 담배를 많이 피웠는데 기묘 대운이 시작하자마자 호흡기에서 문제가 발생한 것이다. 2년 뒤인 경오庚午년(1990년, 66세)에 건강이 급속히 악화되어 신미辛未년(1991년, 67세)에 폐암 판정을 받았고, 임신壬申년(1992년, 68세)에 폐암 진단을 받은 지 6개월 만에 사망했다. 기묘 대운 신미년은 기토가 일간 계수를 극하고, 묘유충卯酉冲과 축미충丑未冲이 겹치므로 최악의 해였던 것이다. 사실상 M씨의 생명은 신미년에 끝난 것이나 다름없었다.

필자가 M씨를 처음 만난 을축乙丑년(1985년)에 그의 나이는 61세, 기묘 대운 3년 전이었다. 필자는 처음부터 M씨에게 담배를 끊지 않으면 앞으로 치명적인 병이 올 것이라고 경고했다. 머지않아 닥칠 기묘 대운은 천극지충이 일어나는 최악의 운세였기 때문이다. 그러나 M씨는 듣지 않았고, 폐암으로 입원했을 때 병원에서도 담배를 피웠을 정도로 골초였다.

공무원이었으니 본인의 수입은 많지 않았으나 M씨의 처가 재산을 불리는 능력이 있어 경제적으로 넉넉했다. 배우자 궁에 용신이 있는 덕을 본 것이다.

명조

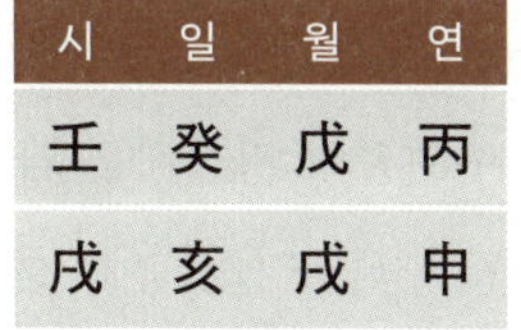

시	일	월	연
壬	癸	戊	丙
戌	亥	戌	申

격국용신

극신약/관중용인격/용신은 금/관성이 기신인 여명 사례

대운

65	55	45	35	25	15	5	運程
辛	壬	癸	甲	乙	丙	丁	
卯	辰	巳	午	未	申	酉	

격국용신을 어떻게 판단할 것인가

계해癸亥 일주가 무술戊戌월에 태어났다. 여명이다. 월지를 관성 술토가 차지하고 시지 술토, 월간 무토가 있어 관살의 세력이 막강하다. 일간 계수는 일지 해수와 시간 임수의 도움을 받기는 하지만 이들의 상태가 좋지 않다. 해수는 두 술토에 눌려 질식할 지경이며, 임수 역시 술토의 극을 받고 있다. 이런 형국에 무계합戊癸合까지 있어 계수가 더욱 약해지니 계수는 극히 신약하다. 신약한데 관성이 강하면 인성이 용신이므로(용신 잡는 법

14번), 인성인 연지 신금을 용신으로 잡는다(관중용인). 일지 해수가 희신이다.

연지 신금을 용신으로 잡기는 하나, 신금은 바로 위에 있는 병화로부터 거센 공격을 받고 있는 데다 일간과 멀리 떨어져 있다. 용신은 일간과 가까울수록 좋은데, 용신 신금이 멀리 연지에 있어 용신의 힘이 부족하다. 용신은 명조 주인공의 정신력을 의미하는 것으로 볼 수 있다. 용신이 약하면 마음이 굳세지 못하고 정신력이 약하여 불리한 시기를 헤쳐 나가기 어렵다.

일간이 극신약에 용신까지 약한데, 관성이 너무 강하므로 관성이 기신이다. 여성의 명조에서 관성이 기신이면 남편한테 핍박을 받고 배신당한다. 남편을 피해 다른 남자를 만나도 상황은 마찬가지이다. 남자가 끊이지 않으나 어느 남자를 만나도 고통을 받을 뿐이다. 이 명조의 경우에는 관살인 월주 무술과 시지 술토가 일간 계수를 빙 둘러싸고 치고 들어오는 듯한 형국이라 남자로 인한 고통이 특히 심하다. 배우자 궁에 희신 해수가 있더라도 관살이 너무 강해 별 도움이 안 된다.

어떤 인생을 살았는가

주인공 J씨는 미용사였다. 실력이 좋아 서울에서 미용실을 차려 돈을 잘 벌었는데 남편이 무능했다. 25세부터 을미乙未, 갑오甲午, 계사癸巳로 화운이 30년간 오는데, 화기가 용신 신금을 극하고 일간 계수를 마르게 하니 매우 힘들다. 역시 갑오甲午 대운에 남편이 무리한 사업 자금을 요구하여 갑술甲戌년(1994년, 39세)에 이혼했다. 그 후 정축丁丑년(1997년, 42세)에 다른 남자를 만났으나 곧 헤어지고, 다음 해인 무인戊寅년(1998년, 43세)에 다시 남자를 만났으나 나쁜 남자였다. 그 남자의 투자 제안에 넘어가 손해를 엄청나게 보았다.

계사癸巳 대운 신사辛巳년(2001년, 46세)은 대운과 연운의 사화가 일지의 희신 해수를 사해충巳亥冲으로 쌍충하니 건강까지 악화되었다. 이때부터 심한 관절염으로 고생하다가 계미癸未년(2003년, 48세)에는 다리가 붓고 소변이 안 나오는 증세로 1년간 투병 생활을 했다. 온갖 치료를 받아도 낫지 않다가 갑신甲申년(2004년, 49세)부터 증세가 호전되었다. 이때 남한산성 밑의 노인을 찾아가 사혈 치료를 받았는데, 붓기가 빠지고 소변이 해결되어 을유乙酉년(2005년, 50세)에는 등산을 다닐 수 있을 정도로 회복되었다. 용신인 금운 덕이다. 건강도 운에 달려 있다는 것을 알려 주는 명조이다.

그러나 용신운이 와도 남자로 인한 고통을 피할 수 없었다. 건강이 좋아지자 또 다른 남자를 만나 그 남자 때문에 고통을 받았다.

갑목 심화

명조

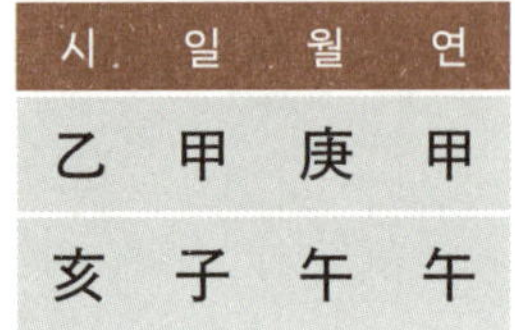

시	일	월	연
乙	甲	庚	甲
亥	子	午	午

격국용신

신약/상관용인격傷官用印格/수가 용신/상관이 강하고 파격이라 매우 불안정한 명조

대운

60	50	40	30	20	10	0	運程
丁	丙	乙	甲	癸	壬	辛	
丑	子	亥	戌	酉	申	未	

격국용신을 어떻게 판단할 것인가

갑자甲子 일주가 경오庚午월에 태어났다. 월지가 오화인데 연지 오화와 유합類合까지 이루고 있다. 같은 글자가 유합을 이루면 힘이 단순히 두 배가 아니라 제곱으로 강해지니, 화기가 치열한 명조이다. 힘이 제곱으로 강한 오화가 일지 자수를 충하니 보통의 자오충子午冲보다 파괴력이 훨씬 더 강하다. 이렇게 되면 자수는 완전히 날아간다. 단, 이 명조에서는 시지 해수가 자수 바로 곁에서 수기를 보충해 주니 일지 자수가 초강력 오화의

충을 받아도 20퍼센트 정도는 남아 갑목의 뿌리가 되어 준다.

일간 갑목은 일지 자수, 시지 해수에 뿌리를 내리지만 식상인 화기가 막강해 신약하다. 신약한데 식상이 많은 경우에는 인성이 용신이므로(용신 잡는 법 14번), 인성인 일지 자수가 용신이다(상관용인傷官用印). 목이 희신이다.

이 명조처럼 상관이 강하면 수기秀氣를 발해 머리가 좋고 순발력도 뛰어나며 외모도 준수하다. 여기에 자오충까지 더해지니 이 명조의 주인공은 머리가 비상하고 임기응변에 능하다. 하지만 용신인 일지 자수가 초강력 오화의 충을 받고 있으므로 파격이다. 파격이니 인격적으로 문제가 많고 매우 불안정한 명조이므로 삶의 기복이 심하다. 두뇌와 언변은 좋으나 안정감이 없으니 허풍쟁이가 된다. 이런 경우 좋은 운에 성과가 있어도 그 운이 지나가면 지키기 어렵다. 모든 것이 일장춘몽, 꿈처럼 왔다가 꿈처럼 사라진다.

어떤 인생을 살았는가

주인공 L씨는 갑술甲戌 대운까지는 고전했다. 갑술 대운은 대운의 술토와 원국의 두 오화가 오술午戌 화국火局을 이루어 막강한 화기가 용신 자수를 마르게 한다. 용신이 마르는 시기이니 되는 일이 없어 L씨는 조폭 노릇을 했다. 갑술 대운 병인丙寅년(1986년, 33세)에는 인오술 화국이 성립하니 이혼하고 되는 일이 없었다. 기사己巳, 경오庚午, 신미辛未년(1989년~1991년, 36세~

38세) 연운에서도 화운이 겹치니 폭력 사건에 연루되어 도피 생활을 했고, 갑술甲戌년(1994년, 41세) 오술 화국이 오자 구속되기까지 했다.

을해乙亥 대운에 용신 자수가 힘을 얻자 사정이 달라졌다. 갑술년에 구속되었으나 다음 해인 을해乙亥년(1995년, 42세)에 석방되었다. 이해에 L씨가 필자를 찾아왔다. 차에 기름 넣을 돈이 없는 신세라며 언제 돈을 벌 수 있느냐고 물어 필자는 곧 큰돈을 벌 것이라고 말해 주었다. 용신운이 왔으니 원하는 것이 이루어질 것이라고 본 까닭이다.

을해 대운 무인戊寅년(1998년, 45세)에 인해寅亥 합목습木이 이루어져 희신 목이 살아나자 변화가 왔다. 그즈음부터 벤처 바람이 거세게 불었는데 L씨는 이 흐름에 올라탔다. 무인년에 비디오 광고 회사를 차리고 다음 해인 기묘己卯년(1999년, 46세)에 벤처 회사를 설립한 후 500원짜리 주식을 1만 원에 팔아서 300억 원을 벌었다. 그 중 80억 원으로 사옥까지 장만했다. 대운이 용신 수, 연운이 희신 목으로 오니 꿈같은 일이 현실이 된 것이다.

벼락부자가 된 L씨는 경진庚辰년(2000년, 47세)에 새로운 일을 벌였다. 새 사업으로 대만에 100억 원을 투자했는데 알고 보니 사기였다. 다음 해인 신사辛巳년(2001년, 48세)에는 사해충巳亥冲으로 용신 자수를 돕는 해수가 깨지자 주가가 폭락하고, 배임 횡령으로 다시 구속되고 말았다.

 우당의 실전 사주명리학

병자丙子 대운 중인 정해丁亥, 무자戊子, 기축己丑년(2007년~
2009년, 54세~56세)에는 연운에서도 수가 오자 이번에는 망한
기업을 인수한 후 주가 조작을 해서 일확천금을 노렸다. 이 일로
경인庚寅년(2010년, 57세)에 다시 구속되었지만 용신 대운에 희
신 연운이라 3개월 만에 석방되었다.

이처럼 L씨는 용신인 수운 중에서도 연운에 따라 부침이 아
주 심했고, 운이 좋은 시기에 일확천금하고 바로 실패하는 삶을
되풀이했다.

명조

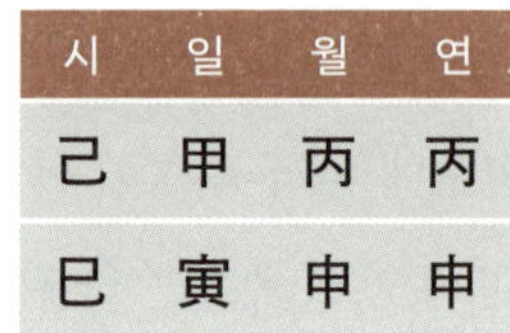

시	일	월	연
己	甲	丙	丙
巳	寅	申	申

격국용신

신약/식중용인격/수가 용신/입추
8일째 명조 사례

대운

63	53	43	33	23	13	3	
己	庚	辛	壬	癸	甲	乙	運程
丑	寅	卯	辰	巳	午	未	

격국용신을 어떻게 판단할 것인가

갑인甲寅 일주가 병신丙申 월에 출생했다. 여명이다. 이 명조의 갑인일은 입추 8일째다. 신월의 경우 입추 7일 이내라면 전월인 미토로 보아야 하는데(용신 잡는 법 7번), 입추 8일째는 어떻게 봐야 할까? 입추 7일을 넘기기는 했지만 입추 8일째라고 해도 여전히 조열한 기운이 강하므로, 월지 신금을 미토로 보고 간명하는 것이 맞는다.

만약 글자 그대로 신금으로 보면 갑목의 유일한 뿌리인 일지 인목이 하나로 뭉쳐 있는 두 신금의 쌍충을 받아 완전히 날아가게 되므로 갑목은 뿌리를 내릴 곳이 없다. 그러니 종격으로 판단해야 한다. 반면에 월지를 신금이 아니라 미토로 보면, 인목은 연지 신금의 충을 받기는 하지만 월지 미토가 중간에서 완충 역할을 해주니 충격이 덜하다. 하나로 뭉친 두 신금의 충을 받으면 인목이 완전히 깨져 버리지만, 하나 걸러서 충을 받으면 인목이 어느 정도는 남는다. 이렇게 되면 갑목은 약하지만 인목에 뿌리 내릴 수 있으니, 종격이 아니라 극신약이 된다. 월지 신금을 신금으로 볼 것인지, 미토로 볼 것인지에 따라서 간명 결과가 완전히 달라지는 것이다. 인월과 신월은 입절로부터의 날짜를 반드시 염두에 두고 면밀히 살펴야 하는 이유가 여기에 있다.

이 명조는 일간 갑목의 뿌리가 인신충寅申冲으로 절반은 깨진 인목뿐이고, 천간의 두 병화와 지지의 사화 등 식상이 왕하니 신약하다. 신약한데 식상이 강하므로 인성이 용신이다(용신 잡는 법 14번). 사주 원국에는 수가 없는데 대운에서 수가 오니 수를 가假용신으로 삼는다.

어떤 인생을 살았는가

주인공 J씨는 전업주부였다. 사업가 남편을 만나 용신운인 임진壬辰 대운까지는 무난했으나, 임진 대운 마지막 해인 무인戊寅년(1998년, 43세)에 남편이 사업에 실패했다. 남편인 관성 신申금이 인신충으로 깨진 탓이다. 결국 다음 해인 기묘己卯년

(1999년, 44세)에 이혼했다.

그 후 신묘辛卯 대운 중인 갑신甲申년(2004년, 49세)에 연운에서 관살운이 오자 다른 남자를 만났다. 개척교회 목사를 만나게 된 J씨는 을유乙酉년(2005년, 50세)에 재혼했다. 극신약 사주에게 치명적인 관살운에 결혼한 것이니 남편은 J씨에게 도움이 되기는커녕 고통만 안겨 주었다. 재혼 후 J씨가 자기 집을 담보로 대출받아 남편의 개척교회 운영 자금을 대줬는데 그 개척교회가 실패하고 말았던 것이다. 결국 대출을 갚지 못해 J씨 집이 경매당하는 지경까지 갔다. 다행히 형제들이 도와줘 간신히 집은 지켰으나 재혼 3년 만인 무자戊子년(2008년, 53세)에 다시 이혼했다.

이런 사태는 신묘 대운의 묘운 중에 일어났다. 목은 희신인데 왜 희신인 목운에서 이런 일이 일어났을까? 극신약 사주는 너무 약해 작은 불운에도 큰 타격을 받기 때문이다. 극신약 사주는 대운이 좋아도 연운이 나쁘면 연운의 영향을 강하게 받는다. J씨가 재혼 남편을 만난 갑신년과 결혼한 을유년은 모두 금운이었으니 남편이 화근이 될 수밖에 없었다. 극신약 사주는 대운이 좋다고 자만하지 말고 불리한 연운의 영향을 덜 받으려면 매우 조심해야 한다.

명조

시	일	월	연
庚	甲	庚	癸
午	申	申	丑

격국용신

종세격/월지 신금 중 미토가 용신/
병약설과 종격 구별 기준

대운

63	53	43	33	23	13	3	運程
癸	甲	乙	丙	丁	戊	己	
丑	寅	卯	辰	巳	午	未	

격국용신을 어떻게 판단할 것인가

갑신甲申 일주가 경신庚申월에 태어났다. 신월이니 입추로부터 며칠 지났는지 살펴야 한다(용신 잡는 법 7번). 이 명조의 갑신일은 입추 8일째다. 7일을 넘기기는 했지만 하루 차이이니 월지를 미토로 본다.

지지에 일간 갑목이 뿌리내릴 곳이 없고, 갑목의 양옆에서 칠살 경금이 갑목을 매섭게 내리치고 있으니 갑목은 도저히 버틸 수가 없다. 갑목은 자기를 버리고 종하게 된다. 관살, 식상, 재

성이 골고루 분포하고 있으니 종세격으로 재성인 월간 미토가
용신이다(용신 잡는 법 17번).

　　일간이 관살의 극을 심하게 받고 있다는 점만 보면 병약설
을 적용해 식상을 용신으로 잡아야 하는 것이 아닌가 하는 의문
이 든다. 하지만 병약설은 일간이 지지에 뿌리를 내리거나 천간
에라도 인성, 비겁이 있어 자기 주체성을 완전히 상실하지 않는
상황에만 적용할 수 있다. 이 명조에서 일간 갑목은 뿌리가 없고
월간 계수는 멀어서 도움이 안 되니 도저히 자기 정체성을 유지
할 수 없다. 따라서 병약설이 아니라 종격으로 판단해야 옳다.

어떤 인생을 살았는가

　　주인공 P씨는 부잣집에서 태어났다. 조상과 부모 자리인 연
월에 용신이 자리 잡고, 초년에 용신인 기미己未 대운이 오니 큰
부잣집에서 태어난 것이다. 아버지는 부산에서 유명한 기업의
사장이었다.

　　이 명조는 아주 어릴 적에 용신운인 기미 대운이 오고 그 후
무오戊午, 정사丁巳로 식상운이 20년, 병진丙辰, 을묘乙卯, 갑인甲
寅으로 목운이 30년 온다. 종세격에서는 재성운이 제일 좋고, 관
성운이 그다음, 식상운은 그저 그런 무난한 운이다(용신 잡는 법
17번). 평범한 운인 식상운이 20년, 용신을 극하는 목운이 30년
오니 평생 본인은 이룬 것이 없고 부모 덕으로 살았다.

　　정사 대운 무인戊寅년(1998년, 26세)에 여자를 만나 동거했

　　　　　　　　　　　　우당의 실전 사주명리학

는데, 용신인 미토를 극하는 목운에 만난 여자이므로 좋지 않은 상대였다. P씨는 이 여자를 만나서 미국으로 도피해 7년간 같이 살았다. 젊은 날의 귀중한 시간을 낭비한 것이다. 그 후 정사 대운 을유乙酉년(2005년, 33세)에 사유축巳酉丑 금국金局으로 관살운이 들어오자 정신이 좀 들어 그 여자와 헤어졌다.

병진 대운 병술丙戌년(2006년, 34세)은 용신운이고 배우자궁인 일지 신금과 신술합申戌合이 되어 인품이 좋은 여자를 만나 결혼했다. 이듬해 정해丁亥년(2007년, 35세)에 사업을 시작해 6년간 운영했으나 임진壬辰년(2012년, 40세)에 결국 실패하여 문을 닫았다. 병진 대운은 신진합申辰合으로 인성 수기가 강해지고, 사업을 한 기간이 해자축인묘진으로 이어지는 수목 연운이니 사업에 성공하기는 불가능했다.

그 후 을묘 대운은 강한 목기가 용신인 미토를 극하니 되는 일이 없었고 임인壬寅, 계묘癸卯년(2022년~2023년, 50세~51세) 연운에서도 목운이 오니 건강이 매우 나빠졌다.

명조

시	일	월	연
己	甲	乙	乙
巳	辰	酉	酉

격국용신

극신약/살중용인격/수가 용신/극신약 갑목이 막강한 금기가 오자 사망한 사례

대운

62	52	42	32	22	12	2	運程
壬	辛	庚	己	戊	丁	丙	
辰	卯	寅	丑	子	亥	戌	

격국용신을 어떻게 판단할 것인가

갑진甲辰 일주가 을유乙酉월에 태어났다. 여명이다. 월지와 연지에서 두 유금이 일지 진토와 진유합금辰酉合金을 거듭 이루고, 시지의 사화와도 사유합巳酉合을 거듭 이루니 지지는 온통 관살 금의 세상이다. 일간 갑목은 시퍼런 도끼날 아래 놓인 나무와 같이 위태롭다. 여기에 더해 일간 갑목이 시간 기토와 갑기합甲己合을 이루어 기토에게 기운을 뺏기니 갑목은 거의 탈진 상태이다. 무서운 관살에 치이는 데다 갑기합까지 있으니 자기를 버

리고 종하지는 않는지 살펴야 한다.

갑목의 원군은 연간과 월간의 두 을목이다. 음간이라 약한 을목이 막강한 관살 유금 위에 있으니 있으나 마나일 것 같다. 그러나 약한 것도 뭉치면 힘이 세진다. 같은 것끼리 뭉쳐 있으니(유합類合) 서로를 의지하여 약간은 힘이 있다. 을유합乙類合의 도움으로 갑목은 명맥을 유지할 수 있게 되어 종하지는 않고 극신약이다. 신약한데 관살이 많으면 인성이 용신인데(용신 잡는 법 14번, 살중용인), 인성 수가 사주 원국에는 없으나 대운에서 오니 수를 용신으로 잡는다.

어떤 인생을 살았는가

초년에 용신인 정해丁亥, 무자戊子 대운이 오니 주인공 P씨는 좋은 집안에서 태어났다. 무자 대운까지는 결혼해서 자녀 셋을 두고 경제적 안정을 누리며 그런대로 평온하게 지냈다.

기축己丑 대운에 들어서자마자 바로 건강이 나빠졌다. 기축 대운 첫해인 정사丁巳년(1977년, 33세)이 시초이다. 기축 대운은 이중 사유축巳酉丑 금국金局으로 금의 기운이 극도로 강해지는데, 정사년은 연운에서 사유축 금국이 한 번 더 이루어지니 삼중 사유축 금국이 된다. 원래도 막강한 금의 기운이 있는 데다 세제곱으로 강해지니 도저히 그냥 넘어갈 수 없다.

P씨는 정사년부터 이유 없이 아프기 시작했다. 화운인 무오戊午, 기미己未년에 약간 나아졌다가 경신庚申, 신유辛酉년

(1980년~1981년, 36세~37세) 연운에서 금운이 오자 비장에 염증이 생겨 악화된다. 결정적 타격은 기축 대운 을축乙丑년(1985년, 41세)에 왔다. 기축 대운 을축년 역시 삼중 사유축 금국이 이루어지는 해이다. 비장 수술을 했지만 거의 죽은 것이나 다름없는 상태가 되고 말았다.

이후 몇 년간 간신히 버티다가 경인庚寅 대운 경오庚午년(1990년, 46세)에 일간 갑목의 유일한 원군인 두 을목마저 을경합乙庚合으로 무력해지니 사망했다.

사주에서 목에 해당하는 장기는 간이다. 이 명조에서 간에 해당하는 갑목을 무시무시한 금기가 내려치니 P씨는 간 기능도 극도로 나빴다. 사망 즈음에는 간 기능이 거의 멈춘 상태였다고 한다.

명조

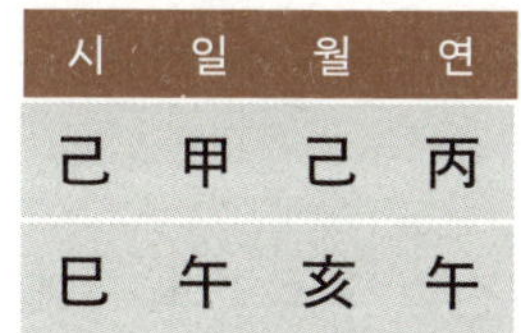

시	일	월	연
己	甲	己	丙
巳	午	亥	午

격국용신

종세격/재성인 토가 용신/월지가
인성인데도 종격이 되는 사례

대운

62	52	42	32	22	12	2	運程
丙	乙	甲	癸	壬	辛	庚	
午	巳	辰	卯	寅	丑	子	

격국용신을 어떻게 판단할 것인가

갑오甲午 일주가 기해己亥월에 태어났다. 명조를 전체적으로 살펴면 연주가 병오丙午, 지지에 두 오화와 사화 등 화기가 강하고, 화기의 생을 받는 두 기토가 천간에 떠 있으니 토의 세력도 상당하다. 일간 갑목은 연간 기토, 시간 기토에 갑기합甲己슴으로 양쪽에 묶여 있고, 지지에는 두 오화와 사화가 일간 갑목의 기운을 빼앗아 가니 일간 갑목은 탈진할 지경이다. 얼핏 보면 월지가 인성 해수이니 일간 갑목은 월지 해수에 뿌리내릴 수 있을 것처럼 보인다. 그렇게 본다면 이 명조는 신약 내지 극신약이고, 용신은 인성 해수가 된다.

하지만 이 명조는 그렇게 보면 안 되기 때문에 어렵다. 월지가 인성이라도 너무 무력하면 일간의 뿌리 노릇을 할 수 없는 경우가 있다. 따라서 이 명조에서는 월지 해수가 일간을 도울 수 있는 상황인지를 세밀하게 살펴야 한다.

일간 갑목의 유일한 원군은 월지 해수이다. 갑목이 월지 해수의 도움을 받을 수 있다면 극신약이지만 도움을 받지 못한다면 종격으로 봐야 한다. 월지 해수의 형편을 자세히 살펴보면, 월지 해수는 연주 병오, 일지 오화, 시지 사화 등 막강한 화기의 공격을 받고 또 월간 기토가 가로막고 있으니 극히 무력해서 일간 갑목의 뿌리가 될 수 없다. 월지 해수는 도움이 안 되는 무력한 인성이라 걸리적거리는 존재로 전락하니 기신이다. 인성 해수가 갑목에게 도움이 안 되니 갑목은 완전히 고립된다. 결국 자존심 강한 갑목이지만 자신을 버리고 종하게 된다. 월지가 인성이라도 무력하면 쓸 수 없다는 점을 보여 주는 명조로 올바른 간명이 매우 어렵다.

이 명조는 재성과 식상이 고루 분포하니 종세격이고, 재성인 토가 용신이다(용신 잡는 법 17번).

어떤 인생을 살았는가

주인공 B씨는 사업가이다. 초년부터 경자庚子, 신축辛丑, 임

우당의 실전 사주명리학

인壬寅, 계묘癸卯로 수목운이 40년간 지속된다. 인성 비겁운인 수목운은 자신을 버리고 다른 기운을 따라가는 종격의 본질에 반하기 때문에 좋지 않은 운이다. B씨는 계묘 대운까지는 제대로 자리를 잡지 못한 채 세월을 보냈다.

　42세부터 갑진甲辰 대운이 시작되어 용신인 토운이 오니 형편이 좋아지기 시작해 을사乙巳 대운에 본격적으로 발전했다. 을사 대운 중인 기해己亥년(2019년, 54세)에 서울 유명 호텔인 C호텔을 인수하고, 신축辛丑년(2021년, 56세)에는 유명한 B리조트를 인수하여 거물 사업가로 급부상했다. 을사 대운은 사해충巳亥冲으로 기신인 해수를 없애 주고 사화가 용신인 토에 힘을 실어 주면서 비약적인 발전이 가능했던 것이다. 이후의 병오丙午 대운도 용신인 토를 생하는 화 대운이니 좋은 운이 지속될 것으로 본다.

⑥ 관살이 약하면 남편 존재가 미미하다

명조

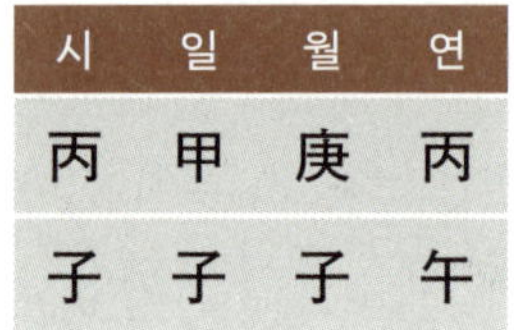

격국용신

조후/조후로 화가 용신/조후로 화를 용신으로 잡을 수 있는 조건

대운

68	58	48	38	28	18	8	運程
癸	甲	乙	丙	丁	戊	己	
巳	午	未	申	酉	戌	亥	

격국용신을 어떻게 판단할 것인가

갑자甲子 일주가 경자庚子월에 태어났다. 여명이다. 지지에 자수 세 개가 뭉쳐 무리를 형성하고 있으니 한랭함이 극極에 달했다. 갑을의 목 일간이 해자 축월에 태어났으면 수생목水生木이 되지 않고 수극목水剋木이 되므로(용신 잡는 법 22번), 이 명조의 자수는 일간 갑목을 살려주지 못하고 얼게 만들 뿐이다. 극도의 한랭함을 녹일 수 있는 화가 필요한데, 연지 오화는 세 자수 연합군의 충을 받아 거의 박살 난 상태라 용신으로 쓸 수 있는지가

우당의 실전 사주명리학

문제이다. 용신은 유력해야 하고 무력한 것은 용신으로 쓸 수 없기 때문이다(용신 잡는 법 11번).

이 명조는 연간 병화가 연지 오화의 화기를 보충해 주니 화를 용신으로 잡을 수 있다. 만약 60갑자 중 지지가 오화인데 다른 천간 즉 임오壬午, 무오戊午, 경오庚午였다면 화기가 부족하여 화를 용신으로 쓸 수 없다. 60갑자 중 화기가 가장 강한 병오丙午라서 막강한 자수 연합군에 대항하는 것이 그나마 가능해 용신으로 잡을 수 있는 것이다. 단, 용신 오화가 세 자수 연합군의 충으로 깨져 있으니 파격이고, 용신이 깨져 있으니 인격적인 문제가 있다.

이 명조에서 남편 격인 경금은 지지에 뿌리가 없고, 바로 옆에서 강한 화기의 공격을 받고 있으므로 존재감이 없이 걸리적거리기만 한다. 남편의 존재감이 없으니 부부 사이가 나쁘고 결혼을 유지할 수 없다. 대운에서 금기가 오면 존재가 없던 경금이 살아나서 여러 남자가 접근하고 남자들로부터 시달림을 받게 된다.

어떤 인생을 살았는가

주인공 S씨는 무술戊戌 대운 경오庚午년(1990년, 25세)에 남편을 만나 신미辛未년(1991년, 26세)에 결혼했다.

정유丁酉, 병신丙申 대운은 기신인 자수를 생하는 금운이라 좋지 않지만, 천간에 용신인 병화와 정화를 달고 오므로 그런대로 현상 유지는 가능하다. 이런 운에서는 연운에 따라 행과 불행이 갈린다. 연운에서 용신인 화, 화를 생하는 목, 조토가 오면 그런대로 좋다가, 기신 자수를 생하는 금수가 오면 좋지 않은 일이 발생한다. 정유 대운은 대운의 유금이 기신 경금을 생하니 남편이 중국 출장을 다니면서 엄청나게 바람을 피워 S씨는 마음고생이 극심했다. 임오壬午, 계미癸未(2002년~2003년, 37세~38세) 화운 2년간 부동산 투자를 해서 돈을 벌었다.

병신 대운이 시작되는 갑신甲申, 을유乙酉년(2004년~2005년, 39세~40세)의 금운 2년간은 영화 산업에 투자해서 손해를 봤다. 2006년 병술丙戌년은 오술午戌 화국火局이 이루어지니 이때 부동산 매매 거래로 재산이 다소 늘어났다. 하지만 남편과 불화가 심해 무자戊子년(2008년, 43세)에 위자료 5억을 받고 이혼했다. 경인庚寅, 신묘辛卯년(2010년~2011년, 45세~46세) 연운에 금운이 오니 새로운 남자를 만났으나 오래 가지는 않았다.

을미乙未 대운은 오미합午未合으로 용신 화가 살아나니 병신, 정유 대운에 비해서는 발전이 있었다. 갑오甲午, 을미乙未년(2014년~2015년, 49세~50세) 화운에는 보유 부동산의 상승으로 재산이 더 늘었다. 병신丙申, 정유丁酉년(2016년~2017년, 51세~52세)과 경자庚子, 신축辛丑년(2020년~2021년, 55세~56세) 연운에서 금기가 오니 또 다른 남자를 만나고 헤어졌고 이 과정에서 이익도 얻고 손해도 보았다.

명조

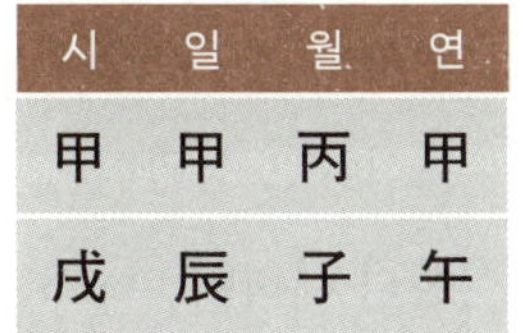

시	일	월	연
甲	甲	丙	甲
戌	辰	子	午

격국용신

신약/용인격/자수가 용신/신강약
판단이 어려운 사례

대운

68	58	48	38	28	18	8	運程
癸	壬	辛	庚	己	戊	丁	
未	午	巳	辰	卯	寅	丑	

격국용신을 어떻게 판단할 것인가

갑진甲辰 일주가 병자丙子월에 태어났다. 갑목이 해자 축월에 태어났으니 조후를 우선적으로 고려해야 하지만, 이 명조에는 지지에 사오미술巳午未戌 중 오화와 술토가 있으므로 조후가 해제된다(용신 잡는 법 22번).

천간에 갑목이 세 개 떠 있고, 지지에 자진합子辰合이 있어 인성도 강하므로 신강이라고 판단하기 쉽다. 그러나 자세히 살펴보면 일간 갑목의 뿌리인 자수와 진토가 자오충子午冲과 진술충辰戌冲으로 둘 다 깨져 있으니 일간의 뿌리가 튼튼하지 않고, 자진합도 제대로 성립하지 않는다. 지지의 두 충으로 인해 일간 갑목이 뿌리를 제대로 내리지 못하므로, 천간에 갑목이 셋이나 있음에도 신강이 아니라 신약으로 판단해야 한다. 신강약 판단이 매우 어려운 명조이다.

신약 명조에서 재성이 강하면 비겁이 용신이고 상관이 강하면 인성이 용신인데, 이 명조는 재성과 식상의 세력이 비슷하므로 어쩔 수 없이 월지 자수를 용신으로 잡는다(용인격). 신약이니 비겁인 목운도 좋다.

지지에 충이 둘이나 있으므로 활동적이고 순발력이 좋지만 불안정한 단점도 있다.

어떤 인생을 살았는가

주인공 K씨는 건설 회사 직원이었다. 무인戊寅, 기묘己卯 대운은 희신인 목운이라 잘 지냈는데 문제는 경진庚辰 대운이었다. 경진 대운은 자진합으로 용신인 수기가 강해지는 면이 있기는 하나, 그보다는 습토인 진토에서 힘을 받은 경금이 일간 갑목을 강하게 극하는 면이 우선한다. 따라서 막강한 칠살 경금이 일간 갑목을 내리치니 고난이 시작된다.

특히 경진 대운 경진庚辰년(2000년, 47세) 대운과 연운에서 관살인 경금이 겹쳐 오니 회사를 사직하고 사업을 시작했는데, 신약한 명조가 관살운에 사업을 성공시킬 수 없었다. 공교롭게

 우당의 실전 사주명리학

그 뒤 연운도 사오미신유술 화금이 왔으니 신사辛巳 대운 병술丙
戌년(2006년, 53세)까지 내리 7년간 손해만 보았다. 그러다 정해
丁亥년(2007년, 54세)에 연운에서 수가 오자 전 회사의 임원으로
초빙되어 간신히 숨을 돌릴 수 있었다. 임오壬午 대운은 자오충
으로 오화가 용신 자수를 충하니 더 이상 K씨가 할 수 있는 일은
없었다.

을목 심화

명조

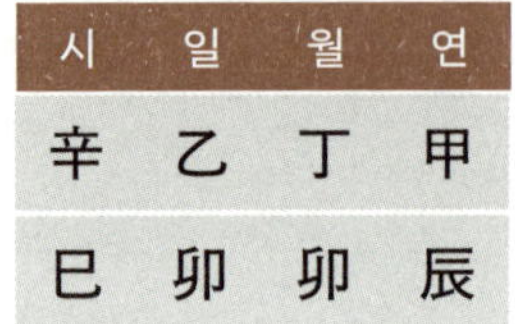

시	일	월	연
辛	乙	丁	甲
巳	卯	卯	辰

대운

70	60	50	40	30	20	10	運程
甲	癸	壬	辛	庚	己	戊	
戌	酉	申	未	午	巳	辰	

격국용신

신강/편관격偏官格/시간 신금이 용신/신금은 사화에 뿌리를 내린다

격국용신을 어떻게 판단할 것인가

을묘乙卯 일주가 정묘丁卯월에 태어났다. 지지에 이중 묘진합卯辰合이 있고, 천간에 갑목까지 있으니 신강한 사주이다. 신강할 경우 관살-재성-식상 순으로 용신을 잡는데(용신 잡는 법 11번), 편관인 시간 신금을 용신으로 잡을 수 있는지가 문제이다. 용신은 유력해야 하고 무력한 것은 용신이 될 수 없다. 얼핏 보기에는 시지 사화가 시간 신금을 극하니 신금이 무력하여 용신으로 잡을 수 없을 것 같다. 그러나 사화의 지장간이 무경병

戊庚丙으로 사화 중 경금이 있으니 시간 신금은 사화 지장간의 경금에 약하지만 뿌리를 내린다. 따라서 시간 신금이 용신이다. 단, 신금의 뿌리가 너무 약해서 파격에 가깝다.

인생 전반기에 기사己巳, 경오庚午, 신미辛未 30년간 화운이 오는데 극히 약한 용신으로 기나긴 화운을 넘길 수 있을지가 관건이다.

어떤 인생을 살았는가

주인공 K씨는 덤프트럭 운전기사였다. 경오庚午 대운 중인 경진庚辰년(2000년, 37세)에 용신인 경금이 겹치니 결혼을 하고, 다음 해인 신사辛巳년(2001년, 38세)에는 처가 임신을 하는 경사가 있었다. 그러나 경오 대운 임오壬午년(2002년, 39세) 대운과 연운에서 오화가 겹쳐 극히 약한 용신인 신금을 극하니 트럭 수리 중에 기계의 오작동으로 압사하고 말았다. 임오壬午년 신해辛亥월 병오丙午일 병신丙申시에 일어난 일이다. 파격에 가까운 용신으로는 연이어 겹쳐 오는 화운을 버틸 수가 없었던 것이다.

명조

시	일	월	연
壬	乙	戊	壬
午	未	申	辰

격국용신

조후/조후로 수가 용신/입추 10일째로 조후의 판단이 어려운 사례

대운

68	58	48	38	28	18	8	運程
乙	甲	癸	壬	辛	庚	己	
卯	寅	丑	子	亥	戌	酉	

격국용신을 어떻게 판단할 것인가

을미乙未 일주가 무신戊申월에 태어났다. 얼핏 보기에 월지 신금과 연지 진토가 신진申辰 반합半合을 이루고, 천간에 두 임수가 있으니 수기가 충분한 사주인 것 같다.

하지만 이 명조는 면밀한 연구가 필요하다. 이 명조의 을미일이 입추 10일째이기 때문이다. 가을의 시작인 신월은 입추 7일 이내라면 전월의 조열한 미토로 보아야 한다(용신 잡는 법 7번). 입절 7일 원칙을 약간 넘긴 입추 10일째는 어떻게 판단해

야 할 것인가? 입추 7일을 지나기는 했으나 3일밖에 초과하지 않았으니 미토가 70퍼센트 정도는 잔존한다고 보아야 옳다. 그러니 지지에 오화, 미토, 신금 대신 70퍼센트 정도의 미토가 있는 것이니 신진합申辰合은 잘 안 된다고 판단해야 한다. 그렇다면 화기가 강해 조열한 시기의 을목이니 조후가 급하다. 조후로 임수가 용신이다. 입추 후 7일 규정을 기계적으로 적용하면 안 된다는 것을 보여 주는 사례로 조후의 판단이 매우 어려운 사주이다.

천간의 무토, 지지의 진토, 70퍼센트 미토, 일지 미토 등 재성이 왕하여 재다신약이니 비겁인 목운도 좋다(용신 잡는 법 14번). 천간에 용신 임수가 두 개나 떠 있어 용신의 힘이 있으니 여유가 있다. 필자가 만나보니 훌륭한 인품의 소유자였다.

어떤 인생을 살았는가

주인공 S씨는 신해辛亥 대운 무진戊辰년(1988년, 37세)에 국회의원 비서관으로 정치를 시작했다. 임자壬子 대운은 용신인 수기가 강해 좋은 일이 이어졌다. 임자 대운 임신壬申년(1992년, 41세)에 M당에 입당하고 2년 뒤인 갑술甲戌년(1994년, 43세)에 아무 연고도 없던 경기도 지역의 초대 민선시장 선거에 출마하여 당선되었다. 4년 뒤인 무인戊寅년(1998년, 47세)에 재출마하여 낙선하기는 했지만 다음 해인 기묘己卯년(1999년, 48세)에 청와대 비서관으로 정치에 복귀했다.

　계축癸丑 대운은 축토가 습토이긴 하나 원국의 강한 토기를 한층 강하게 하여 일간 을목을 무력하게 하므로 좋은 일이 없었다. 그 뒤 목운이 오자 다시 행운이 찾아왔다. 갑인甲寅 대운에는 연운이 병신丙申년(2016년, 65세)임에도 불구하고 수도권에서 국회의원 배지를 달았다. 약한 을목이 강한 갑인목의 힘을 받는 등라계갑의 덕을 본 것이다. 을묘乙卯 대운 중인 신축辛丑년(2021년, 70세)에는 연운이 별로 좋지 않음에도 S관리공사 사장이 되었다. 목기가 강한 을묘 대운의 힘이다.

③ 남극 탐험을 시작한 국회의원 명조

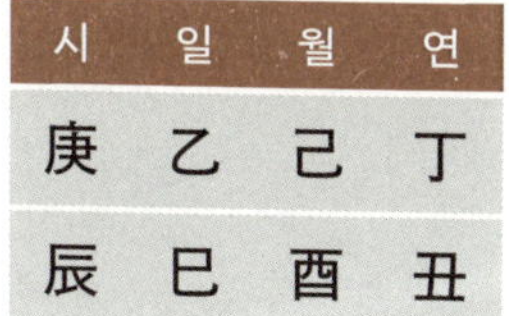

명조

시	일	월	연
庚	乙	己	丁
辰	巳	酉	丑

격국용신

종세격/재성 토가 용신/종관과 종세 구별

대운

72	62	52	42	32	22	12	運程
辛	壬	癸	甲	乙	丙	丁	
丑	寅	卯	辰	巳	午	未	

격국용신을 어떻게 판단할 것인가

을사乙巳 일주가 기유己酉월에 태어났다. 월지가 유금이고 지지에 사유축巳酉丑 금국金局이 성립했으니 금기가 매우 강하다. 을목은 지지에 뿌리가 없고 천간에도 원군이 없으며 을경합乙庚合으로 합거되기까지 하니 자신을 버리고 종하게 된다.

종격은 일간이 자기를 포기하고 강한 세력을 따르는 것인데, 이 명조에서는 무엇을 종하는지가 문제이다. 지지의 사유축 금국과 천간의 경금이 있으니 관살인 금기가 매우 강해서 종관격으로 보기 쉽다. 하지만 지지에 진토가 있으며, 월간 기토가 연지 축토에 뿌리를 내리고 연간 정화와 일지 사화의 생도 받으니, 토의 세력도 상당해 금의 세력이 압도적으로 강하다고 할 수는 없다. 따라서 관살을 따르는 종관격이 아니라 관성, 재성, 식상이 골고루 분포한 종세격으로 판단해야 한다(용신 잡는 법 17번). 재성인 토가 용신이다. 단, 금의 세력이 매우 강하므로 금도 용신에 준한다고 보아야 한다.

이 명조는 일간을 돕는 인성과 비겁이 하나도 없으며, 지지에는 사유축 금국이 있는 데다 을경합으로 을이 오롯이 자기를 버리고 다른 강한 세력을 따르므로 순수하게 진종眞從이 되었다. 사주의 격이 높다고 볼 수 있다.

어떤 인생을 살았는가

주인공 Y씨는 국회의원 출신으로 한국인으로는 처음으로 남극대륙 탐사를 주도한 인물이다.

Y씨는 병오丙午 대운 경자庚子년(1960년, 24세)에 P대 법대 학생회장이었는데 4.19 시위에 참가하여 경위로 특채된다. 다음 해인 신축辛丑년(1961년, 25세)에 5.16 군사 정변이 일어나자 중앙정보부에 파견되는데, 신축의 연운이 명조의 사유축 금국을 강화시킨 덕분이다. 그 뒤 을사乙巳 대운은 대운에서 사유축 금국이 한 번 더 이루어지는 좋은 운이니 중앙정보부에서 국장까지 승진했다.

갑진甲辰 대운은 갑목이 용신인 월간 기토와 합이 되어 토로 변환되고, 지지의 진토는 용신에 준하는 사유축 금국을 강화시켜 주니 아주 좋은 시기이다. 갑진 대운 경신庚申년(1980년, 44세)에 국보위 최고위원이 되고, 다음 해인 신유辛酉년(1981년, 45세)에 전국구 국회의원이 되었다. 두 해 모두 연운에서 관살인 금기가 강하게 들어오니 얻기 힘든 명예를 얻은 것이다. 갑자甲子년(1984년, 48세)에 국회의원 선거에서 지역구로 도전했으나 낙선하고, 다음 해인 을축乙丑년(1985년, 49세)에 J대통령과 담판한 후 H그룹 J회장의 자금 지원을 받아 남극 탐험대를 조직한다. 이를 기반으로 세종기지를 세우고 남극조약에 가입하는 성과가 있었다. 병인丙寅년(1986년, 50세)에서 무진戊辰년(1988년, 52세)에 이르는 3년간은 국무총리 비서실장을 지냈다.

계묘癸卯 대운은 묘유충卯酉冲이 사유축 금국을 깨뜨리고 묘목이 용신 토를 극하니 정계에서 물러난다. 하지만 격이 높은 사주라 은퇴는 하지 않고 K그룹으로 가서 러시아 연해주 개발 부회장으로 경영에 참여하다가 임인壬寅 대운 임오壬午년(2002년, 66세)에 K그룹이 부도나는 바람에 타의에 의해 은퇴했다.

자유 시간이 생기자 Y씨는 젊은 시절에 추구했던 극지 탐험의 꿈을 이어 갔다. 갑신甲申년(2004년, 68세)에 극지연구소를 설립하고 병술丙戌년(2006년, 70세)에 사재 3억 원을 털어 한국극지연구진흥회를 설립한다. 사회적으로는 의미 있는 일이지만 본인의 노후 자금을 출연한 것은 무리였다. 용신인 토를 극하는 인寅 대운의 일이니 Y씨 본인에게는 좋은 일이 아니었다. 결국 극지연구소와 한국극지연구진흥회는 별다른 성과 없이 Y씨의 노후 자금만 없앤 셈이었다.

병화 심화

명조

시	일	월	연
辛	丙	壬	庚
卯	子	午	戌

격국용신

신강/재자약살격財滋弱殺格/임수가 용신/신강약 판단과 용신 잡기가 어려운 명조

대운

66	56	46	36	26	16	6	運程
乙	丙	丁	戊	己	庚	辛	
亥	子	丑	寅	卯	辰	巳	

격국용신을 어떻게 판단할 것인가

병자丙子 일주가 임오壬午월에 태어났다. 여명이다. 월지가 오화이고, 지지에 오술午戌 화국火局이 있어 화기가 강하다. 그러나 일간 병화가 병신합丙辛合으로 약화되고 월간 임수와 일지 자수가 서로 연결된 힘으로 일간 병화를 아래위로 극하고 있어 수기의 세력도 상당하다. 화기와 수기가 비슷하게 분포하는 듯 보이니 신강약 판단이 어려운 명조이다.

이럴 경우 각 세력의 힘의 크기를 면밀히 살펴야 한다. 일단

계절이 한여름인 오누월이고 오술 화국까지 있으니 화기의 세력이 매우 유력하고, 일간 병화는 시지 묘목에도 뿌리가 있다. 임수와 자수가 서로 통하고 있기는 하지만 이들의 상태는 별로 좋지 않다. 오술 화국이 연간 경금을 녹이고 임수를 마르게 하며, 일지 자수는 오술 화국으로 강해진 오화의 충을 받아 상당 부분 깨져 버린 상태이다. 전체적으로 보아 화기가 수기보다 훨씬 강하다. 이렇게 화기가 강하니 병신합은 제대로 성립하지 않는다고 보아야 한다. 신강으로 판단한다.

신강할 경우 관살-재성-식상 순으로 용신을 잡는데(용신 잡는 법 11번), 관살인 일지 자수가 자오충子午冲으로 깨져 있으니 수를 용신으로 쓸 수 있는지가 문제이다. 자수가 자오충으로 깨져 있기는 하나 월간 임수와 서로 통하면서 기운을 받고 있으니 어느 정도는 힘이 있다. 또한 일지와 월지는 일간이 운명적으로 품어야 하는 자리라서 신강 명조의 일지에 관살이 있으면 다소 결함이 있더라도 어쩔 수 없이 잡는다. 재자약살격財滋弱殺格이고 용신은 자수에 뿌리를 둔 월간 임수이다.

어떤 인생을 살았는가

주인공 J씨는 부동산 업체 직원이었다. 경진庚辰 대운까지는 용신을 생하는 운이니 잘 지냈다. 기묘己卯 대운은 기토가 용신을 극하고, 묘목이 용신 수의 기운을 빼앗아 가니 힘든 시절이 시작된다. 기묘 대운 병자丙子년(1996년, 27세) 연운에서 관살이

와 결혼했는데, 임오壬午년(2002년, 33세) 연운의 오화가 남편 궁인 일지에 있는 자수를 재차 충하니 남편이 흔들린다. 이해에 남편이 사업에 실패해 불화가 시작되었다.

　　무인戊寅 대운은 무토가 용신 임수를 극하고, 인목이 원국의 오술과 인오술寅午戌 화국을 이루니 용신 임수가 완전히 망가지는 최악의 대운이다. 무인 대운 첫해인 병술丙戌년(2006년, 37세)은 연운에서도 술토가 오니 인오술 화국이 이중으로 성립한다. 결국 남편 자수가 하늘을 찌를 듯한 화기의 공격을 받아 완전히 말라 버린다. 병술년에 남편 사업이 부도가 나고 부부 사이가 더욱 나빠졌다. 몇 년을 끌다가 결국 경인庚寅년(2010년, 41세)에 이혼했다. 무인 대운 경인년은 대운과 연운에서 인목이 겹쳐 또 한 번 인오술 화국이 이중으로 일어나니 이혼을 피할 수 없었던 것이다. 그 후 임진壬辰, 계사癸巳년(2012년~2013년, 43세~44세)에 연운에서 관살이 오자 다른 남자를 만났지만 최악의 대운에 만난 사람이니 좋은 인연일 수 없었다. J씨에 의하면 남편보다 더 힘들게 하는 나쁜 남자였다.

　　최악의 무인 대운이 끝나면 용신인 수운이 계속 이어진다. 용신운이 오니 형편이 좋아졌을까? 무인 대운 후 만나지 못해 정확히 알지는 못하지만, 무인 대운에 이미 용신 수가 완전히 말라 버렸으니 그 후 좋은 운이 와도 재기할 수 없었을 것으로 추측한다.

명조

시	일	월	연
乙	丙	癸	戊
未	午	亥	戌

격국용신

신강/용관격用官格/수가 용신/신강약 판단 어려운 명조. 해월 출생 병화로 신약한 듯하나 신강

대운

66	56	46	36	26	16	6	運程
丙	丁	戊	己	庚	辛	壬	
辰	巳	午	未	申	酉	戌	

격국용신을 어떻게 판단할 것인가

병오丙午 일주가 계해癸亥월에 태어났다. 여명이다. 초겨울인 해월에 태어난 병화이니 당연히 신약으로 보기 쉽다. 하지만 이 명조는 신강 신약 판단에 신중해야 한다. 월주가 계해로 계절은 겨울이지만, 일주가 병오이고 연간 무토가 월간 계수를 합거해서(무계합戊癸合) 병화를 보호한다. 또한 지지에 오술午戌 반합半合, 오미합午未合 등이 있어 화기가 매우 강하고, 술토가 해수를 극해서 수기를 막는다. 이렇게 사주 여덟 자의 전체 구성을

파악해 보니 해월이기는 하지만 화기는 매우 강하고 수기는 약하다. 신약이 아니라 신강이다. 신강의 경우 관성-재성-식상 순으로 용신을 잡는데(용신 잡는 법 11번), 관성인 월간 계수가 해수에 뿌리가 있어 힘이 있으니 용신으로 잡는다(용관격用官格).

병오 일주가 신강하여 화기가 충천하니 오만하기 쉽다. 이 명조에서는 계해가 관성, 즉 남편인데 강한 병오가 남편인 약한 계해를 두려워할 리 없다. 이 명조의 주인공 K씨가 그랬다. 남편을 무시하고 제멋대로 살았으며 나는 바람을 피워도 되지만 상대의 바람은 용납할 수 없다는 태도였다. 당연히 부부관계가 좋을 수 없었다.

어떤 인생을 살았는가

부모 자리인 월주가 계해로 용신인 수水이고 초년이 용신 수를 생하는 금운이니 부모 덕이 있는 사주이다. 주인공 K씨는 유복한 집안에서 태어났으니 조상 덕을 본 것이다. 신유辛酉 대운 임술壬戌년(1982년, 25세)에 결혼하고 부모로부터 재산을 넉넉히 받아 경신庚申 대운까지는 가정주부로 순탄하게 살았다.

문제는 기미己未 대운부터 발생했다. 기미 대운은 식상운인데 식상은 재주, 잡기를 의미하므로 도박에 빠지는 경우가 생긴다. 또한 기미 대운은 용신인 수를 극하니 판단력이 흐려진다. 이 두 가지를 합치면 기미 대운에 도박에 푹 빠져 신세를 망칠 것이라는 예측이 가능하다. K씨는 기미 대운이 시작하는 갑술甲

戌년(1994년, 37세)부터 도박에 빠져 기묘己卯년(1999년, 42세)까지 6년간 엄청난 돈을 잃었다. 당연히 가정생활도 엉망이 되었다. 기미 대운 신사辛巳년(2001년, 44세)에 사오미巳午未 화방국火方局이 되고 사해충巳亥冲으로 관성 남편을 쳐 내니 남편과 별거하고 2년 뒤인 계미癸未년(2003년, 46세)에 이혼했다.

무오戊午 대운은 대운의 무토가 용신 계수를 한 번 더 합거(무계합戊癸合)하고, 오술午戌 화국火局이 한 번 더 이루어지니 용신 계수가 완전히 말라 버린다. 거의 바닥까지 굴러떨어지는 운이다. 이혼 직후인 무오 대운 갑신甲申년(2004년, 47세)에 한 살 아래 남자와 동거했는데 이 남자로 인해 피해를 많이 입었고, 이 남자와 헤어진 후에도 많은 남자를 만났지만 도움이 되는 남자는 없었다. 설상가상으로 K씨의 버팀목이었던 부모가 세상을 떠나 경제적 지원도 끊기고 건강마저 악화되어 인생이 완전히 망가지게 되었다.

③ 인생 역전의 주인공인 빈농 출신 도지사

명조

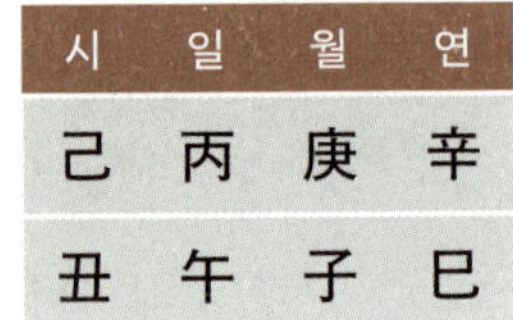

격국용신

신약/재중용겁격/화가 용신/자오
충의 병을 축토가 치유하다

대운

66	56	46	36	26	16	6	運程
癸	甲	乙	丙	丁	戊	己	
巳	午	未	申	酉	戌	亥	

격국용신을 어떻게 판단할 것인가

병오丙午 일주가 경자庚子월에 태어났다. 일간 병화의 뿌리
는 일지 오화인데, 월지 자수가 바로 옆에서 오화를 충한다. 뿌
리가 흔들리니 일간 병화는 근본이 불안정하다. 불행 중 다행으
로 연지 사화가 자수를 약간 견제해 주고, 시지 축토가 시간 기
토의 영향을 받아 토의 정체성을 유지하면서 자축합子丑合을 하
여 자수를 약간 진정시켜 주니 자오충子午冲의 충격이 완화된
다. 보통 일지가 충을 맞으면 일간의 뿌리가 흔들리기 때문에 성

격이 불안정한 경향이 있다. 하지만 이 명조는 사화와 축토의 도움으로 자오충의 병을 어느 정도는 치유하기 때문에 정신적으로 황폐하지 않고 차분하다. 일간 병화 옆에 상관 기토가 바로 옆에서 수기秀氣를 발하고 있으므로 머리가 좋다.

한겨울인 자월에 태어났으니 조후 검토가 필요하다. 지지에 사오미술巳午未戌의 화지火支가 두 개 이상 있으면 조후가 해제된 것으로 보는데(용신 잡는 법 22번), 이 명조는 지지에 사오화가 있어 조후는 해제되었다. 화기가 강한 병오 일주이지만 한겨울인 자월에 태어났고 식상인 시주 기축이 튼튼하며, 천간에는 재성인 경신금이 연간 사화와 시지 축토의 생을 받아 가장 유력한 세력이니 신약한 사주이다. 신약한데 재성이 강하면 비겁이 용신이니(용신 잡는 법 14번), 비겁인 일지 오화를 용신으로 한다(재중용겁).

어떤 인생을 살았는가

S시장과 도지사를 지냈던 C씨의 명조이다. 조상 자리인 월주를 기신인 수금이 점령했으니 부모 덕이 없다. 시골의 빈농 집안에서 태어나 무술戊戌 대운 기해己亥년(1959년, 19세)에 상경했는데, 방 한 칸 구할 돈이 없어 형의 신혼 단칸방에 3년간 얹혀살았을 정도였다. 그래도 무술 대운 병오丙午년(1966년, 26세) 오술午戌 화국火局이 이중으로 이루어져 용신 화의 힘이 강해지니 행정고시에 합격했다. 정유丁酉, 병신丙申 대운은 순차적으로

승진하면서 무난하게 보냈다.

을미乙未 대운은 사오미巳午未 방합方合이 이루어져 본격적으로 용신운이 오는 시기라 전성기에 진입한다. 병인丙寅년 (1986년, 46세)부터 신미辛未년(1991년, 51세)까지 승진을 거듭하다가 임신壬申년(1992년, 52세)에 도지사로 임명되고, 다음 해인 계유癸酉년(1993년, 53세)에는 S시장으로 영전한다. 일약 S시장이 되었으니 행운일까? 계유년은 사유축巳酉丑 금국金局이 되는 해로 기신인 수를 생하므로 좋은 일이 아닐 가능성이 높다. 운이 좋지 않은 해에는 겉으로 보기엔 좋은 일이 생길지라도 후일의 화근이 될 가능성이 높다. 계유년 다음 해인 갑술甲戌년 (1994년, 54세)에 뜻밖의 큰 사건이 발생하여 임명된 지 1년 만에 결국 면직되고 말았다.

그 후 수가 강한 을해乙亥, 병자丙子년은 휴지기였고, 정축丁丑년(1997년, 57세)이 되자 무인戊寅년(1998년, 58세)에 실시되는 지방자치 선거에 입후보를 고민하게 되었다. 이때 C씨는 주위 사람이 밀어주기는 하지만 당선될 자신이 없다며 필자에게 조언을 구했다. 필자는 당선될 것이니 걱정하지 말라고 했다. 지방자치 선거가 있는 갑오甲午 대운 무인戊寅년은 대운과 사주 원국이 오오午午 유합類合 사오巳午 화국火局, 연운에서 인오寅午 화국火局까지 이루어져 용신인 화기가 최고조이니 당선은 따놓은 당상이었다.

과연 무인년에 도지사 선거에 이기고 4년 뒤인 임오壬午년

　　　　　　　　　　　　　　　우당의 실전 사주명리학

(2002년, 62세) 재선에 성공하여 병술丙戌년(2006년, 66세)까지 8년간 도지사를 역임했다. 병술년에 정계를 은퇴하고 계사癸巳 대운에는 A대 석좌교수와 여러 국책기관의 이사장을 맡으면서 평온하게 지냈다.

정화 심화

정화 심화

명조

시	일	월	연
辛	丁	己	戊
亥	丑	未	辰

격국용신

극신약/상중용겁격傷重用劫格/화가 용신/배우자 궁의 강한 기신이 약한 일간을 찍어 누르는 명조

대운

65	55	45	35	25	15	5	
壬	癸	甲	乙	丙	丁	戊	運程
子	丑	寅	卯	辰	巳	午	

격국용신을 어떻게 판단할 것인가

정축丁丑 일주가 기미己未월에 태어났다. 여명이다. 배우자 궁인 일지 축토가 시지 해수와 해축합亥丑合을 이루어 수기를 강하게 띠고 있다. 일간 정화는 월지 미토에 겨우 뿌리를 두었지만, 월지 미토는 축미충丑未冲을 받아 절반은 날아간 것이나 마찬가지이다. 따라서 일간 정화의 뿌리는 매우 약하다. 게다가 연월의 무진, 기미 토가 합쳐 커다란 토 덩어리가 되어 약한 정화의 기운을 대량으로 빼앗아 간다. 일간 정화는 극도로 신약한 상

태이다.

극신약인데 식상이 왕할 경우 인성을 용신으로 삼는 것이 원칙이다. 하지만 이 명조에서는 식상인 토가 무리 지어 너무 강한데, 목의 세력은 미미하다. 팔자八字 중 목이 없고 목은 지지의 지장간 속에 숨어 있을 뿐이다. 연지 진토 중 을목, 월지 미토 중 을목, 시지 해수 중 갑목이 있지만, 지장간에 숨어 있는 정도의 힘으로는 막강한 토의 세력을 제어할 수 없으니 인성 목은 용신으로 잡을 수 없다. 인성을 용신으로 쓸 수 없으니 다음으로 비겁을 검토한다. 월지 미토의 지장간 중 비겁 정화가 있는데, 이 정화가 사주의 중심축인 월령에 자리하니 어느 정도는 힘이 있다. 따라서 비겁인 정화를 용신으로 삼는다(상중용겁傷重用劫). 목은 희신으로 본다.

이 사주의 가장 큰 문제는 기신인 막강한 수기가 배우자 궁을 점령하고 있다는 점이다. 이처럼 일간은 약한데 배우자 궁의 기신이 막강하면 결혼의 부담을 버티기 힘들고, 결혼하더라도 오래가지 못한다. 특히 이 명조는 배우자 궁의 축토가 일간 정화의 유일한 뿌리인 월지 미토와 충하는 구조라서 이 문제가 더욱 두드러진다. 필자는 이런 명조를 가진 여성에게는 결혼하지 말라고 조언한다.

어떤 인생을 살았는가

주인공 H씨는 의사이다. 십 대에서 이십 대 초반까지는 무오戊午, 정사丁巳 대운으로 용신운이 강하게 와서 유복한 가정에서 성장했다. 식상이 태왕하여 수기秀氣를 발하니, 명석한 두뇌와 뛰어난 재능이 발휘되어 의대에 진학할 수 있었다.

의대 재학 중이던 정사 대운 신묘辛卯년(2011년, 24세)에 남자를 사귀어 이듬해 임진壬辰년(2012년, 25세)에 결혼했다. 당시 필자는 H씨 부모에게 결혼을 말렸으나 충고를 듣지 않고 결혼을 강행했다. 결혼 이듬해인 계사癸巳년(2013년, 26세)에 첫 아이를 임신한 H씨가 필자를 찾아왔다. 시어머니와 남편이 한편이 되어 사사건건 간섭하고 잔소리를 해서 우울증에 걸린 상태였다. 필자는 냉정하게 아이를 지우고 이혼하라고 조언했다. 가혹한 조언을 할 만큼 그 결혼에서 H씨가 겪을 고통이 너무 크고 조만간 이혼하게 될 것이 뻔했기 때문이다. 그러나 H씨는 차마 아이를 지우지 못하고 몇 년을 더 버티다가 병진丙辰 대운 기해己亥년(2019년, 32세)에 결국 집을 나왔다. 남편이 이혼을 거부해 소송까지 갔고, 병진 대운 임인壬寅년(2022년, 35세)에 어렵게 이혼이 성립되었다.

H씨는 식상이 강해 머리가 좋고 재능이 뛰어난 사람이었다. 힘든 결혼 생활을 하면서도 수련 과정을 포기하지 않고 완수해 전문의 자격을 딸 정도로 의지도 강했다. 감당할 수 없는 결혼에서 벗어났고 앞으로 오는 을묘乙卯, 갑인甲寅 대운은 강한 목운이므로 자신의 재능을 발휘하며 잘 살 수 있을 것이다.

 우당의 실전 사주명리학

명조

시	일	월	연
乙	丁	戊	丁
巳	丑	申	酉

격국용신

극신약/재중용겁격/화가 용신/종
격과 극신약 구별

대운

62	52	42	32	22	12	2	
乙	甲	癸	壬	辛	庚	己	運
卯	寅	丑	子	亥	戌	酉	程

격국용신을 어떻게 판단할 것인가

정축丁丑 일주가 무신戊申월에 태어났다. 여명이다. 월지가 신금이고 지지에 사유축巳酉丑 금국金局까지 있으니 금기가 막강하다. 연간 정화는 연월의 토금에 막혀 있어 일간 정화를 도와줄 수 없으니 있으나 마나이다. 정화를 생해 주는 시간 을목은 지지의 강한 금기에 눌리고 있고, 시지 사화는 일지 축토와 사축합巳丑습으로 묶여 있다. 일간 정화의 원군 후보인 시간 을목과 시지 사화 모두 제 역할을 하지 못하는 상태인 것이다. 이쯤 되면 종격으로 판단해야 하는 게 아닌가 하는 의문이 든다.

이 명조의 격국 판단의 핵심은 시간 을목이 시지 사화를 생하여 화기를 불러온다는 점이다. 사화의 화기 덕분에 사유축 금국이 아주 강하게 이루어지지는 않는다. 사유축 금국이 불완전하니 시간 을목이 금기에 완전히 눌리지 않고, 일간 정화도 을목과 사화에 어느 정도 의지할 수 있다. 따라서 종격이 아니라 극신약이다(재다극신약). 신약한데 재성이 강하면 비겁이 용신이므로(용신 잡는 법 14번), 시지 사화를 용신으로 잡는다(재중용겁).

어떤 인생을 살았는가

주인공 Y씨는 좋은 집안에서 태어나 술戌 대운에 1970년대에는 극히 드물었던 해외 유학을 하는 행운을 누렸다. 신해辛亥 대운 임술壬戌년(1982년, 26세)에 남자를 만나 이듬해 계해癸亥년(1983년, 27세)에 결혼했다. 하지만 신해 대운은 용신 사화를 사해충巳亥冲으로 깨뜨리는 운이라 Y씨에게 좋을 리 없었다. 특히 계해년은 사해충이 겹으로 일어나니 제대로 된 결혼이 아니었다. 결국 2년 뒤 을축乙丑년(1985년, 29세)에 이혼했다.

임자壬子 대운 경오庚午년(1990년, 34세)에는 부모로부터 당시로서는 거액인 20억 원을 상속받았다. 임신壬申년(1992년, 36세)에 재혼했지만 이 결혼도 2년 뒤 갑술甲戌년(1994년, 38세)에 이혼으로 끝났다. 이혼 후 임자 대운 을해乙亥, 병자丙子, 정축丁丑년(1995년~1997년, 39세~41세)에 대운과 연운에서 기신인

                                 우당의 실전 사주명리학

수기가 겹치니 10억을 사기당했고, 결국 심한 우울증에 시달리게 되었다. 정화가 극신약이면 우울증에 취약한 경우가 많다.

계축癸丑 대운이 오자 상황은 더 나빠졌다. 대운에서 축토가 와서 사유축 금국이 더블로 이루어지니 인성인 을목이 강력한 금기에 완전히 눌려 버린 것이다. 계축 대운의 계癸 대운이 편관偏官운이라 여러 남자를 만나기도 했지만, 기신운이니 제대로 된 인연은 없었다. 축丑 대운에는 만나지 못했으나 운의 흐름으로 보아 폐인이 된 것으로 추정된다. 극신약 사주에서 관살운은 치명적이며 Y씨도 예외가 아니었다.

명조

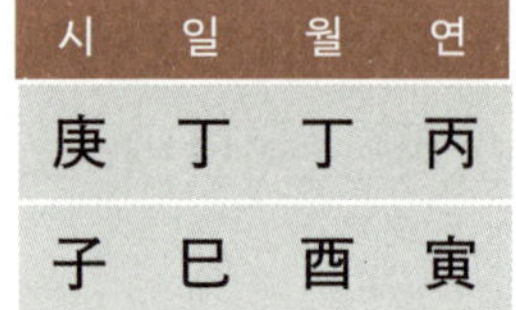

시	일	월	연
庚	丁	丁	丙
子	巳	酉	寅

격국용신

신강/재자약살격/수가 용신/신강
약 판단이 어려운 명조

대운

65	55	45	35	25	15	5	運程
甲	癸	壬	辛	庚	己	戊	
辰	卯	寅	丑	子	亥	戌	

격국용신을 어떻게 판단할 것인가

정사丁巳 일주가 정유丁酉월에 태어났다. 월지가 유금이고 일지와 월지가 사유합巳酉合을 이루며 시간에는 경금이 있으니 금의 세력이 상당히 강하다. 유월은 정화의 사지死地이고 금의 기운이 강하니, 얼핏 보면 신약으로 볼 수도 있다. 하지만 천간에 정丁, 정丁, 병丙이 나란히 하나로 뭉쳐 있어 그 힘이 대단하다. 이 화기의 힘 때문에 사유합도 완전하게 성립되지 않는다. 따라서 신강으로 보는 것이 맞는다. 신강, 신약 판단이 매우 어려운 명조이다.

신강이면 관살-재성-식상 순으로 용신을 잡는다(용신 잡는 법 11번). 이 경우 시지 자수가 시간 경금의 생을 받아 힘이 있으므로, 시지 자수를 용신으로 삼는다(재자약살).

어떤 인생을 살았는가

주인공 K씨는 전성기인 경자庚子, 신축辛丑 대운에 사업을 했다. 자子 대운 병신丙申년(1956년, 31세)에 사업을 시작해 기해己亥, 경자庚子, 신축辛丑년(1959년~1961년, 34세~36세)에 철강 사업으로 기반을 잡았다. 신축 대운 10년 동안 엄청난 돈을 벌었는데, 이는 사유축巳酉丑 금국金局이 완성되어 용신 자수를 강하게 생해 주었기 때문이다.

신축 대운의 대성공에 고무된 K씨는 임인壬寅 대운 임자壬子년(1972년, 47세)에 새로 전기 하청업을 시작했지만 운이 더 이상 도와주지 않았다. 인인寅 대운에 연운도 병진丙辰, 정사丁巳, 무오戊午, 기미己未로 이어졌는데 모두 화운이라 사업은 지지부진했다.

계축癸 대운 갑자甲子년(1984년, 59세)에 K씨가 필자를 찾아와 앞으로 어떻게 해야 할지를 물었다. 필자는 다음 해 을축乙丑년(1985년, 60세)까지는 그럭저럭 유지되겠지만, 묘卯 대운에 들어서면 사업을 접는 게 좋다고 조언했다. 묘 대운은 묘유충卯酉沖으로 지지의 사유합이 깨져 용신 자수가 치명타를 입기 때문이다. 결국 계묘癸卯 대운 정묘丁卯년(1987년, 62세)에 대운과 연운에서 묘유충이 겹치자 K씨는 헐값에 회사를 정리할 수밖에 없었다. 그 뒤 기사己巳, 경오庚午, 신미辛未(1989년~1991년, 64세~66세) 3년간 화운이 이어졌다. 이때 K씨는 주식 투자 실패로 재산의 절반을 날렸다. 불리한 운에는 확장이나 투자를 삼가고 기존 성과를 지켜야 하는데 이를 지키지 못한 결과였다. 이후 갑진甲辰 대운에는 자진합子辰合, 진유합辰酉合으로 금수의 기운이 강해지면서 그런대로 평온한 노후를 보낼 수 있었다.

명조

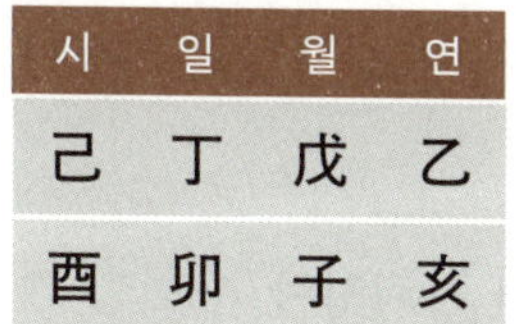

시	일	월	연
己	丁	戊	乙
酉	卯	子	亥

격국용신

종세격/금이 용신/신약으로 잘못
보기 쉬운 종세격 명조

대운

63	53	43	33	23	13	3	運程
辛	壬	癸	甲	乙	丙	丁	
巳	午	未	申	酉	戌	亥	

격국용신을 어떻게 판단할 것인가

정묘丁卯 일주가 무자戊子월에 태어났다. 자월이라 한겨울인데 여기에 연지 해수까지 더해지니 한랭한 수기가 막강하다. 일간 정화의 양옆에는 식상 무기토가 정화의 기운을 빼앗아 간다.

이 명조를 간명看明할 때 일지 묘목과 연간 을목이 일간 정화의 우군이고, 일간 정화가 일지 묘목에 뿌리내린다고 생각하기 쉽다. 하지만 그렇지 않다. 묘유충卯酉冲으로 묘목이 깨져 있

고, 자월에 수기가 너무 강할 경우 을목과 묘목은 동짓달 한랭
한 물에 흠뻑 젖은 사목死木이 되어 정화를 생할 수 없기 때문이
다. 이 점을 간과하면 신약으로 잘못 보기 쉽다. 결국 일간 정화
가 묘목에 뿌리를 내릴 수 없으니 자기를 버리고 종하게 된다.
관성, 재성, 식상이 골고루 있으므로 종세격이고, 용신은 재성인
시지 유금이다(용신 잡는 법 17번).

묘유충으로 용신 유금이 깨져 있으니 파격이다. 용신이 깨
진 경우 인격적 결함이 있을 가능성이 높다. 관성인 수기가 강하
고 식상인 무기토의 세력도 상당하여 극설교가를 이룬다. 극설
교가와 묘유충이 같이 있어 두뇌가 비상하고 순발력이 있다.

어떤 인생을 살았는가

저명 명리가 P씨의 명조이다. P씨는 병술丙戌 대운 경인庚寅
년(1950년, 16세)에 대운의 술토와 연운의 인목이 인술寅戌 화국
火局을 이루어 용신인 유금을 극하니 한국전쟁 중에 피난을 가
다가 한쪽 다리를 크게 다쳤다.

갑신甲申 대운 신해辛亥, 임자壬子, 계축癸丑(1971년~1973년,
37세~39세) 3년간 부산에서 선풍적 인기를 끌면서 전국적으로
명성을 얻었다. 유명 철강인 P회장이 헬기를 타고 가끔 찾아갔
다는 일화가 있을 정도로 정계와 재계 인사가 많이 드나들었다
고 한다.

계미癸未 대운이 되자 해묘미亥卯未 목국木局이 이루어져

인성 목이 강해지자 불운이 찾아왔다. 종격은 자기를 버리고 다른 세력을 따르는 것이 본질이므로, 인성 비겁운은 본질에 반해 좋지 않기 때문이다. 계미 대운 무오戊午, 기미己未년(1978년~1979년, 44세~45세)은 화기가 용신인 유금을 극하고 기미년은 연운에서도 해묘미 목국이 겹치니 사기꾼한테 속아 투자에 실패하고 신용 불량자가 된다. 이 사건으로 고전을 면치 못하다가 갑자甲子년(1984년, 50세)에 심기일전하여 다시 일을 시작했다. 하지만 이어지는 대운이 임오壬午, 신사辛巳로 용신 유금을 극하는 화운이니 예전의 명성을 회복하지 못했다.

P씨는 임오 대운 임신壬申, 계유癸酉년(1992년~1993년, 58세~59세)인 1992년 12월의 대선 결과를 잘못 예측해 명리가로서의 신망이 송두리째 흔들렸다. P회장이 YS와 갈등을 빚어 결국 수뢰죄로 기소되고, 4년간 일본 망명 생활을 하게 된 원인이 P씨의 예측을 전적으로 믿었기 때문이라는 말도 있다.

임오 대운은 대운의 오화가 월지 자수를 충하니 을해乙亥년(1995년, 61세)에 병을 얻어 반신불수가 되었다. 이듬해 병자丙子년(1996년, 62세)에 병이 어느 정도 회복되자 과거 자신의 명성을 재현해 보려고 지팡이에 병구病軀를 의지한 채 정가政街의 이곳저곳을 기웃거렸다. 그러나 운이 다해서인지 옛 저명 인사들 대부분이 P씨를 외면했다. 이후 신사辛巳 대운 신사辛巳년(2001년, 67세)에 대운과 연운에서 거듭 사해충巳亥冲이 일어나자 사망했다.

세간의 설에 의하면 P씨는 본인이 개발한 '명리 자연법'으로 계미, 임오 대운이 좋은 운이라고 믿었다고 한다. 만약 그렇다면 갑신 대운 신해-임자-계축 3년간 갑자기 유명해진 사실, 계미 대운 무오, 기미년에 투자 실패로 신용 불량자가 된 사실이 설명이 안 된다. 그토록 유명했던 P씨가 자기 사주도 잘못 봤다는 사실이 믿어지지 않으나, 종격으로 판단해야 하는 사주를 잘못 본 것으로밖에 생각할 수 없다. 저명 명리가인 P씨도 자기 사주를 잘못 볼 만큼 올바른 간명은 어렵다.

무토 심화

무토 심화

① 격이 높은 전업주부의 명조

명조

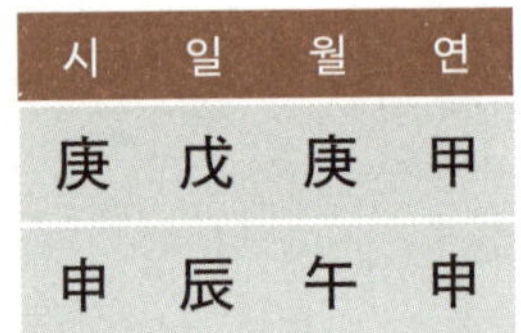

시	일	월	연
庚	戊	庚	甲
申	辰	午	申

격국용신

신약/식중용인격/오화가 용신/신강약 판단이 어려운 명조

대운

69	59	49	39	29	19	9	運程
癸	甲	乙	丙	丁	戊	己	
亥	子	丑	寅	卯	辰	巳	

격국용신을 어떻게 판단할 것인가

무진戊辰 일주가 경오庚午월에 태어났다. 여명이다. 일간 무토가 일지 진토에 뿌리를 내리고 월지가 인성 오화이니 일간의 힘이 상당하여 신강으로 판단하기 쉽다.

그러나 천간에는 두 경금이 떠 있는데 월간 경금은 연지 신금에, 시간 경금은 시지 신금에 뿌리를 두고 있어 식상인 금기가 가장 강한 세력이다. 지지에서도 약하지만 신진합申辰合의 수국水局이 이루어져 인성인 월지 오화가 약화된다. 명조 전체적으로 보면 금의 세력이 토의 세력보다 우월하다. 신약으로 판단하는 것이 옳다. 신약한데 식상이 많은 경우에는 인성이 용신이므로(용신 잡는 법 14번), 월지 오화를 용신으로 잡는다(식중용인). 신강약 판단이 어려운 명조이다.

신약이기는 하나 일간이 어느 정도 힘이 있어 약간 약한 정도이고, 용신인 오화가 가장 힘 있는 자리인 월지에 있으니 용신도 유력하다. 사주 원국이 어느 한 편으로 크게 치우침이 없는 중화를 이룬 좋은 사주라고 볼 수 있다. 좋은 사주이므로 한평생 일을 하지 않고도 전업주부로 살며 경제적 풍요를 누렸다. 다만 식상인 금기가 너무 강해 남편에 해당하는 관살 목을 극하니 남편과의 불화는 피할 수 없었다.

어떤 인생을 살았는가

주인공 K씨는 성공한 사업가 남편을 만나 그로 인한 혜택을 누렸다. 병인丙寅 대운에 인오합寅午合으로 용신인 화기가 절정에 이르니 이 시기에 남편의 사업이 최고조에 달했고, 그 덕에 K씨도 성공한 사업가 아내로 안정되고 풍요로운 삶을 살았다. 그러나 병인 대운 마지막 해인 임신壬申년(1992년, 49세) 연운에서 금수운이 오자 부부관계가 악화되기 시작했다. 뒤를 이어 을축乙丑 대운에는 습토인 축토가 식상인 경신금을 더욱 강하게 생조하니, 남편인 관살 갑목과 배우자 궁인 일지의 진辰 중 을목이 더욱 위축되면서 부부 불화가 계속되었다. 한집에 같이 살아도 서로가 관심을 두지 않고 남남처럼 생활했다.

결정적 위기는 갑자甲子 대운에 왔다. 갑자 대운은 신자진申子辰 수국水局이 이루어져 용신 오화를 꺼 버리니 최악의 운이었다. 갑자 대운 무자戊子년(2008년, 65세) 연운에서도 신자진 수국이 한 번 더 형성되니 K씨는 이해에 투자 잘못으로 30억을 날리고 말았다. 그동안 투자로 형성한 자산의 50~60퍼센트를 한 해에 잃은 것이다. K씨는 투자 실패로 엄청난 스트레스를 받자 중풍이 와서 한쪽 수족이 마비되고 말았다. 그해 음력 8월 금이 왕성해지는 신유辛酉월의 일이다. 불과 1년 사이에 재산의 거의 절반과 건강을 잃고 만 것이다.

그러나 사주 원국이 중화에 가까운 약간의 신약이라 5~6년 뒤 갑자 대운을 벗어나면서 자신이 보유한 부동산 가격이 크게 올라 잃었던 재산 대부분을 만회할 수 있었다. 한쪽 수족이 마비된 중풍도 치료가 잘되어 건강을 상당 부분 회복했다.

우당의 실전 사주명리학

명조

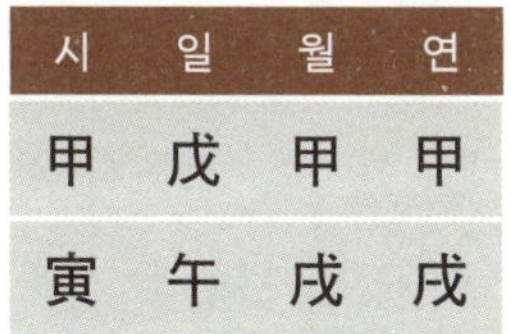

시	일	월	연
甲	戊	甲	甲
寅	午	戌	戌

격국용신

신강/용관격/목이 용신/신약으로
착각하기 쉬운 신강 사주

대운

68	58	48	38	28	18	8	
辛	庚	己	戊	丁	丙	乙	運
巳	辰	卯	寅	丑	子	亥	程

격국용신을 어떻게 판단할 것인가

무오戊午 일주가 갑술甲戌월에 태어났다. 천간에 칠살인 갑목이 세 개나 드러나 있고, 지지에도 인목이 있어 칠살 목의 세력이 매우 강해 보인다. 그러나 목의 기운이 쇠퇴하는 가을철이라 갑목이 셋이라도 많이 강하지는 않다. 게다가 지지의 인오술寅午戌은 화국火局을 이루어 강한 화기가 갑목의 기운을 설하는 동시에 일간 무토를 생한다. 따라서 이 명조는 신강으로 판단해야 한다. 신강 신약 판별이 까다로운 사례에 속한다.

신강 사주는 관성-재성-식상 순으로 용신을 잡는데(용신 잡는 법 11번), 이 명조는 관성인 갑목이 유력하다. 따라서 갑목을 용신으로 잡고, 용신 목을 생하는 수가 희신이다.

어떤 인생을 살았는가

주인공 L씨는 사업가였다. 정축丁丑 대운까지는 조용히 지내다가 무인戊寅 대운 갑인甲寅년(1974년, 41세)에 사업을 시작했다. 대개 관살운이나 비겁운이 오면 사업을 시작하는데, 이때는 관살운과 비겁운이 함께 왔으니 자연스러운 흐름이었다. 그러나 무인 대운은 목운이기는 하나 사주 원국과 대운에서 인오술 화국이 중첩되어 기신 화가 지나치게 강해지는 시기였다. 사업이 순탄할 리 없었고 실제로 시작부터 고전을 면치 못했다. 병진丙辰년(1976년, 43세)에는 이혼까지 겪었고 정사丁巳, 무오戊午, 기미己未년(1977년~1979년, 44세~46세)에도 무척 고생했다. 연운까지 3년간 화운이 왔으니 어려움을 피할 수 없었던 것이다. 결국 신유辛酉년(1981년, 48세)에 사업을 정리하고 직장 생활로 돌아갔다.

무인 대운이 끝나고 기묘己卯 대운이 시작되자 용신 목이 살아나며 안정을 찾았다. 계해癸亥년(1983년, 50세)에는 재혼하여 가정을 꾸렸는데, 용신 대운 희신년이라 올바른 배우자를 만난 셈이었다. 정묘丁卯년(1987년, 54세)에는 선박 회사의 공동대표가 되었고 무진戊辰년(1988년, 55세)까지는 사업이 순조로웠

다. 그러나 경오庚午, 신미辛未년(1990년~1991년, 57~58세)에는
화운이 겹치니 무리한 사업 확장과 태풍으로 인해 배가 침몰하
는 등 불운이 닥쳤다.

경진庚辰 대운 초반인 임신壬申, 계유癸酉, 갑술甲戌년
(1992년~1994년, 59세~61세)까지는 힘든 시기를 보냈지만, 습
토인 진辰운이 힘을 발휘하는 을해乙亥년(1995년, 62세)부터 기
묘己卯년(1999년, 66세)까지는 전성기를 맞았다. 진辰 대운은 진
술충辰戌沖으로 인오술 화국을 깨는 동시에 인진합寅辰合으로
용신인 목을 생조하므로, 이 5년이 L씨의 전성기였다.

그러나 경진 대운 말에는 과로로 결핵과 당뇨가 생기며 투
병 생활이 시작되었다. L씨는 신사辛巳 대운 초반 갑신甲申년
(2004년, 71세)에 지분을 20억에 매각한 뒤 조용히 노후를 보냈
다. 신사 대운 갑신년은 대운과 연운에서 용신 갑목과 인목을 깨
뜨리는 시기였기에 사업이 불가능함을 알고 현명하게 정리한
것이다.

명조

시	일	월	연
丙	戊	庚	辛
辰	戌	子	卯

격국용신

조후/조후로 화가 용신/신강처럼
보이나 실제는 신약

대운

65	55	45	35	25	15	5	運程
癸	甲	乙	丙	丁	戊	己	
巳	午	未	申	酉	戌	亥	

격국용신을 어떻게 판단할 것인가

무술戊戌 일주가 경자庚子월에 태어났다. 일주 무술과 시주 병진丙辰이 화토 덩어리를 이루고, 연주와 월주에는 경신금과 자수가 뭉쳐 있다. 즉 화토火土와 수금水金이 대결하는 양상이다. 이처럼 화토가 한 덩어리를 이루고 있으니 언뜻 보면 신강인 것 같다.

하지만 자세히 보면 다르다. 천간에 경신금이 투출透出하여 토의 기운을 설기시키고 진술충辰戌沖으로 토기가 약화되며, 술토 속 정화가 꺾여 무토의 뿌리가 튼튼하다고 할 수 없다. 시간 병화는 일지 술토의 지장간 중 정화에 겨우 뿌리내리기는 했지만 진술충으로 뿌리가 반쯤 잘렸다. 전체적으로 보면 화토보다 수금이 우세하므로 신약으로 판단해야 한다. 신약한 무토가 한겨울인 자월에 태어나고 수기가 유력하니 조후를 용신으로 삼아야 한다(용신 잡는 법 22번). 시간 병화가 용신이다.

어떤 인생을 살았는가

주인공 K씨는 대장까지 오른 군인이었다. 병신丙申 대운에는 신자진申子辰 수국水局이 이루어져 힘든 시간을 보냈다. 병신 대운 임신壬申년(1992년, 42세)에는 신자진 수국이 거듭 이루어지는데, 이때 처가 사업에 실패해 금전적 고통을 겪었다. 이 명조에서 수는 재성이자 처가 되므로 처로 인한 고통이 찾아온 것이다.

그러나 화운이 들어오는 을미乙未 대운부터 상황이 풀리기 시작했고, 을유乙酉년(2005년, 55세)에는 중장이 되고 갑오甲午 대운 기축己丑년(2009년, 59세)에는 대장으로 진급했다. 갑오 대운은 대운의 오화와 일지 술토가 오술午戌 화국火局을 이루어 용신 병화가 강해지고, 진술충도 해소되어 무토가 힘을 얻은 덕분이다.

하지만 갑오 대운 임진壬辰년(2012년, 62세)에는 천극지충이 일어난다. 임진년은 임수가 용신 병화를 극하고, 진토가 술토

를 다시 충해 용신 병화의 뿌리인 술토 중 정화를 완전히 끊어
버린다. 천극지충이 용신 병화를 공격하니 크게 나쁜 일이 발생
할 수밖에 없다. 이해에 K씨는 총선에 출마해 당선되니 얼핏 보
기엔 경사인 것처럼 보였다. 하지만 운이 불리한 시기에는 좋은
일도 결국 화근이 된다는 법칙이 이 사례에서도 틀리지 않았다.
이듬해 계사癸巳년(2013년, 63세)에 선거법 위반으로 유죄 판결
을 받아 결국 의원직을 박탈당했다. 선거 운동 과정에서 20명
분의 식대를 내준 일 때문이었다.

기토 심화

❶ 스물한 살에 비명횡사, 도대체 왜?

명조

시	일	월	연
丁	己	丙	壬
卯	亥	午	午

격국용신

조후/조후로 수가 용신/비명횡사
명조

대운

68	58	48	38	28	18	8	運程
癸	壬	辛	庚	己	戊	丁	
丑	子	亥	戌	酉	申	未	

격국용신을 어떻게 판단할 것인가

기해己亥 일주가 병오丙午월에 태어났다. 한여름에 태어났
는데 월주가 60갑자 중 화기가 가장 강한 병오이고, 연지 오화
까지 있으니 화기가 막강하다. 무기토의 경우 조후의 영향을 많
이 받으므로 조후로 수가 용신이다(용신 잡는 법 22번).

일지 해수를 용신으로 잡을 수밖에 없는데 해수의 상황이
매우 좋지 않다. 월지와 연지 두 오화의 막강한 화기가 해수를
마르게 하고, 시지 묘목은 해수의 기운을 빼앗으니 해수는 탈진

상태이다. 기진맥진한 해수는 연간 임수가 도와주기를 간절히 바라지만 연간 임수도 남을 도울 처지가 못 된다. 연간 임수는 일지 해수와 대각선 위치에 있어 해수와 약간 통하기는 하지만 거리가 너무 멀다. 임수 자체도 뿌리가 없고 연월을 차지한 강한 화기에 둘러싸여 자기 앞가림도 못하는 형편이다. 이래서야 해수를 도울 여력이 없다.

이 명조에서 연간 임수는 준準용신이라고 할 수 있는데, 용신이 보호막 없이 화기에 둘러싸여 완전히 노출되어 있으므로 길신태로와 같은 상황이다. 희용신인 길신이 보호막 없이 노출되어 세운과 대운의 충극과 탈취를 쉽게 당하는 상태인 것이다. 용신인 일지 해수, 준용신인 연간 임수 둘 다 극히 무력하다.

어떤 인생을 살았는가

주인공 P는 어린 시절 부유한 집안에서 태어나 정미丁未 대운은 무사히 보냈다. 정미 대운 무술戊戌년(1958년, 17세)은 비견 겁재의 연운으로 강한 토기가 용신 수를 극하고, 오술午戌 화국火局이 이루어져 용신인 수기가 말라 버린다. 이 시기 P는 친구를 잘못 사귀어서 나이를 속이고 군에 입대하는 어처구니없는 사건이 발생한다. 하지만 정미 대운은 용신 해수와 해묘미亥卯未 목국木局을 이루어 관살인 목기가 신강한 일간 기토를 억제하므로 치명적 사고는 없이 지나갈 수 있었다. 신강한 사주에서는 원래 관살이 용신이 되는데, 이 사주에서는 토 일주에 화기가 매우 치열하므로 조후로 용신은 수, 희신은 금으로 잡는다. 하지만 신강이므로 관살이 용신에 준하는 희신의 역할을 하는 것으로 볼 수 있다.

그러나 무신戊申 대운은 달랐다. 무신 대운은 무토가 준용신 임수를 극하기 때문이다. 무신 대운 임인壬寅년(1962년, 21세), 대운의 무토가 준용신 임수를 극하고 연운의 인목이 인오인午 화국火局을 이중으로 형성하니, 극히 약한 용신 해수는 완전히 말라 버린다. 용신 해수는 말라 버리고 준용신 임수는 무토에 덮여 버리는 일이 이해에 발생한 것이다. 이렇게 되면 무슨 일이 생길까? 임인년에 P는 친구들과의 패싸움에 휘말렸다가 각목으로 머리를 얻어맞아 뇌출혈을 일으켰고 결국 회생하지 못했다.

이처럼 용신이 무력한데 용신을 극하는 운이 강하게 올 경우에는 젊은 날에도 비명횡사할 수 있다. 생로병사의 기본은 운이 결정한다.

명조

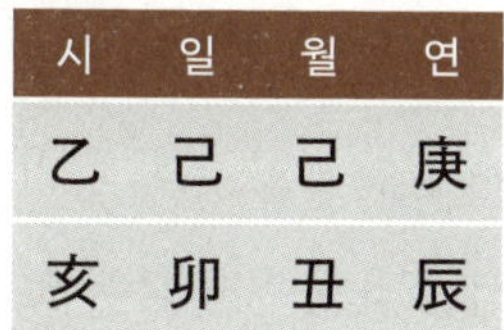

시	일	월	연
乙	己	己	庚
亥	卯	丑	辰

격국용신

조후/조후로 화가 용신/신강약 판단 어려운 사례

대운

61	51	41	31	21	11	1	運程
丙	乙	甲	癸	壬	辛	庚	
申	未	午	巳	辰	卯	寅	

격국용신을 어떻게 판단할 것인가

기묘己卯 일주가 기축己丑월에 태어났다. 일간 기토 옆에 바로 기토가 있고, 지지에 진토와 축토가 있어서 일견 신강한 사주로 보이나, 약간 신약한 사주로 보는 것이 맞는다. 신약으로 보아야 하는 이유는, 첫째 축월이라 습토가 얼어 있어 활력이 확떨어진다. 둘째 월지 축토와 시지 해수가 해축亥丑 반半수국水局이 되어 수기가 강하다. 셋째 지지의 해묘합亥卯合과 시간 을목이 한 덩어리로 뭉쳐 있으므로 목기도 상당하다. 넷째 축토와 진토의 생을 받는 연간 경금의 세력도 상당하다. 결국 토, 목, 금의 세력이 엇비슷하여 전체적으로 보면 기토의 세력이 목금의 세력보다는 약하다. 신강 신약을 판단하기 매우 어려운 사주이다.

축월이니 조후로 대운에서 오는 화를 용신으로 한다(용신 잡는 법 22번, 19번). 이 명조는 배우자 궁인 일지에 묘목이 자리 잡아 시지 해수와 해묘합을 이루는 데다 시간 을목까지 붙어 있으니, 기신인 관살 목이 한 덩어리로 뭉쳐 일간 기토를 핍박하는 형국이다. 배우자 궁에 자리 잡은 기신의 힘이 막강하니, 이 명조의 주인공은 배우자로 인한 고통을 피할 수 없다.

어떤 인생을 살았는가

유명 호텔 전무를 지냈던 K씨의 명조이다. 호텔 업계에서 직장 생활을 하면서 무난하게 지냈고, 최전성기인 갑오甲午 대운에는 K호텔 전무까지 승진했다.

문제는 을미乙未 대운에 일어났다. 을미 대운은 해묘미亥卯未 목국木局이 이루어져 관살 목의 세력이 극히 강해지니 배우자로 인해 고통을 겪게 된다. 을미 대운에 K씨의 아내가 의부증이 생기면서 남편을 폭행해 K씨는 맞고 살아야 했다. 결국 을미 대운 을해乙亥년(1995년, 55세)에 이혼하게 되었는데, 이해는 해묘미 목국이 이중으로 이루어지는 해이다. 을미 대운 무인戊寅, 기묘己卯년(1998년~1999년, 58세~59세)에 본인이 직접 호텔 사업을 추진했으나 실패했다. 대운에서 해묘미 목국이 이루어지는 데다 연운에서도 무인, 기묘로 목운이 와서 관살운이 막강해지니 도저히 성공할 수 없었던 것이다.

병신丙申 대운 첫해인 신사辛巳년(2001년, 61세)에 자기 사업을 하기 위해 퇴직했으나 그 뒤 제대로 되는 일이 없었다. 병신 대운 정해丁亥, 무자戊子년(2007년~2008년, 67세~68세)에는 재성이 지나치게 득세해 외부 여자로 인한 큰 손실이 발생했다.

경금 심화

① 20세 연상 남자의 재혼처가 된 여의사

명조

시	일	월	연
丁	庚	丁	癸
亥	午	巳	未

격국용신

극신약/식신제살/병약설로 수가
용신/신강약 판단이 어려운 사례.
입하 6일째 사주

대운

68	58	48	38	28	18	8	運程
甲	癸	壬	辛	庚	己	戊	
子	亥	戌	酉	申	未	午	

격국용신을 어떻게 판단할 것인가

경오庚午 일주가 정사丁巳월에 태어났다. 여명이다. 일간 경금이 양옆 정화, 일지 오화, 월지 사화 등 화에 포위된 형상이라 위태로워 보인다. 관살이 강하게 둘러싸니 종해야 하는지가 문제이다. 여기서 입절로부터의 일자를 고려해야 한다. 이 명조의 경오일은 입하 후 6일째라 전월의 여기餘氣인 무토 사령으로 본다(용신 잡는 법 7번). 그래서 사巳 중 병화는 힘을 쓰지 못하고, 사오미 화방국도 성립하지 않는다. 이런 상황에서 경금은 사화

중의 여기인 무토와 경금에 뿌리를 내리고 있으므로 종하지 않고 '극신약'으로 본다(살중극신약). 신강약 판단이 매우 어려운 사주이다. 연지 미토는 조토라 금을 생하지 못해 인성 역할을 못한다.

관살 화의 기세가 일간 경금을 급박하게 치고 들어오므로, 제1 과제는 관살 제압이다. 이 명조에서는 관살인 화를 누를 수 있는 시지 해수를 용신으로 잡는다(병약설, 식신제살). 다만 해수를 도와줄 원군이 없어서 해수 자체가 극히 약하다. 이처럼 극신약한데 용신까지 약하니 일생이 고단하다. 흔히 '나쁜 사주 1순위'로 꼽히는 구조가 살중극신약에 무無인성인데, 이 명조가 딱 그 경우이다.

어떤 인생을 살았는가

주인공 K씨는 산부인과 의사였다. 초년인 무오戊午, 기미己未 대운에 집안이 기울어 고생이 컸지만 다행히 의대에 합격해 산부인과 의사가 되었다. 경신庚申 대운 병진丙辰년(1976년, 34세)에 편관운이 오면서 20세 연상의 법조인을 만났는데, 그는 처가 중풍으로 누워 있는 유부남이었다. 신유辛酉 대운 계해癸亥년(1983년, 41세)에 그 남자의 처가 사망해 갑자甲子년(1984년, 42세)에 결혼했고, 무진戊辰년(1988년, 46세)에 아들을 낳았다.

경신, 신유 대운은 그나마 평온했지만 임술壬戌 대운에 들어서자 바로 고난이 시작된다. 임술 대운 첫해 신미辛未년

(1991년, 49세)에 갑자기 남편이 사망해 전처 자녀들과 상속 재산 다툼이 시작되었다. 이해는 대운에서 오술午戌 화국火局이 이루어지고 사주 원국과 연운에서 오미합午未合이 거듭 일어나니 최악이었다. 신미년에 시작된 상속 분쟁은 5년이나 이어졌고 K씨는 만신창이가 되었다. 임술 대운 병자丙子년(1996년, 54세)에 생계를 위해 일식집을 개업했지만 화운이라 잘될 리 없었고, 다음 해 정축丁丑년(1997년, 55세)에 폐업 후 다른 사업을 했으나 역시 실패했다. 병자년에 다시 편관운이 오며 다른 남자를 만났는데, 기신 화기가 충천한 시기라 고통만 주는 인연이었다. 폭력성이 강한 남자라 맞고 살아야 했던 것이다.

그렇게 임술 대운이 지나고 용신운 계해癸亥 대운이 와도 상황은 나아지지 않았다. 극신약에 용신까지 약할 경우 대운이 좋아도 연운이 받쳐 주지 않으면 무너질 수 있고, 강한 기신운에서 완전히 망가지면 그다음 좋은 운이 와도 회복이 어렵다. 계해 대운 초입인 신사辛巳, 임오壬午, 계미癸未(2001년~2003년, 59세~61세) 화운 3년에 사업은 부도 상태가 되었고 건강도 크게 나빠졌다. 사실상 아무것도 할 수 없는 지경까지 악화되었다. 앞선 임술 대운에 너무 큰 타격을 입어 '벼락 맞은 나무' 같은 상태가 되어 버려 그 뒤 용신운이 와도 살아날 수 없었던 것이다.

우당의 실전 사주명리학

② 아버지를 폭행하는 패륜아 명조

명조

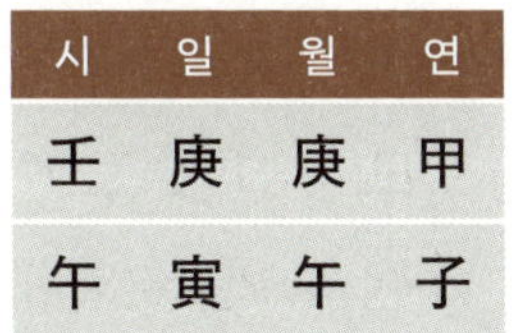

격국용신

극신약/살중용인격/습토가 용신/
극신약과 종격의 구별

대운

64	54	44	34	24	14	4	
丁	丙	乙	甲	癸	壬	辛	運
丑	子	亥	戌	酉	申	未	程

격국용신을 어떻게 판단할 것인가

경인庚寅 일주가 경오庚午월에 태어났다. 월지 오화, 일지 인목, 시지 오화가 뭉쳐 인오寅午 화국火局을 이루니 화기가 막강하다. 일간 경금은 지지에는 뿌리가 없고 원군은 월간 경금뿐이다.

화기가 막강하고 경금은 둘 다 뿌리가 없으니 종격으로 판단해야 하는 건 아닐까? 이럴 경우는 사주 여덟 자의 구성과 계절의 특성을 세밀히 파악하는 것이 필요하다. 이 명조를 면밀히 관찰해 보면 종격이 아니라 극신약으로 판단해야 한다. 첫째, 월지 오화가 연지 자수의 충을 받아 화기가 일부 깨진다. 둘째, 시지 오화는 시간 임수의 극을 받아 화기가 다소 약화된다. 이 두 요인이 합쳐지면 통상적인 인오 화국보다는 화기가 약하게 된다. 셋째, 천간의 경금 둘이 근접하여 뭉쳐 있으니 경금의 힘이 배 이상이 된다. 따라서 이 명조는 종격이 아니라 극신약으로 판단해야 옳다. 단, 화기가 막강한 상황에서 두 경금이 뭉친 힘만으로 간신히 버티는 상태라 극신약 중에서도 최약체 극신약이고 파격에 가깝다. 파격 사주라 참을성이 부족하고 충동적이며 정서가 불안하다.

신약한데 관살이 많을 경우에는 인성이 용신인데(용신 잡는 법 14번), 때가 한여름이라 인성인 습토가 용신이다. 사주 원국에는 습토가 없으므로 운에서 오기를 기다려야 한다. 이 명조는 파격에 가까운 데다 관살이 강하고 그 관살을 중재하는 용신인 습토가 없어 격이 매우 낮다. 경금이 격이 낮으면 폭력적이니 이 명조의 주인공은 걸핏하면 욱해서 가족에게도 폭력을 휘두르게 된다.

어떤 인생을 살았는가

주인공 J씨는 초년에 희신운인 임신壬申, 계유癸酉 대운을 맞는다. 보통 희신운에는 행운이 따르지만 이 명조는 너무 약해서 임신, 계유 대운에도 잘 지내지 못했다. 임신 대운은 좋은 운

 우당의 실전 사주명리학

임에도 불구하고 불안정한 명조라 집중이 안 돼 공부를 제대로 못 했다.

　25세부터 오는 계유 대운은 그나마 제일 나은 운인데 이때도 여러 가지 문제를 일으켰다. 계유 대운 기축己丑년(2009년, 26세)에 유축酉丑 금국金局이 성립되어 좋은 일이 생기는데, J 씨의 경우 기껏해야 비정규직에 취업한 정도에 불과했고 취업한 후에도 부모에게 계속 돈을 요구했다. 다음 해인 경인庚寅년(2010년, 27세) 연운에서 인목이 와서 인오寅午 화국火局이 한 번 더 성립하니 화기는 더 강해진다. 불바다 같은 화기가 극신약 경금을 녹이는 지경이 되니 우울증으로 정신과 치료를 받게 되고 폭력성이 나타난다. 신묘辛卯년(2011년, 28세)에는 훈계하는 아버지에게 폭행을 가하는 패륜적인 짓까지 저지른다. 희신인 금기가 강한 계유 대운에도 연운이 목으로 바뀌자마자 우울증과 폭력성이 나타났으니 그 후의 대운에는 더 볼 것도 없다.

　계유 대운 이후 만나지 못해 그다음 일은 알지 못하나, 갑술甲戌 대운은 인오술寅午戌 화국이 성립하여 화기가 최고조에 달하는 운이다. 따라서 건강이 극히 나빠져 거의 폐인이 되었을 것으로 추측한다.

③ 용신운에 불치병이 치유되다

명조

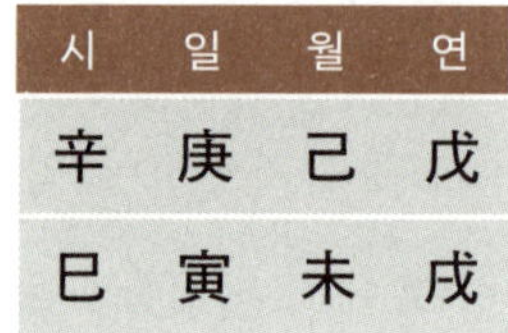

시	일	월	연
辛	庚	己	戊
巳	寅	未	戌

격국용신

신약/용인격/용신은 습토/신강약 판단이 어려운 사례, 소서小暑 후 4일째 사주

대운

61	51	41	31	21	11	1	運程
壬	癸	甲	乙	丙	丁	戊	
子	丑	寅	卯	辰	巳	午	

격국용신을 어떻게 판단할 것인가

경인庚寅 일주가 기미己未월에 태어났다. 여명이다. 월지가 인성 미토이고 연월에 무기토와 술토까지 있어서 외견상 인성 인 토가 막강해 보인다. 신강으로 오해하기 쉬운 명조이다. 하지 만 조열한 미월에 태어났고 절기가 소서小暑 후 4일째라 정화 사 령이다. 따라서 월간의 기토가 조토로 변하니 월주인 기미토는 금을 생하는 역할을 제대로 할 수 없다. 반면, 연지 술토는 술戌 중 신금이 있어 연간 무토를 거들고 일간 경금에 조금 힘을 보탠

우당의 실전 사주명리학

다. 또 시간 신금은 시지 사巳의 지장간 중 경금에 겨우 뿌리를 내려 일간을 약간 도와준다. 조열한 기미토가 월주라 세력이 가장 강하므로, 연지 술토와 시간 신금의 도움이 있어도 일간 경금은 신약하다. 신약이니 인성 토가 용신인데, 좀 더 정확하게 말하면 진토, 축토의 습토가 용신이다(용인격). 신강약의 판단이 매우 어려운 명조이다.

어떤 인생을 살았는가

주인공 M씨는 병진丙辰 대운 병인丙寅년(1986년, 29세)에 남편을 만나 정묘丁卯년(1987년, 30세)에 결혼했다. 남편은 다음 해인 무진戊辰년(1988년, 31세)에 사업을 시작했다. 병진 대운 병인년과 정묘년은 화기가 강해 M씨에게 좋지 않은 해였으니 이때 만난 남편은 좋은 인연이 아니었다. 을묘乙卯 대운 경오庚午년(1990년, 33세)에 남편 사업이 극도로 부진해 신미辛未년(1991년, 34세)에 결국 부도가 나고, 다음 해인 임신壬申년(1992년, 35세)에 이혼했다. 임신년은 비겁 신금이 일간을 돕고 임수가 기신 화를 눌러 M씨에겐 좋은 시기였기에 잘못된 결혼에서 벗어날 수 있었다. 이때의 이혼은 좋은 일이었다.

이혼 다음 해 계유癸酉년(1993년, 36세)에 새로운 남자를 만났는데 사유합巳酉合으로 비겁이 도와주는 해라 제대로 된 인연이었고, 을묘 대운 정축丁丑년(1997년, 40세)에 재혼했다. 다만 뒤이은 갑인甲寅 대운은 용신 토를 극하고 인술寅戌 화반국火

半局이 거듭 이루어져 기신 화가 강해지니 매우 고통스러운 시기가 될 수밖에 없었다. 갑인 대운 임오壬午년(2002년, 45세)에는 사오미巳午未 화방국火方局과 인오술寅午戌 화국火局이 동시에 성립해 약한 경금이 버티기 어려웠다. 이때부터 이유를 알 수 없는 병으로 계속 아팠고, 병술丙戌년(2006년, 49세)에는 우울과 불안까지 겹쳤다. 그런데 계축癸丑 대운 첫해 기축己丑년(2009년, 52세)에 들어서며 거짓말처럼 완쾌되었다. 용신 습토의 덕이었다. 건강도 운이 도와줘야 지켜진다는 것을 보여 주는 명조이다.

신금 심화

① 고시 낭인이 사업가로 성공한 비결은?

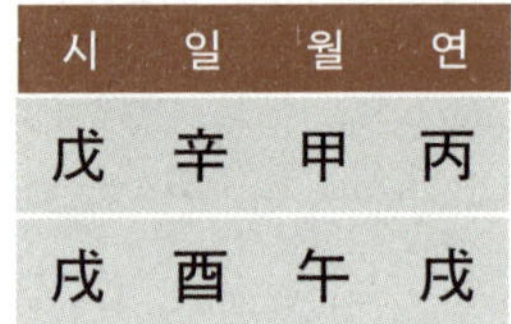

격국용신

신약/살중용인격/토가 용신/동시
에 일어나는 합合, 충沖의 우선순위

대운

67	57	47	37	27	17	7	運程
辛	庚	己	戊	丁	丙	乙	
丑	子	亥	戌	酉	申	未	

격국용신을 어떻게 판단할 것인가

신유辛酉 일주가 갑오甲午월에 태어났다. 계절이 오누월이고 지지에 오술午戌 화국火局이 있으며, 월주 갑오와 연주 병술丙戌이 하나로 뭉쳐 목화 덩어리를 이루고 있으니 화기가 막강하다. 일간 신금은 일지 유금에 뿌리를 두고 있는데, 일지 유금은 시지 술토와 유술합酉戌合을 이루니 신금의 뿌리가 튼튼하다. 또한 일주 신유와 시주 무술戊戌이 하나로 뭉쳐 토금 덩어리를 이루고 있으므로 일간의 세력도 상당하다. 그러나 계절이 한

여름이라 화의 세력이 토금의 세력보다 우월하니 일간 신금은 상대적으로 신약하다. 신약한데 관살이 강한 경우 인성이 용신이므로(용신 잡는 법 14번), 인성 무토를 용신으로 잡는다(살중용인). 비겁인 금이 희신이다.

어떤 인생을 살았는가

주인공 S씨는 Y대 법대 졸업 후 고시 공부를 오래 했으나 34세까지 합격하지 못했다. 정유丁酉 대운은 희신인 금운이라 S씨에게는 좋은 운이었으나 연운이 따라주지 않았기 때문이다. 정유 대운이 시작된 후에도 연운이 목화인 시기(갑인甲寅년~기미己未년, 1974년~1979년, 29세~34세)까지는 기약 없이 고시 공부를 계속할 수밖에 없었다. 그렇게 고시 낭인으로 끝나는가 싶었는데 정유 대운 경신庚申년(1980년, 35세)에 좋은 변화의 계기가 생겼다. 대학 동기인 국내 명품 A시계의 사장이 부산경남 지역의 총판을 S씨에게 맡기는 일이 일어난 것이다. 정유 대운 경신, 신유辛酉년은 대운과 연운에서 희신인 금기가 겹치는 해이니 시계 사업은 올바른 선택이었다. 이처럼 S씨는 얼떨결에 A시계 총판을 맡아 정유 대운 중 연운이 금인 경신, 신유, 임술壬戌년(1980~1982년, 35~37세)과 무술戊戌 대운 진입 후 연운이 수인 계해癸亥, 갑자甲子, 을축乙丑년(1983~1985년, 38~40세)까지 금수운 6년간 돈을 많이 벌었다.

그러나 이 행운은 무술 대운 을축년까지였다. 무술 대운은 대운의 술토가 오술합午戌合과 유술합酉戌合을 둘 다 성립시키는데, 그 효과는 완전히 반대이다. 이럴 경우 둘 중 어떤 합이 우선할까? 이 명조처럼 둘 이상의 합合, 충冲이 발생할 때는 합과 충이 일어나는 위치에 따라 우선순위가 결정된다. 지지의 일간에 대한 영향력은 월지-일지-시지-연지의 순서로 작용하는데, 월지는 계절을 나타내므로 월지의 오행은 다른 지지의 오행보다 배倍 이상의 힘을 갖는다(용신 잡는 법 4번). 합충 역시 이 순서로 우선순위와 영향력의 크기가 결정된다. 이 명조에서 오술합은 월지와의 합이고, 유술합은 일지와의 합이니 월지와의 합인 오술합이 우선한다.

그렇다면 무술 대운은 원래도 막강한 화기를 더 강하게 만드는 운이니 불리한 시기가 된다. 무술 대운 중 목운이 시작되는 병인丙寅년(1986년, 41세)은 연운의 인목으로 인오술寅午戌 화국까지 이루면서 화기가 엄청나게 강해지는 해이다. 병인년이 되자 본사에서 S씨의 총판 권한을 부산으로만 축소시켜 버려 갑자기 매출이 대폭 줄어들게 되었다.

그즈음 S씨의 처가 다른 사업권을 가져왔는데 알고 보니 그 사업의 대표와 S씨의 처가 내연 관계였다. 병인, 정묘丁卯년에 두 가지 큰 악재가 터지자 S씨는 무진戊辰년(1988년, 43세)에 사업을 그만두고 이혼 위기에 놓이게 되었다. 그 후 술戌 대운 신미辛未년(1991년, 46세)까지 내리 4년간 고전을 면치 못했다. 그러다 무술 대운 마지막 해인 임신壬申년(1992년, 47세) 연운에서 금기가 오자 행운이 찾아왔다. 부산 중심가에 위치한 C백화점의 귀금속 영업을 독점하게 된 것이다. 기해己亥 대운 첫해인 계유癸酉년(1993년, 48세)까지 2년간 돈을 많이 벌었으나 갑술甲戌년(1994년, 49세)에 영업장에 도둑이 들어 귀금속을 다 가져가는 사고가 터졌다. 갑술년은 연운에서 오술午戌 화국이 한 번 더 성립하니 임신, 계유년의 행운이 계속될 수는 없었던 것이다.

기해 대운과 경자庚子 대운은 식상운이라 신약인 S씨에게는 별로 좋지 못한 시기이다. 이 시기에는 연운에 따라 성공과 실패가 엇갈렸다. 기해 대운 중인 무인戊寅, 기묘己卯년(1998년~1999년, 53세~54세)은 목운이라 H백화점에 식품 매장을 냈으나 손해를 보았고, 다음 해인 경진庚辰년(2000년, 55세)은 토금운이라 부동산 경매로 이익을 냈다. 임오壬午, 계미癸未년(2002년~2003년, 57세~58세)에는 손실이 나고 갑신甲申, 을유乙酉년(2004년~2005년, 59세~60세)에는 수익을 냈다. 병술丙戌년(2006년, 61세)에 연운의 술토가 오술 화국을 한 번 더 이루니 경매 물건의 하자로 송사가 시작되어 몇 년간 시달렸다. 경자 대운 기축己丑년(2009년, 64세) 연운에서 축토의 용신운이 와서 일간을 도와주니 그간의 송사를 정리하고 빚을 청산했다.

그 후 신축辛丑 대운은 용신인 인성운이고 유축酉丑 금국金局으로 일간 신금이 강해지니 평온한 시기가 되었을 것으로 추측한다.

임수 심화

임수 심화

명조

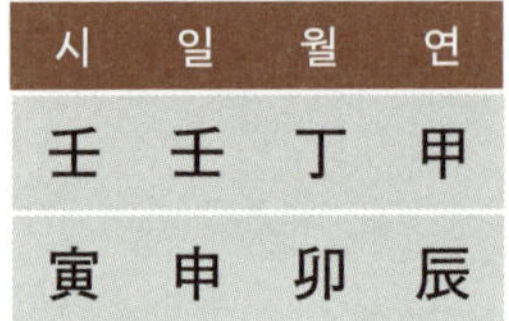

시	일	월	연
壬	壬	丁	甲
寅	申	卯	辰

격국용신

극신약/상중용인격/신금이 용신/
극신약 명조는 대운이 좋아도 연
운에서 무너진다

대운

64	54	44	34	24	14	4	運程
甲	癸	壬	辛	庚	己	戊	
戌	酉	申	未	午	巳	辰	

격국용신을 어떻게 판단할 것인가

임신壬申 일주가 정묘丁卯월에 태어났다. 지지에 인묘진寅卯辰 목국木局이 성립되고 천간에 갑목까지 떠 있으니 식상인 목기가 매우 왕성하다. 일간 임수는 일지 신금에 뿌리내리기는 하나 일지 신금의 상태가 좋지 않다. 일지 신금은 시지 인목과의 충(인신충寅申冲)으로 절반이 깨진 데다 인묘진합寅卯辰合으로 강해진 목기를 극하는 데에도 기운을 빼앗기니 정상 기준의 40퍼센트 정도만 남아 있는 상태이다. 이처럼 일간의 뿌리가 매우 부실한 데다 일간 임수가 월간 정화와 정임합丁壬合까지 이루니 임수는 극히 약하다.

신약한데 식상이 많은 경우 인성이 용신이므로(용신 잡는 법 14번), 인성인 일지 신금을 용신으로 잡는다(상중용인). 용신인 신금이 인신충으로 깨져 있으니 파격이라 격이 낮지만, 식상이 강한 명조라서 머리 회전이 빠르고 수완이 좋다.

어떤 인생을 살았는가

주인공 K씨는 경오庚午 대운 신미辛未년(1991년, 28세)에 섬유 회사 영업사원으로 입사했다. 경오 대운 임신壬申, 계유癸酉년(1992년~1993년, 29세~30세) 연운에서 용신운이 오니 수완이 좋은 자신의 장점을 발휘해 실적을 올림으로써 2년간 번 돈으로 집을 장만할 수 있었다. 하지만 다음 해인 갑술甲戌년(1994년, 31세)에 인오술寅午戌 화국火局이 이루어지니 투자에 실패해 손해를 보았고, 경오 대운의 나머지 기간은 갑술년에 입은 손해를 메꾸느라 애쓰면서 보냈다.

신미辛未 대운 첫해인 무인戊寅년(1998년, 35세) 연운에서 인신충이 한 번 더 일어나자 아버지가 입원해서 상당한 병원비를 감당해야만 했다. 경진庚辰년(2000년, 37세)에 회사를 그만두고 사업을 시작했는데 신사辛巳, 임오壬午, 계미癸未년(2001년~2003년, 38세~40세)으로 이어지는 화운이 기다리고 있으니 사업이 잘될 리가 없었다. 거래 회사가 부도나서 1억의 손실을 입었다. 갑신甲申, 을유乙酉년(2004년~2005년, 41~42세) 용신운에는 호전되었으나 병술丙戌, 정해丁亥년(2006년~2007년, 43세~44세)에 다시 고전했다. 결국 강한 화기가 용신 신금을 극하는 경오庚午, 신미辛未 대운은 연운이 금운일 때만 잠깐 좋고 나머지 기간에는 고군분투하면서 보낼 수밖에 없었다.

임신壬申 대운은 용신 대운이니 K씨 명조에서는 가장 좋은 시기이다. 임신 대운 첫해인 무자戊子년(2008년, 45세)부터 임진壬辰년(2012년, 49세)까지 영업이 잘돼서 돈을 제법 벌었다. 여기까지는 좋았는데 임진壬辰년이 되자 문제가 발생했다. 큰 회사에서 거액의 주문을 받았는데 원단에 문제가 발견된 것이다. 주문한 회사에서 클레임을 걸고 배상을 요구해 손해배상을 해준 것까지는 정상적으로 처리했는데, 식상이 지나친 것이 문제인 K씨는 잔머리를 쓰다가 일을 키웠다. 클레임 걸린 물품은 폐기 처분하는 게 원칙인데 K씨는 그렇게 하지 않고 땡처리로 팔아넘긴 것이다. 그 사실을 주문한 회사가 알게 되어 소송을 제기했고 결국 손해배상으로 3억 원을 지급했다.

K씨는 이 사건으로 신뢰를 잃어 기존의 거래선이 모두 끊겨 버렸다. 임진년은 인묘진 목국이 성립해 기신인 식상이 강화되는 해이니 무사히 넘어가지 못했던 것이다. 계사癸巳, 갑오甲午년(2013년~2014년, 50세~51세)에 재기해 보려고 애썼으나 화기가 강한 시기이니 잘되지 않았다. 오래 버티지 못하고 을미乙未년(2015년, 52세)에 회사 문을 닫았다.

 우당의 실전 사주명리학

극신약 명조는 대운이 좋아도 나쁜 연운이 오면 큰 타격을 받게 되는데, K씨 역시 예외가 아니었다. 아무리 인생 최고의 대운이라도 연운이 불리하니 회사 문을 닫는 지경까지 가 버린 것이다. 필자가 극신약 명조는 사업을 하면 안 된다고 만류하는 이유가 바로 여기에 있다.

계유癸酉 대운 첫해인 무술戊戌년(2018년, 55세)에 K씨는 신변을 정리해서 낙향했는데, 그해에 심장마비로 사망했다. 무술년의 강한 토기가 일간 임수를 내리치자 극신약 임수는 흙에 완전히 묻혀 버렸던 것이다.

명조

시	일	월	연
甲	壬	癸	丁
辰	子	丑	亥

격국용신

신강/식신격食神格/갑목이 용신/
50년간 기신운이 오는 명조

대운

67	57	47	37	27	17	7	運程
丙	丁	戊	己	庚	辛	壬	
午	未	申	酉	戌	亥	子	

격국용신을 어떻게 판단할 것인가

임자壬子 일주가 계축癸丑월에 태어났다. 지지에 해축합亥丑合, 자축합子丑合, 자진합子辰合이 있어 수기가 지지를 완전히 장악하고, 천간에도 임계수가 떠 있으니 수의 세력이 극히 강하다.

수기가 막강하니 종왕격으로 판단해야 하는 것은 아닐까? 이럴 경우에는 수기를 제외한 다른 세력이 용신으로 쓸 수 있을 정도로 유력한지를 살펴서 결정한다. 신강할 경우 관살-재성-

식상 순으로 살펴 유력한 것을 용신을 잡는다(용신 잡는 법 11번)는 원칙에 따라 관살, 재성, 식상의 상태를 점검해 보자.

이 명조에 관살인 축토와 진토가 있기는 하나 자축합, 자진합으로 토라는 정체성을 버리고 수기로 편입되었으므로 용신이 될 수 없다. 재성인 정화는 지지에 뿌리가 전혀 없으니 무력하여 용신이 될 수 없다. 식신인 시간 갑목은 시지 진토에 뿌리가 있으니 아예 무력하다고는 볼 수 없어 어쩔 수 없이 용신으로 잡게 된다. 따라서 종왕격이 아니라 신강으로 판단한다. 용신은 식신인 시간 갑목이다(식신격食神格). 갑목을 용신으로 잡기는 하나 한겨울의 축월이고 막강한 수기가 장악한 명조이므로 한랭함이 극에 달해 용신 갑목은 극히 약하다. 화운이 와서 한기를 녹이면 용신 갑목이 살아나게 되므로 화가 희신이다.

어떤 인생을 살았는가

주인공 P씨는 어린 시절부터 임자壬子, 신해辛亥 대운이 와서 명조의 한기를 더하고 희신인 화를 꺼뜨리니 이 시기에 고생이 많았다. 경술庚戌 대운 갑인甲寅년(1974년, 28세)에 용신운이 오니 전기 사업을 시작해 어느 정도 기반을 잡았고 정사丁巳, 무오戊午, 기미己未년(1977년~1979년, 31세~33세) 연운에서 희신인 화가 와서 갑목의 한기를 덜어 주니 돈을 좀 벌 수 있었다. 하지만 다음 해인 경신庚申, 신유辛酉년(1980년~1981년, 34세~35세)에 금운이 와서 용신 갑목을 내리치고 한랭한 수기를 강화시키자 바로 문제가 발생했다. P씨가 아파트 전기공사를 수주했는데 시행사가 부도나서 공사는 중단되고 대금도 받지 못한 것이다.

더 심각한 문제는 경술 대운 다음이 기유己酉, 무신戊申 대운으로 금운이 20년간 계속된다는 것이었다. 경술 대운의 목화연운 6년간 잠깐 살 만했던 시기를 제외하면 P씨의 삶은 무신戊申 대운 말까지 고난의 연속이었고, 살기 위해 직업도 여러 번 바꿔야만 했다.

58세에 정미丁未 대운이 시작되어 화기가 오자 뒤늦게 조선소에 일용직으로 취직하여 겨우 생활의 안정을 찾을 수 있었다. 초년의 임자 대운부터 무신 대운까지 기신인 수금운이 거의 50년간 지속된 끝이라 희신운이 와도 생계를 간신히 해결하는 수준밖에 되지 못했다. 거의 평생 운이 따라주지 않은 명조의 예시이다.

계수 심화

명조

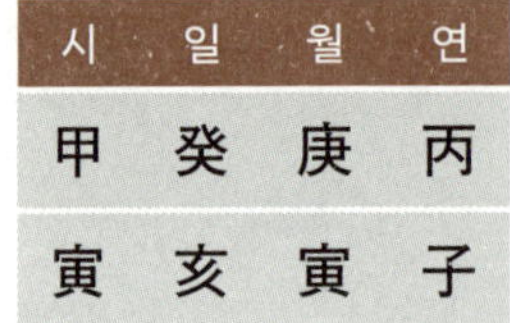

시	일	월	연
甲	癸	庚	丙
寅	亥	寅	子

격국용신

신강/가상관격/용신은 목/입춘 6일째라 월지를 축토로 보아야 하는 사례

대운

68	58	48	38	28	18	8	
丁	丙	乙	甲	癸	壬	辛	運
酉	申	未	午	巳	辰	卯	程

격국용신을 어떻게 판단할 것인가

계해癸亥 일주가 경인庚寅월에 태어났다. 인월이니 입춘으로부터 며칠 지났는지를 먼저 살펴야 한다. 이 명조에서 계해일은 입춘 6일째이다. 인월의 경우 입춘 7일 이내라면 전월의 한습한 축토로 보아야 한다(용신 잡는 법 7번). 이 명조에서 전월의 축토는 이미 절기를 넘어 온전한 축토가 아니므로 해자축亥子丑 방합方合을 이룰 수는 없다. 하지만 여기餘氣인 축토는 한습한 기운을 품고 있어 월간 경금을 생하고, 일지 해수와 연지 자수를

그대로 보존해 주니 일간 계수는 신강으로 판단해야 한다.

신강인 경우 관성-재성-식상 순으로 용신을 잡는데(용신 잡는 법 11번), 관성은 없고 재성인 연간 병화는 뿌리가 없어 무력하다(월지 인목이 축토로 바뀌므로). 시주의 식상 갑인목이 매우 유력하니 식상인 목을 용신으로 잡는다. 월지 상관이 용신인 경우에는 진상관격眞傷官格, 월지 외 상관이 용신인 경우에는 가상관격이니 가상관격이다. 아직 추운 계절이라 온기를 더하여 목을 살려 주는 화가 희신이다. 신강에 용신도 유력하니 좋은 사주이다. 이런 사주의 장점 덕에 불리한 시기라도 어느 정도는 자신을 유지할 수 있다.

어떤 인생을 살았는가

명망 있는 지방지인 K신문의 사장을 지냈던 L씨의 명조이다. 초년의 임진壬辰 대운은 천간이 임수이고, 지지의 진토가 자진합子辰合으로 수기를 더하여 희신 화를 극하니 어렵게 지냈다.

계사癸巳부터 을미乙未 대운까지 희신인 화운이 30년간 지속되니 이 시기에 많은 성취를 이루었다. 계사 대운 신해辛亥년(1971년, 36세)에 공화당 사무직으로 취직했는데 신해, 임자壬子년은 희신 화를 극하는 해이기 때문에 2년간은 상당히 고생을 했다.

갑오甲午 대운이 시작되자 운이 트였다. 갑오 대운 시작과 함께 갑인甲寅, 을묘乙卯년(1974년~1975년, 39세~40세)에 용신운이 오니 인정을 받기 시작하여 병진丙辰년(1976년, 41세)에 조폐공사 이사가 되었고, 기미己未년(1979년, 44세)에 K신문 사장이 되었다. 갑오 대운은 인오寅午 화국火局으로 희신과 용신의 힘을 더해 주니 갑오 대운 시작 후 6년 만에 비약적 발전을 이룬 것이다. 그 후 을미乙未 대운까지는 평온하게 잘 지냈다.

병신丙申 대운은 인신충寅申冲으로 용신 인목이 깨지니 매우 조심해야 하는 시기인데, L씨는 반대의 선택을 했다. 병신 대운 첫해인 갑술甲戌년(1994년, 59세)에 1996년의 15대 국회의원 선거 출마를 위해 좋은 자리를 그만둔 것이다. 당시 L씨가 국회의원 선거 출마에 대해 조언을 구했는데, 필자는 병신 대운은 좋지 않으니 자중하라고 권했지만 L씨는 듣지 않았다. 15대 국회의원 선거가 있었던 해인 1996년(병신 대운 병자丙子년, 61세)은 대운의 신금과 연운의 자수가 자신합子申合을 이루어 수기가 한층 강해지니 연운도 매우 좋지 않았다. 불리한 대운과 불리한 연운이 겹쳤으니 당선될 리 만무했다. 당연한 결과였던 것이다. 여기서 알 수 있는 것은 대운의 성격이 현저할 경우에는 대운이 시작되자마자 영향을 받는다는 점이다.

그 후 야인으로 지내다가 병신 대운 임오壬午년(2002년, 67세)에 S대 총장이 되어 을유乙酉년(2005년, 70세)까지 직위를 유지했다. 임오년은 인오 화국이 이루어지니 그 영향으로 수년간 현직에 머무를 수 있었다.

  우당의 실전 사주명리학

명조

시	일	월	연
壬	癸	甲	丁
戌	酉	辰	卯

격국용신

극신약에 가까운 신약/상중용인
격/용신은 금/청명淸明 후 3일째
명조 판단

대운

81	71	61	51	41	31	21	11	運程
乙	丙	丁	戊	己	庚	辛	壬	
未	申	酉	戌	亥	子	丑	寅	

격국용신을 어떻게 판단할 것인가

계유癸酉 일주가 갑진甲辰월에 태어났다. 이 명조의 계유일이 청명淸明 후 3일이라 을목 사령인 데다 지지에 묘진합卯辰合이 있고 천간에도 갑목이 투출透出했으니 목의 세력이 우위를 점하고 있다. 일간 계수는 일지 유금에 주로 의지하고, 시간 임수도 약간 도움이 된다. 월지 진토는 을목 사령이라 아직 토기가 오지 않은 때이므로 일지 유금과의 진유합辰酉合은 성립하지 않는다. 오행 중 목의 세력이 가장 우월하여 설기洩氣가 심한데, 관살과 재성도 어느 정도 힘이 있으니 일간은 신약하다. 계수가 십간 중 가장 약하다는 점까지 고려하면 극신약에 가깝다. 신약한데 식상이 강한 경우 인성이 용신이므로(용신 잡는 법 14번), 인성인 일지 유금이 용신이다(상중용인).

어떤 인생을 살았는가

공무원이었던 C씨의 명조이다. 신축辛丑 대운 병신丙申년(1956년, 30세)에 지방직 공무원이 되었고, 경자庚子 대운 경자庚子년(1960년, 34세)에 중앙 부처로 자리를 옮겼다. 경자 대운 경자년은 수기가 최고조에 달하여 L씨의 인생에서 제일 좋은 해이니 중앙 부처로의 이직은 최상의 기회였다. 경자년부터 경자 대운 마지막인 정미丁未년(1967년, 41세)까지 8년간 부동산에 투자하여 집 세 채를 마련했다. 기해己亥 대운 들어서도 연운이 수금水金인 기간인 무신戊申, 기유己酉, 경술庚戌, 신해辛亥, 임자壬子, 계축癸丑년(1968년~1973년, 42세~47세)까지는 좋은 날이 이어졌다.

문제는 기해 대운 을묘乙卯년(1975년, 49세)에 발생했다. 이 해에 제조업을 하는 지인으로부터 투자 제의를 받았다. 조금만 투자하면 된다고 해서 발을 담그기 시작했고, 다음 해인 병진丙辰년(1976년, 50세)부터 투자를 늘리기 시작했다. 을묘년은 식상이 강한 해인데 식상이 강하면 사기에 걸려들 수 있다. 이 사업은 결과적으로 보면 사기와 비슷한 것이었다.

무술戊戌 대운 무오戊午, 기미己未년(1978년~1979년, 52세~ 53세)에 투자금을 늘려서 회사 지분의 50퍼센트를 인수했고, 병 인丙寅년(1986년, 60세)에 공무원을 그만두고 아예 그 회사의 대 표직을 맡았다. 본격적으로 개입을 하고 보니 회사는 엉망진창 이었고, 그동안 쏟아부은 투자금은 남아 있지 않았다.

정유丁酉 대운 기사己巳, 경오庚午, 신미辛未(1989년~1991년, 63세~65세) 화운 3년간 회사가 부도 위기라 집 한 채를 날렸다. 그 후 을해乙亥, 병자丙子, 정축丁丑(1995년~1997년, 69세~71세) 수운 3년간 약간 나아졌으나 병신丙申 대운 첫해인 무인戊寅년 (1998년, 72세)에 회사는 1차 부도가 났고 결국 빈털터리로 전락 했다.

30대 경자 대운 다음에 오는 기해, 무술, 정유 대운은 일간 계수를 극하는 토운 혹은 용신 유금을 극하는 화운을 달고 오기 때문에 극신약인 C씨는 경자 대운의 행운을 유지할 수 없었던 것이다.

C씨와 같은 극신약에 가까운 사주는 사업을 하면 안 되는 데 자신에게 맞지 않는 사업의 길로 들어선 것이 비참한 노년으 로 귀결되었다. 사업을 하려는 사람은 반드시 일을 시작하기 전 에 사업운이 있는지 점검받기를 권한다.

③ 용신이 합거된 해 대장암 재발로 사망하다

명조

시	일	월	연
甲	癸	辛	乙
寅	未	巳	酉

격국용신

극신약/살중용인격/신금이 용신/
극신약 사주에서 용신이 합거되면
치명적

대운

68	58	48	38	28	18	8	運程
戊	丁	丙	乙	甲	癸	壬	
子	亥	戌	酉	申	未	午	

격국용신을 어떻게 판단할 것인가

계미癸未 일주가 신사辛巳월에 태어났다. 여명이다. 계수는 십간 중 가장 약한 천간인데, 여름에 태어난 일간 계수가 조열한 일지 미토 위에 앉아 미토의 극을 받으니 이것만으로도 계수는 말라 버릴 지경이다. 설상가상으로 시주 갑인甲寅이 바로 옆에서 계수의 기운을 빼앗아 가서 계수는 거의 실신 상태이다. 계수가 의지할 곳은 월간 신금뿐인데, 신금의 상황도 별로 좋지 못하다. 월간 신금은 월지 사화 중 경금과 연지 유금에 뿌리가 있기는 하지만, 지지의 사화와 미토의 화기가 금기를 극하니 이 명조의 금은 매우 약하다. 강한 화기의 극을 받으니 사유巳酉 금국金局도 형성이 잘 안 된다. 계수는 십간 중 가장 약한 데다 뿌리가 없는 여름의 계수가 허약한 신금만 의지하고 있으니 극신약이다. 신약한데 관살이 강하고 상관도 유력한 극설교가의 형국을 이루고 있다. 인성이 용신이므로(용신 잡는 법 14번, 살중용인), 월간 신금이 용신이다.

어떤 인생을 살았는가

주인공 P씨는 용신운인 갑신甲申, 을유乙酉 대운까지는 무탈하게 잘 지냈다. 이후 병술丙戌 대운이 되자 심각한 건강상의 문제가 생겼다. 병술 대운은 대운의 병화가 용신 신금을 합거하고, 조토인 술토가 일간 계수를 극하니 용신과 일간이 모두 큰 타격을 받는다. 이 명조처럼 조열한 경우에는 열로 인한 염증이 발생할 확률이 높고, 수기가 약하면 혈액이 탁해져 암으로 이어지기도 한다.

병술 대운 갑술甲戌년(1994년, 50세) 대운과 연운에서 조토인 술토가 겹치자 가려움증이 시작되었다. 을해乙亥, 병자丙子, 정축丁丑년(1995년~1997년, 51세~53세)은 수운이라 무사히 넘겼는데, 무인戊寅년(1998년, 54세)은 자궁에 종양이 생겨 자궁절제 수술을 받았고, 다음 해인 기묘己卯년(1999년, 55세)에는 맹장 수술을 받았다. 병술 대운 마지막 해인 임오壬午년(2002년,

58세) 사주 원국과 대운 연운에서 인오술寅午戌 화국을 이루게 되자 열로 인한 피부병이 더욱 악화되고 인체의 모든 기능이 급속도로 떨어졌다.

정해丁亥 대운 첫해인 계미癸未년(2003년, 59세)에는 대장암 수술을 받았다. 2년 후인 을유乙酉년(2005년, 61세)에는 난소암 수술을 받았고, 다음 해인 병술丙戌년(2006년, 62세)에 연운의 병화가 용신 신금을 합거하니 대장암이 재발하여 사망했다. 극신약 명조에서 용신이 합거되면 치명적 타격을 입게 됨을 알려 주는 예시이다.

명조

시	일	월	연
癸	癸	甲	癸
亥	丑	子	巳

격국용신

종왕격/수가 용신/천극지충 사례

대운

67	57	47	37	27	17	7	運程
丁	戊	己	庚	辛	壬	癸	
巳	午	未	申	酉	戌	亥	

격국용신을 어떻게 판단할 것인가

계축癸丑 일주가 갑자甲子월에 태어났다. 지지에 해자축亥子丑 방합方合이 있고, 천간에 계수가 셋이니 수의 세력이 극히 강하다. 일간의 힘이 막강하니 신강인지, 종격인지를 살펴야 한다. 수기 외 다른 세력이 용신으로 쓸 수 있을 정도의 힘이 있으면 신강이고, 그렇지 못하면 종왕격으로 판단한다. 칠살 축토는 자월이라 해자축 방합으로 편입되어 버렸으니 용신으로 쓸 수 없고, 재성 사화는 막강한 수기의 극을 받으니 너무 무력하다.

식상인 월간 갑목이 자수에 뿌리를 내렸다고 생각하기 쉬운데 그렇지 않다. 자축子丑월에는 갑을목이 얼어 버려 수생목水生木이 아니라 수극목水剋木으로 작용하기 때문에 월간 갑목은 월지 자수에 뿌리를 내리지 못하고 막강한 수기에 부목浮木이 되어 무력하다. 결국 관살, 재성, 식상 모두 무력하여 용신으로 잡을 수 없으니 막강한 수의 세력을 따르는 종왕격이고, 수가 용신이다. 수를 생하는 금이 희신이다.

어떤 인생을 살았는가

주인공 K씨는 초년인 계해癸亥 대운부터 경신庚申 대운까지 40년간 수금 대운이 계속되니 경신 대운까지는 S전자에서 순조롭게 승진하면서 잘 지냈다.

그러다 경신 대운 마지막 해인 기묘己卯년(1999년, 47세)에 이사 승진에서 탈락하자 K씨는 회사를 그만두었다. 당시는 닷컴 열풍이 한창이던 때라 벤처 사업에 뛰어들었다. 경신 대운 다음은 기미己未 대운으로 관살운이 오니 사업을 시작하게 되는 것이다. 문제는 기미 대운은 천간에서는 기토가 계수를 극하고, 지지에서는 미토가 일지 축토를 충하는 천극지충이 일어나는 시기라는 점이다. 천극지충으로 천간 지지가 다 깨지는데 사업이 잘될 리 없었다.

K씨는 기미 대운 첫해인 경진庚辰년(2000년, 48세)부터 바로 망가지기 시작했다. 경진년의 연운은 좋지만 천극지충이 일

어나는 기미 대운은 워낙 나쁘기 때문에 연운이 좋아도 재앙을 피할 수 없었던 것이다. K씨는 기미 대운이 시작되자마자 타격을 받는다. 기미 대운 임오壬午년(2002년, 50세)에 자오충子午沖으로 월지 자수가 타격을 입자 회사는 부도가 나고 말았다. 기미 대운이 관살운이라 사업을 하게 되어 있으므로 K씨는 기미 대운 내내 사업 시도를 했다. 그러나 모두 실패하여 재산과 건강을 잃고 불운이 계속되니 부부 사이도 나빠졌다. 대운의 미토가 배우자 궁인 축토를 충한 영향도 있었을 것이다.

그 후 만나지 못했으나 기미 대운 다음의 무오戊午 대운에는 상황이 더 악화되었을 것으로 본다. 양간인 무토가 음간 기토보다 강하게 계수를 극하고, 대운의 오화가 월지 자수를 충하여 (자오충子午沖) 해자축亥子丑 방합方合이 깨진다. 약한 오화가 태왕한 수의 세력을 크게 거스르니 왕신충발이 일어나는 것이다. 이 시기 생명이 위태로운 지경까지 가지 않았을까 짐작한다.

부록

《천문》 기고문

오복을 누리는
사주팔자

예로부터 전해 오는 행복한 삶을 누리는 다섯 가지 조건으로 오복五福이 있다. 첫째가 수壽로서 장수하는 것이다. 둘째는 부富로서 재산이 넉넉해서 풍족하게 사는 것이다. 셋째는 강녕康寧으로 몸이 건강하고 마음이 편안한 것이다. 넷째는 유호덕攸好德으로 덕 쌓기를 좋아해서 주위 사람들에게 선행을 베풀고 화목하게 잘 지내는 것이다. 다섯째는 고종명考終命으로 자신의 명命대로 살다가 그간 살아온 것을 돌아보고 잘 마무리해서 평안하게 삶을 마치는 것이다.

그러나 이상의 다섯 가지 복을 모두 누리는 사람은 매우 드물다. 대개의 사람은 한두 개 이상의 결핍으로 어려움과 고통을 안고 살아간다. 그것은 대부분의 사람이 태어나면서부터 부여받은 사주의 음양과 목木, 화火, 토土, 금金, 수水의 오행기五行氣가 어느 한쪽으로 지나치게 쏠리거나 편중되어 심한 불균형을 이루고 있기 때문이다. 그러한 기氣의 편중 현상으로 세상에는 행복한 사람보다 불행한 사람이 더 많다.

사주 오행기의 배열이 어느 한쪽으로 심하게 쏠려서 기가 상극相剋과 무정無情의 부조화를 이루면 이를 패역혼탁悖逆混濁이라 하여 하격下格의 사주팔자가 된다. 하격의 사주는 한평생 힘들고 고달픈 삶을 살아간다.

사주의 목, 화, 토, 금, 수의 오행기가 순역順逆과 청탁淸濁으로 반반씩 혼재되어 있으면 중격中格이 된다. 중격의 사주는 운세의 흐름에 따라서 길흉화복吉凶禍福의 부침은 있으나 일생을 살면서 그 나름의 성취와 보람은 얻는다.

사주의 오행기가 어느 한쪽으로 지나치게 우세하거나 열세함이 없이 균등하게 조화를 이루면 상격上格이 된다. 대개 상격의 사주팔자는 상생相生과 유정有情으로 순화순청順和純淸하여 기가 안정되고 중화中和를 이룬다. 이와 같이 중화의 격을 이룬 사람은 그 성품이 원만하고 군자의 품격을 갖춘 인격자이다. 여기에 더하여 운세의 흐름마저 길운吉運으로 이어진다면 일생의 운명 또한 큰 굴곡 없이 순탄하고 많은 복록을 누린다.

우리나라 나이로 현재 94세인데 아직도 왕성하게 현역으로 활동하면서 오복을 모두 누리는 인물이 있다.

아래는 한국H사기술(주) 명예회장인 S회장의 사주 명조이다.

시	일	월	연
丁	乙	己	壬
亥	亥	酉	申

89	79	69	59	49	39	29	19
戊	丁	丙	乙	甲	癸	壬	辛
午	巳	辰	卯	寅	丑	子	亥

자신을 나타내는 일간日干의 을목乙木은 가을에 태어나서 유연하면서도 단단하나 약간 신약身弱이다. 또 금기金氣가 왕성한 유酉월이고 연지年支의 신금申金마저 합세하여 목을 극해剋害할 듯하다. 이렇게 신약이고 관살官殺이 왕旺하면 살중용인격殺重用印格으로 인성印星 수水를 용신用神으로 삼는다.

그런데 일간 을목 바로 밑에 인성 해수亥水가 시지時支 해수와 합세하여 가을의 강한 금기를 금생수金生水로 시원하게 빼내고 있다. 여기서 다시 강한 해수는 해亥 중 갑목甲木과 더불어 수생목水生木으로 일간 을목을 생조生助하고 있다.

이와 같이 금생수하고 다시 수생목으로 상생이 되어 강한 신유申酉금의 기신이 용신인 수로 변환되었다. 그로 인해 천지자연으로부터 부여받은 사주 오행기가 상생과 유정한 배열로 정기신精氣神이 충만하다. 또 맑은 청기淸氣와 빼어난 수기秀氣로 배합되어 사주의 격이 살중용인殺重用印에서 살인상생殺印相生의 귀격貴格으로 바뀌었다. 이와 같이 상중상上中의 명으로 오복을 모두 누리는 다복한 운명이 되었다.

S회장이 94세의 나이에도 젊은이 못지않은 총기와 왕성한 활동력으로 현역에 임하는 것을 볼 때, 오복의 첫째 조건인 장수

우당의 실전 사주명리학

와 세 번째 조건인 강녕을 충분히 입증했다고 볼 수 있다.

S회장은 일찍이 30대에 접어들면서 임자壬子 대운 수의 용신운을 만났다. 그 운의 영향으로 1968년 불과 37세의 나이에 대통령 경제수석비서관(차관급)이 되었다. 그로부터 경제개발 5개년 계획에 참여하여 한국을 세계 제1의 조선造船 국가로 부상시키는 데 중추적 역할을 했다.

그 뒤 대통령 직속 특별심의위원회 위원장(장관급)을 역임하고, 1971년 40세에 한국H사기술산업을 인수하여 본격적인 기업 경영인으로 출발했다. 50대에 접어들어 갑인甲寅이라는 거목의 대운을 만난다. 이는 등나무 덩굴 같은 을목이 소나무 같은 큰 나무를 타고 올라서 자신의 역량을 크게 발휘한다는 등라계갑藤蘿繫甲이라는 더 큰 행운의 운세를 만나게 되는 것이다.

갑인 대운의 초입인 1983년 52세 계해癸亥년과 이듬해 53세 갑자甲子년은 연운에서 용신운이 겹쳐 해외에서 큰 프로젝트를 수주해 거금을 벌어들였다. 이로써 오복의 두 번째 조건인 큰 부를 이루었다.

S회장의 인품은 원만하고 겸손하며 매우 친화적이다. 국적이나 직위 고하를 막론하고 누구에게나 친절하게 대하고 자신이 갖고 있는 것을 아낌없이 베푼다. 1958년 27세에 영국 굴지의 로이드 선박회사 국제검사관이 되었을 때이다. 그는 당시 유학생 한 달 생활비의 8배 정도가 될 만큼의 많은 월급을 받았다. 그때 S회장은 영국에서 한국의 분당 같은 신도시에 독채를 얻어

살았는데, 그 집은 주말마다 영국대사관 직원들과 유학생들이 몰려와 북적였고 S회장이 직접 고기와 햄을 사서 부대찌개, 곰탕 등을 끓여 줬다고 한다. 나중에 K대사까지 자주 오게 되어 S회장의 집을 '소사관'이라고 했을 정도로 주위 사람들과의 친분을 돈독히 했다.

평소 S회장은 인류를 위해 기여한다는 이타심과 애인愛人 정신이 가장 중요하다고 강조했다. 사욕보다는 공익을 우선시하고 이웃의 불행을 긍휼히 여기고 도움을 주고자 힘썼다. 이로써 오복의 네 번째 덕목인 유호덕을 갖추었다고 볼 수 있다.

S회장은 현재 생존해 있으므로 오복의 다섯 번째인 고종명에 대한 평가는 아직 이른 감이 있다. 그렇지만 지금처럼 그 모습 그대로 살아간다면 오복의 마지막 덕목인 고종명도 충분히 충족하리라고 본다.

2021년 C언론사 기자와의 인터뷰에서 "90세에도 왕성하게 활동하는 비결"을 묻자 S회장은 이렇게 답했다. "세상은 끊임없이 바뀌고 있어요. 코로나19로 인해서 방향이 아닌 속도가 달라졌어요. 변화에 대한 엄청난 가속도가 붙은 거죠. 구십 노인네가 무슨 미래를 생각하느냐고 하겠지만 젊은 사람에게 지지 않기 위해 꾸준히 공부합니다. 뇌를 계속 쓰면 젊어집니다. 건물도 몇십 년 되면 재건축을 하는데 100세 시대에 맞춰 자기 인생도 늘 재정비해야지요."

　　　　　　　　　　　우당의 실전 사주명리학

창업도 어렵지만
수성은 더 어렵다

한 나라의 건국이나 기업의 창업 그리고 개인의 새로운 사업 시작은 매우 어렵다. 그러나 예로부터 전해 오기를 어떤 일을 일으키는 창업創業보다도 이미 이루어 놓은 것을 지켜 나가는 수성守成이 더 어렵다고 한다. 창업은 어떤 일을 시작하여 어느 정도 성장의 기반을 이룬 것이라면, 수성은 그 성장의 기반을 계속 유지하면서 발전시켜 나가는 과정이다.

실제로 창업한다는 것은 제대로 갖춘 것이 없는 부족한 상태에서 과감한 결단력과 강인한 추진력이 있어야 한다. 반면에 수성은 여러 상황 변화에 대응해 가는 합리적 사고와 판단력이 필요하다. 그리고 조직의 화합과 포용력이 복합적으로 요구되는 힘든 일이다.

더욱이 요즘처럼 하루가 다르게 급변하는 세태 속에서 그에 걸맞은 상황 적응과 성장 발전을 동시에 이루어 가야 하는 수성은 더욱 어렵다고 할 수 있다. 또한 수성의 어려움은 급변하는 외부 요인도 있지만 조직을 이끌어 가는 리더의 자질이 더 큰 요인으로 작용하는 경우도 많다.

특히 어느 시점에 이르러 리더의 판단 착오와 자만심이 내부의 적으로 작용해서 조직이나 기업을 위기로 몰아넣기도 한다. 창업 1세대에서 2~3세대로 이어 가는 과정에서 오너 일가의 경영권 분쟁, 경영권을 승계한 오너의 부족한 자질과 무능이 불러온 배임과 횡령 등으로 창업 이래 최대의 위기를 맞는 기업도 종종 보게 된다.

2002년 초겨울로 접어든 어느 날 저녁 국내 굴지의 재벌 기업인 T그룹의 L회장이 계열사 J사장을 대동하고 서초동의 필자 사무실을 방문한 적이 있다. 당시 T그룹은 6년 전 별세한 선대 창업주가 근면 성실을 바탕으로 회사를 일구어 와 빚이 별로 없는 알짜 기업이었다. 그 대기업을 불과 40대 초반인 L회장이 경영권을 상속받아서 큰 도약을 준비하고 있었다.

그때 필자가 본 L회장의 사주 명조는 자신을 대표하는 생일의 일간이 매우 신약한 상태였다. 또한 사주팔자 전체의 오행이 고르게 배합되어 있지 않고 한쪽으로 심하게 기울어 있었다. 그와 같은 사주는 대개 10년 주기의 대운은 비교적 좋게 들어오지만, 매년 바뀌는 연운에 따라서 큰 기복을 겪을 수 있는 운명으로 본다.

그래서 필자가 L회장에게 조언하기를 "회장님의 향후 운세는 나이에 따라서 순차적으로 발전합니다. 그러나 때에 따라서는 큰 위기로 곤경에 처할 수 있으므로 중대한 일의 결정과 실행

　　　　　　　　우당의 실전 사주명리학

에는 반드시 당해 연도의 운세를 잘 보고 추진해야 합니다"라고 말했다. 그 뒤 5년간은 L회장의 운이 좋아서인지 매년 M&A를 통해서 비약적인 성장과 발전을 이룰 수 있었다.

그러나 2007년 하반기부터 2008년, 2009년 3년 동안 심상치 않은 나쁜 연운이 들어오고 있었다. 필자는 자금을 담당하고 있는 그룹 H사의 J사장에게 더 이상 사세社勢를 확장하지 말고 내실을 기하면서 위기 관리에 임할 것을 조언했다.

문제는 그동안 쌓아 올린 큰 발전과 성취를 통해서 L회장의 자만심이 한껏 부풀어 있었다는 것이다. 그런 와중에 2008년 하반기에는 무려 4천억 규모의 M&A를 무리하게 추진하고 있었다. J사장도 걱정이 앞섰던지 만약 일이 잘못되면 L회장의 입지가 어떻게 될 것인가를 물었다. 그러면서 다른 몇몇 역술인은 오히려 L회장의 향후 대운이 너무 좋아서 본인의 소신대로 사업 계획을 추진한다면 더 큰 발전과 성취를 이룰 것이라고 말했다는 것이다.

필자는 이번 기회를 믿고 L회장이 계속 무리하게 사업을 추진한다면 뒤에 반드시 형사 입건으로 구속까지 될 수 있다고 경고했다. 하지만 결국 2008년 말경 T그룹은 Q사 인수라는 빅딜을 마무리했다. 그러나 몇 개월 뒤 M&A 과정에서 여러 가지 불법적인 사건이 드러나고, 그 일에 깊이 관여한 BH 소속의 행정관 두 사람이 파면되었다. 이어서 T그룹에 대한 대대적인 검찰수사가 진행되었다.

그로부터 2년 뒤 L회장은 특가법 위반에 의한 배임과 횡령으로 구속되었다. T그룹 또한 장기간 L회장의 부재 상태에서 깊은 침체의 늪에 빠져들었다.

아래는 T그룹 L회장의 사주 명조이다.

시	일	월	연
己	丙	壬	壬
亥	午	子	寅

61	51	41	31	21	11	1
己	戊	丁	丙	乙	甲	癸
未	午	巳	辰	卯	寅	丑

이 사주는 병화丙火 일간이 지지에 비겁比劫인 오화午火가 받쳐주므로 유력할 것 같으나, 월지의 강한 자수子水가 충沖하고 있다. 거기에다 연월의 천간에 임수壬水 편관偏官이 두 개가 합세해 급박하게 수극화水剋火로 치고 들어오므로 매우 신약하다.

사주가 신약이고 편관의 살성殺星이 지나치게 강하면 그 자체를 병病으로 보고 약藥이 되는 식상을 용신으로 삼는다(병약설病藥說). 여기 L회장의 사주에서는 병이 되는 강한 수기水氣를 토극수土剋水로 막아 주는 시간時干의 기토己土 상관傷官이 용신이 된다. 그러나 시간의 기토가 지지에서 토의 기반이 없고, 겨우 일지의 오화에 의지해 있으므로 용신 자체도 무력하다.

그는 40대의 정사丁巳 화火 대운에 화생토火生土로 용신을 생조生助하고, 약한 병화인 일주日柱를 도우므로 재벌 그룹의 회장이 되었다.

L회장의 사주처럼 신약이고 편관의 살성이 지나치게 강하면 매우 위험하다. 비록 10년 주기의 대운이 아무리 좋게 들어와도 매년 바뀌는 연운이 나쁘게 들어올 때는 한순간에 나락으로 떨어질 수 있다. 즉 사주가 신약이고, 다시 사주 원국原局에서 편관인 살성이 왕하면 사주의 격이 떨어지고 항시 위태롭다. 여기에 다시 편관인 살운殺運을 만나면 최악의 상황에 직면하게 된다.

2007년, 2008년, 2009년의 정해丁亥, 무자戊子, 기축己丑 3년은 해자축亥子丑이라는 북방 수기의 편관 살운이다. L회장으로서는 절체절명의 최악의 불운이다. 거기에다 본인의 지나친 자만심과 빠른 성취에 대한 조급함으로 중과실의 불법을 범하게 되었다.

2011년 1월, L회장은 결국 무리한 M&A를 통한 거액의 재산 증여와 그에 따른 배임과 횡령으로 무거운 형량을 받고 구속되었다.

사주명리학에서 본
2002년 대선

2002년에 치러진 제16대 대통령 선거는 그야말로 한 편의 드라마를 보는 듯했다. 2002년 새해 신년 벽두부터 모든 언론과 방송에서는 연일 대선에 뜨거운 관심을 보이며 그 열기가 서서히 고조되고 있었다. 지난 1997년 제15대 대선에서 패한 후 대권 재도전을 준비해 오던 L후보는 이미 야당인 H당을 완전히 장악했다. 그에 반해 집권 여당에서는 아직도 후보를 제대로 결정하지 못한 채 집권 후반 대통령 레임덕으로 상당한 혼란에 빠져 있었다.

그해 3월 여당은 제주를 필두로 전국 16개 시도를 도는 국민경선제로 N후보가 어렵사리 여당의 후보로 선정되었다. 그러나 여당 내에서의 기반이 굳건하지 못하고 당에서조차 제대로 검증되지 않은 대선 후보로 낙인찍힌 N후보는 당 안팎에서 끊임없이 공격을 받고 있었다. 그로 인해 지지율이 좀처럼 오르지 않고 심지어 후보 교체론까지 대두되었다.

대선의 중간 시점인 6월에 접어들자 필자는 고향인 부산으

우당의 실전 사주명리학

로 내려가, 여당의 N후보와는 P상고 동기이면서 부부 모임의 일원인 모 방송 언론인 L씨를 만나서 N후보의 생년월일시간을 입수하게 되었다. 필자는 바로 서울로 올라와서 N후보의 사주를 풀어보고는 놀라움을 금치 못했다. 이번 대선에서 N후보의 승리를 확신할 수 있었던 것이다.

이 사실을 야권의 몇몇 유력 인사에게 알렸으나 대부분 믿으려 들지 않았다. 심지어 어떤 인사는 가당치도 않은 말이라면서 이번 대선에서는 반드시 야당의 L후보가 승리할 것이라고 힘주어 말했다. 그 무렵 세간에서는 L후보 '대세론'이 서서히 확산되고 있었다. L후보 주위로 정계와 재계의 많은 인사가 모여들었고, 심지어 풍문에 의하면 내년 새 정권의 내각 인선까지 마무리했다는 말이 돌고 있었다.

그해 대선을 3개월가량 앞둔 9월 중순의 어느 날 야권의 4선 중진 의원이면서 이번 선거에서 직능총본부장을 맡고 있는 J의원으로부터 다급하게 전화가 왔다. 오늘 저녁 여의도에서 서초동 필자의 사무실로 갈 테니 꼭 좀 기다려 달라는 전갈이었다. 오후 7시경에 필자의 사무실로 들어선 J의원의 표정은 그리 밝지 못하고 매우 초조해 보였다. 최근 각종 여론조사와 민심의 향배가 심상치 않게 돌아간다는 것이다. 특히 서민층에서 L후보의 귀족적 이미지로 인해 민심이 이반되고, 젊은층으로부터는 수구 보수에 대한 반발이 확산되어 가고 있다는 것이었다.

그러면서 "이번 대선에서 정말 누가 승리할 것 같습니까?"

하고 물었다. 필자는 단호하게 확신을 갖고 말했다. "야당의 L후보는 이번 대선에서도 승리할 수 없습니다. 여당의 N후보가 당선될 것입니다"라고 답했다.

3개월 뒤인 2002년 12월 19일 결국 여당의 N후보가 대한민국 제16대 대통령으로 당선되었다. 대선 3일 뒤 이른 아침에 야당인 H당의 3선 중진 의원이면서 당시 사무총장인 K의원으로부터 급히 필자의 사무실로 방문하겠다는 연락이 왔다.

오전 9시경 K의원 부부가 근심이 가득하고 매우 초췌한 얼굴로 필자의 사무실에 들어와서는 바로 자신의 신변에 큰 문제가 없겠는지를 물었다. 그때 필자는 안타까운 마음이야 금할 수 없지만 "의원님의 올해 운세는 매우 좋지 않습니다. 이런 시기에는 어떤 직책도 맡으면 안 되는 운입니다. 그런데 당의 중책인 사무총장을 맡았으니 매우 위중한 상황입니다. 만일 이번 대선에서 불미스러운 일이 있었다면 빠른 시일 내 위기를 벗어날 수 있는 대책을 세워야 합니다"라는 말밖에 달리 해줄 말이 없었다.

이듬해 K의원은 불법 대선자금에 연루되어 구속되었다.

아래 예시는 대선에서 승리한 N후보의 사주 명조이다.

시	일	월	연
丙	戊	丙	丙
辰	寅	申	戌

62	52	42	32	22	12	2
癸	壬	辛	庚	己	戊	丁
卯	寅	丑	子	亥	戌	酉

이 사주는 무토戊土 일간이 비겁인 진술辰戌토와 인성印星인 병화丙火가 매우 유력하므로 사주가 조열燥熱하면서도 상당히 신강身强하다. 사주가 신강하면 우선 관살을 살피고, 다음으로 재성財星을 보고, 그다음으로 식상을 살펴서 그 중에서 유력한 것을 용신으로 삼는다.

N후보의 사주에서는 일지의 인목寅木이 편관이다. 일지의 인목이 비록 월지의 신금申金에서 충冲을 받았으나, 시지의 진토가 인진寅辰으로 유합類合되어 인목을 생조하므로 일지의 인목을 용신으로 잡는다.

53세부터 들어오는 임인壬寅 대운은 임수壬水가 무리를 이룬 병화를 극제剋制하고, 또 그 아래에 위치한 지지의 인목이 사주 원국의 인목 용신을 강하게 도우므로 일생 중 가장 좋은 운세로 가히 최고의 전성기라고 할 수 있다.

N후보는 1998년 53세가 되는 무인戊寅년에 인목이 겹쳐서 용신인 목을 도우므로 서울 종로 보궐선거에서 당선되고, 2년 뒤에는 해수부 장관으로 발탁되었다. 그 여세를 몰아 다시 2년 뒤에 대선에서 승리할 수 있었다. 그러나 대운이 아무리 좋아도 2004년 갑신甲申년에는 신금이 용신인 일지의 인목을 충극冲剋

하므로 불명예스럽게도 국회에서 탄핵이 소추되었다.

운이란 사람의 육안으로는 감지할 수 없으나 그것은 천지 대자연의 운행 속에서 일어나는 큰 위력의 천지운기天地運氣로서 개인뿐 아니라 국가의 중대사에도 큰 영향을 미치는 것이다.

사주명리학에서 본
1997년 대선

1997년, 그해 대선을 7개월여 앞두고 각종 언론과 방송에서는 대선에 대한 이슈와 대선 후보 여론조사 결과를 연일 뜨겁게 다루고 있었다. 당시 각종 여론조사에서 선두를 달리고 있던 여권 L후보의 생년월일까지는 시중에 많이 알려져 있었으나 태어난 시간은 알려지지 않았다.

개인의 운세를 감정하는 사주명리학에서 태어난 시간은 매우 중요한 비중을 차지한다. 사주四柱란 연, 월, 일, 시의 네 개의 조합으로 이루어지기 때문에 시간이 없으면 사주 자체가 성립되지 않는다.

그러던 차에 5월 중순경 A기관의 B국장으로부터 L후보의 태어난 시간을 통보받았다. 그러나 안타깝게도 필자가 L후보의 사주 운세를 감정한 바로는 대선 승리는 거의 불가능했다. 며칠 후 B국장에게 그 사실을 알리면서 L후보 라인에 줄을 서거나 선거 운동에 깊이 관여하지 말 것을 권했다.

그 뒤 5월 하순경 B국장을 통해서 A기관의 K특보를 양재

동 유명 음식점에서 은밀히 대면하게 되었다. 그때 K특보가 필자에게 물었다. "올해 대선 후보 중에서 누가 가장 유망한가요?" 그 물음에 필자는 단호하게 대답했다. "현재 여권의 유력 주자인 L후보로는 대선 승리는 불가능하므로 차라리 현시점에서 대권 후보를 바꿔야 합니다. 본인은 여권의 IJ를 대권 후보로 내세운다면 대선 승리가 가능하리라고 봅니다"라고 말했다. 그러자 K특보는 "이미 BH에서 L후보를 대권 주자로 결정했으며, IJ는 차차기 대권 주자가 될 것입니다"라고 했다.

그로부터 1개월 뒤 여당의 후보 경선을 통해서 L후보가 대선 후보로 확정되었다. 대선 후보가 확정되자 곧바로 A기관에서는 대선의 선두주자인 L후보를 사주, 주역周易, 신점神占 등의 역학易學으로 검증한 적이 있었다. 그 당시 대권 후보 중 각종 여론 조사에서 가장 유력한 선두주자인 L후보의 생년월일시를 가지고 우리나라에서 가장 실력 있고 유명하다는 역술인 15인을 선정하여 L후보의 운명을 은밀하게 감정한 것이었다.

그때 15인의 역술인 중에서 13인은 L후보가 반드시 대권을 잡을 운세라고 감정했다. A기관에서는 당연히 L후보가 당선될 것으로 확신해서 많은 정치인과 기관원이 L후보 쪽으로 줄을 섰다. 그러나 그 결과는 참담했다. 그해 12월 L후보는 낙선하고 야당의 K후보가 당선되었다.

대선 이듬해 정권이 바뀌자마자 곧바로 A기관의 상당수 사람이 옷을 벗었다. 소위 북풍으로 과잉 충성한 K국장은 구속까

                              우당의 실전 사주명리학

지 되었다. 여기에 다수의 모순이 존재한다. 유명무실한 역술인 13명이 아니라 100명이 당선을 예언했다고 한들 그것이 과연 무슨 의미가 있는가! 단 한 사람의 역술인이라 할지라도 제대로 된 운명 감정과 예언이 중요한 것이다. 사람들은 대개 자신의 운명 감정을 위해서 여기저기 많은 역술가를 찾아다니고, 그곳에서 수집한 다수의 확률에 의지해서 자기 운명을 다시 재단하고 재해석해서 그것에 의존한다. 그런데 이것은 매우 위험한 발상이고 우려할 만한 일이다. 단 한 번이라도 실력 있는 훌륭한 역학자를 만나서 자신의 운명을 정확하게 감정받는 것이 중요하다.

아래 예시는 L후보의 사주 명조이다.

시	일	월	연
丙	己	辛	乙
子	酉	巳	亥

69	59	49	39	29	19	9
甲	乙	丙	丁	戊	己	庚
戌	亥	子	丑	寅	卯	辰

(기토己土 일간이 병자丙子시가 된 것은 태어난 시간이 밤 11시 30분에서 12시 사이로 야자시夜子時를 적용한 것이다.)

이 사주는 자신을 생조하는 오행보다는 오히려 자신의 기운을 빼앗아 가서 극설剋洩하는 오행이 더 우세하므로 신약이다. 신약이면 월지 사화巳火에 뿌리를 내린 시간 병화丙火 인성을 용신으로 삼는다.

L후보의 사주는 60세 이후 을해乙亥 대운에 들어서 용신의 뿌리인 월지 사화가 충沖으로 극파剋破되었다. 더욱이 1997년 정축丁丑년은 사주 원국에 있는 해자亥子와 합하여 해자축亥子丑 수국水局을 이루고, 또한 월일月日의 사유巳酉와 사유축巳酉丑 금국金局이 되어 그 신약함이 가중되었다. 그로 인해서 사주의 안정된 기반이 무너지는 형국이 되어 어떤 경우든 자신의 뜻을 이룰 수 없는 운세이다.

5년 후 다음 대선 역시 해亥 대운이 그대로 이어지면서 용신인 사화가 충으로 극파되었다. 그 영향력으로 대선의 꿈이 또 한 번 무참히 좌절되었다. L후보나 그의 측근들이 이와 같은 운세의 영향력을 조금이라도 알고 있었더라면 L후보 '대세론'이라는 자만심에 도취되지 않고 좀 더 몸을 낮추어 선거 전날까지 최선을 다했을 것이다.

나아갈 때와
물러날 때

시간과 공간 속에 존재하는 세상의 모든 사물에는 시기 곧 '때'라는 것이 있다. 한 그루의 나무도 씨를 뿌리고, 그 뿌려진 씨앗에서 싹이 나는 때가 있다. 그 뒤 가지를 뻗으며 꽃을 피우고 열매를 맺는 데에도 각기 적당한 때가 있다.

그러한 자연의 질서와 조건하에서 살아가는 인간 역시 각자에게 주어진 '때'가 있다. 앞으로 적극적으로 나서야 할 행운의 때가 있는가 하면, 잠시 그 자리에 멈추어 서야 할 침체의 때가 있다. 또 뒤로 한발 물러서서 소극적으로 처신해야 할 불운의 때가 있는 것이다.

물론 인간은 식물이나 동물보다 높은 차원의 생존 영역을 지니고 있으므로 그 '때'의 순환이 단순하게 전개되지는 않는다. 사람들은 대개 각자 자기만의 독특한 운기運氣의 순환 사이클을 가지게 되고, 그로부터 길흉화복에 의한 영고성쇠榮枯盛衰가 전개되는 것이다.

대체로 운기가 상승하는 행운의 때에는 자신의 재능과 역량을 크게 발휘해서 발전과 번영을 누리게 된다. 반대로 운기가 하강하는 불운의 때에는 자신의 뜻과 역량을 펼칠 수 없으며 침체와 역경을 맞게 된다. 그와 같이 때에 따라 변천하는 운기를 시운時運이라 한다. 시운에는 반드시 어느 한 시절이 끝나고 다음 시절로 옮겨 가는 전환의 시점이 있다. 어두운 밤이 지나면 밝은 아침이 오고, 춥고 황량한 겨울이 가면 따뜻하고 화사한 봄이 찾아온다. 이와 같이 자연의 모든 현상에는 궁극에 이르면 반드시 변화가 발생해서 새로운 국면이 전개된다.

때에 따라 변하는 시운도 어떤 극한 시점에 이르면 변화가 온다. 그리고 그것은 사람의 운명에 있어서 그야말로 혁신적인 전환의 계기로도 작용한다. 그와 같은 전환의 시점에는 대개 자신을 둘러싼 주위 여건과 상황 그리고 자신의 신상에 큰 변동이 있게 마련이다. 또한 개인으로서는 그런 상황 변동에 대응하여 중대한 결단과 실행이 필요하게 된다. 그때 자신이 어떻게 처신하느냐에 따라서 행운과 불행으로 크게 갈린다.

1992년 초 14대 대선이 1년이 채 남지 않은 시점에서 당시 여당의 대표 최고위원인 YS와 포철의 P회장은 당의 운영을 놓고 서로 대립하는 구도가 형성되고 있었다. 2년 전인 1990년 1월 YS는 "호랑이를 잡기 위해 호랑이 굴로 들어간다"라는 절박한 심정으로 '3당 합당'을 도모하여 여당에 입성했으나, 여권의 실세들은 대부분 YS를 적극적으로 밀지 않았다.

그해 5월 YS는 특유의 정면 돌파하는 추진력을 발휘해 대

　　　　　　　　　　　　　　　우당의 실전 사주명리학

선 후보에 올랐다. 대선을 불과 2개월여 앞둔 10월에 들어서는 매우 다급한 심정으로, 전 당대표인 포철 P회장을 광양까지 찾아가서 일명 '광양 담판'을 시도했으나 끝내 P회장의 도움을 받아 내지 못했다.

당시 P회장은 부산의 유명 역술인 P도사의 자문을 받고 있었다. 1991년 연초에 P회장은 헬기를 타고 함양에 있는 P도사의 정사精舍를 방문해서 조언을 들을 정도였다. 그때 P도사는 포철 P회장에게 "YS는 결코 대통령이 될 수 없습니다"라고 조언했다. 당시 P도사는 1970년대와 1980년대의 신통력은 사라지고 예언의 적중률이 현저하게 떨어져 있었다. 그러나 오랫동안 P도사의 말을 신뢰해 왔던 P회장으로서는 'YS 대선 당선 불가'를 그대로 믿고, 끝내 YS의 간곡한 도움 요청을 거절했다.

그 뒤 대선을 불과 일주일을 앞두고 P도사는 'YS가 이번 대선에서 승리할 것이다'라고 P회장에게 전달했으나 그때는 이미 모든 상황이 종료되는 시점이었다.

1992년 12월 19일 YS가 14대 대선에서 당선되고 나서 며칠 후 P회장은 서둘러 모든 직에서 사임하고 일본으로 출국해 해외를 떠도는 망명길에 올랐다. P회장은 5년 뒤 불운이 끝나고 다시 좋은 운세로 바뀌면서 1997년 문민정부 말기 15대 총선 포항 재보궐선거에서 무소속으로 당선해 정계에 복귀하여 권토중래捲土重來했다.

아래는 우리나라 경제 발전과 정치사의 한 축을 담당했던

P회장의 사주 명조이다.

시	일	월	연
戊	辛	庚	丁
子	卯	戌	卯

65	55	45	35	25	15	5
癸	甲	乙	丙	丁	戊	己
卯	辰	巳	午	未	申	酉

이 사주는 신금辛金 일간을 월지 술토戌土의 인성이 토생금 土生金으로 돕고, 다시 월간의 경금庚金과 시간의 무토戊土가 좌우에서 호위하듯이 생조하므로 신강하다. 일간 신금이 신강하면 연간의 정화丁火 편관을 용신으로 삼는다.

P회장은 20대 중반부터 들어오는 정미丁未, 병오丙午, 을사乙巳의 30여 년간 이어지는 화火 용신 길운에 자신의 역량을 크게 발휘해 포철을 세계적 기업으로 육성하고 발전시켰으며, 그에 따라 큰 번영을 구가할 수 있었다. 아쉬운 것은 사주 원국에서 연간의 용신 정화가 길신태로吉神太露의 형태로 노출되어 있다는 점이다.

이후 1992년 66세는 계묘癸卯 대운으로 바뀌어 계수癸水가 정화를 극해하고, 또 연운인 임신壬申년의 임수壬水가 용신인 정화를 합거슴去하므로 매우 나쁜 흉운이었다. 그 흉운의 영향으로 그해 동짓달(冬至月) 절기인 수왕水旺한 임자壬子월에 모든 직책을 내려놓고 바다 건너 망명길에 올랐다.

5년 뒤인 1997년 71세는 계묘 대운에서 묘목卯木이 강한 영향력을 발휘하여 정화 용신을 목생화木生火로 생조하고 있다. 이어서 당해 정축丁丑년의 정화 역시 용신인 정화를 바로 돕는 길운이므로 그해 포항 재보궐선거에서 무소속으로 당선되어 정계에 복귀했다.

그로부터 2년 뒤 73세가 되는 1999년 기묘己卯년에는 대운의 묘목과 연운에서의 묘목이 겹쳐 용신 정화를 더욱 강하게 생조하므로 총리직에 올랐다.

운이 강한 자 대 운이 약한 자

사람이 살아간다는 것은 끊임없는 투쟁의 연속이라고 한다. 대부분의 사람은 살아가면서 가능한 한 주위의 이웃과 다툼 없이 평화롭고 화목하게 살아가기를 원한다. 그러나 인간의 끝없는 탐욕과 사회라는 무한 경쟁 속에서 상호 간 마찰과 투쟁은 피할 수 없는 인간 생존의 과제이다. 그러나 그 투쟁의 상대가 누구인가에 따라서 승勝자와 패敗자의 명암은 엇갈리기 마련이다.

사주명리학의 관점에서는 투쟁의 승부를 가름하는 것은 가시적인 외형의 세력보다는 그 이면에 흐르는 운기의 작용력이라고 본다. 운이 좋은 사람과 운이 나쁜 사람이 서로 맞서서 투쟁하면 운이 나쁜 사람이 운이 좋은 사람에게 꺾이게 된다. 그러므로 타인과의 도전과 투쟁으로 맞서려고 할 때는 먼저 자기 운세의 강약과 상대방 운세의 강약을 잘 가늠해서 도전과 투쟁에 임해야 한다.

1979년은 유신 정권의 붕괴라는 우리나라 역사의 한 획을

굿는 큰 사건이 있었다. 그 사건의 중심에는 당시 야당인 S당 총재 YS 대 여당인 유신 정권의 주역들이 있었다. 연초부터 유신체제를 반대하는 민주화 시위가 활발해지면서 당시 민주 인사들에 대한 탄압의 강도가 그 어느 때보다 강화되고 있었다.

그해 중반기인 8월에 접어들면서 야당인 S당 당사에서 YH무역회사 여성 노동자의 농성이 있었고, 그 사건의 책임을 물어 유신 정권의 주역들이 야당 총재인 YS를 의원 제명까지 시도하면서 매우 강도 높은 압박을 계속했다.

당시 YS 총재는 강한 운기의 영향을 받아서 운의 상승 국면을 타고 있었다. 반면에 유신 정권의 주역들은 대부분 약한 운기의 영향을 받아서 운의 하강 국면에 있었다. YS 총재는 유신 정권의 주역들로부터 핍박과 공격을 받을수록 더욱 분발해서 정면 돌파의 의지로 치고 나갔다. "여당 측이 본인을 의원 제명이 아닌 구속을 한다 해도 나는 정정당당히 대도를 걷겠다"라고 선언하기도 했다.

그해 10월에 접어들어 야당인 YS 총재의 의원직 제명이 이루어지고, 그로 인해 정국은 한 치 앞도 가늠할 수 없을 정도의 혼란과 위기 상황으로 극한을 향해 치닫고 있었다. 그런 혼란의 와중에 유신 정권의 주역들은 문제 해결을 둘러싸고 첨예한 대립으로 자중지란自中之亂의 내분에 빠져들었고, 민주 인사들과 야당에 대한 무리한 탄압으로 역풍을 맞게 되었다.

10월 하순경 급기야 부마항쟁이라는 민주화 운동까지 들불처럼 확산되었고, 결국에는 대통령이 시해되는 10.26 사태라는 비극적 참극까지 초래되었다. 그로부터 유신 정권의 주역들 대부분이 몰락하고 유신 정권도 자연히 붕괴되었다.

아래는 부마항쟁과 10.26 사태의 태풍을 몰고 왔던 당시 야당 총재인 YS의 사주 명조이다.

시	일	월	연
甲	己	乙	戊
戌	未	丑	辰

67	57	47	37	27	17	7
壬	辛	庚	己	戊	丁	丙
申	未	午	巳	辰	卯	寅

이 사주는 기토己土 일간이 지지에 비겁인 진술축미辰戌未丑라는 네 계절(사계四季)의 토를 모두 깔고 있고, 다시 연간에 무토戊土가 솟아 있어 매우 신강하다. 신강하면 관살을 용신으로 삼는데, 월간의 을목乙木 편관은 한겨울인 축丑월에 뿌리를 내릴 수 없어 용신으로 쓸 수가 없다. 시간의 갑목甲木 정관正官 또한 갑기합甲己合으로 토기土氣로 바뀌었으니, 사주 전체가 토기운 일색이 되어 어쩔 수 없이 토기를 따라야 하는 종왕격從旺格으로 토가 용신이 된다.

YS 총재는 1979년에 52세가 되었고 대운이 경오庚午였다. 경금庚金은 사주 원국의 기신인 을목乙木을 합거合去하고, 오

　　　　　　　　　　우당의 실전 사주명리학

화午火는 용신인 토를 화생토火生土로 도우니 매우 좋은 대운이다. 또한 1979년 기미己未년은 천간과 지지가 모두 토기로 이루어진 토 용신의 운으로 대단히 좋은 운세이다.

원래 사주에서 비겁이 중중重重하면 주관과 고집이 매우 세고 성취욕도 강하다. 게다가 지지에 진술축미라는 네 계절의 토가 모두 깔려 있고 충이 거듭되면서 순발력과 추진력 또한 탁월하다고 볼 수 있다. 거기에다 대운과 연운이 최고의 길운으로 받쳐 주고 있으니, 그야말로 그 기세는 가히 '역발산기개세力拔山氣蓋世' 같은 위력으로 주위를 압도한다. 따라서 주위의 모든 세력을 진압해서 자신이 뜻한 바를 성취할 수 있는 운세이다.

옛 병법서兵法書에 "지피지기 백전불태知彼知己 百戰不殆"라는 말이 전해 온다. 즉 상대를 알고 나를 알면 백 번 싸워도 위태롭지 않다는 뜻으로, 상대편과 나의 약점과 강점을 충분히 알고 싸움에 임하면 이길 수 있다는 말이다.

만일 살아가면서 상대와 심각하게 다투거나 투쟁할 일이 생긴다면 먼저 자신의 운세가 어느 정도인지 사주감정을 통해 운세의 강약과 흐름을 제대로 파악한 후에 투쟁에 임해야 한다.

운을 바꾸는
패기와 정신력

옛날 한 시대를 주름잡았던 어떤 영웅이 만년에 자신이 살아온 한평생을 돌아보면서 "인생은 무거운 짐을 지고 먼 길을 걸어가는 것과 같다"라고 술회했다.

사람이 한평생 살아온 역정歷程은 시대와 지역에 따라 다르고 또 개인의 타고난 기질과 성품에 따라서도 제각기 달라진다. 대체로 정도의 차이는 있겠지만 어느 시대 어느 지역의 누구를 막론하고 인간의 삶이 힘들고 고달프기는 매한가지인 것 같다.

인간 사회는 엄연히 생존 경쟁의 장場으로서 존재하고 거기서 부단한 도전과 투쟁이 계속된다. 그로 인해 인간의 삶에도 기쁘고 즐거운 일보다는 슬프고 괴로운 일이 더 많이 일어나는 법이다. 여기서 중요한 것은 사람의 일생 중에서 자신의 뜻이 순조롭게 성취되는 행운의 시기보다는 자신의 뜻이 좌절되고 뜻밖의 재난을 당하는 역경의 시기가 문제이다.

대부분의 사람은 은산철벽銀山鐵壁과 같은 역경에 부딪히면 회한과 실의에 빠져서 자포자기의 무의미한 삶을 사는 경우

우당의 실전 사주명리학

가 많다. 그럴 경우 그 뒤에 설사 좋은 시절인 행운의 때를 만난다고 할지라도 큰 발복發福을 기대하기 어렵다.

그러나 기백이 살아있고 뜻이 굳건한 사람은 실패와 재난 속에서도 내일을 준비하고 강한 정신력으로 현실의 어려움을 극복해 나간다. 그러다가 어느 시점에 이르러 행운의 전환기를 맞게 되면 더 크게 발복하는 것이다. 그런 사람에게는 한때의 불운과 시련이 오히려 더 큰 행운을 안겨다 주는 강한 동기로 작용한다.

예로부터 큰 인물과 작은 인물의 그릇 차이와 큰 운세와 작은 운세의 복분福分의 차이를 가름할 때는 사람들이 각자 지니고 있는 인간의 원초적 힘인 패기와 정신력의 강약에 역점을 두었다. 그와 같은 기氣와 정신력은 사람이 태어날 때 형성되는 사주에서 정기신精氣神의 형태로 드러나게 된다. 사주에 정기신이 균등하게 배합되면 기의 생화유통生化流通이 잘 이루어진다. 그렇게 되면 어떠한 운기라도 잘 받아들여서 위기를 기회로 만들기도 한다. 대개 큰 위업을 이루는 사람들의 사주에는 반드시 정기신의 3자가 고르게 충족되어 있다.

그와 같은 사주 요건에 부합하는 인물이 있다. 바로 1950년대에서 1970년대까지 격동의 현대사에서 우리나라 경제 발전의 초석을 마련하고 기업 경제에 큰 획을 그은 인물로서 H그룹 창업주인 고故 J명예회장을 들 수 있다.

아래는 H그룹 창업주인 J명예회장의 사주 명조이다.

시	일	월	연
丁	庚	丁	乙
丑	申	亥	卯

76	66	56	46	36	26	16
己	庚	辛	壬	癸	甲	乙
卯	辰	巳	午	未	申	酉

자신을 나타내는 생일의 일간은 강한 경금庚金이다. J명예회장의 일간은 바로 밑 일지 신금申金과 시지 축토丑土에서 생조를 받으므로 대단히 강건하다. 여기서 시지 축토는 인성으로 자신을 생조하고 보필해서 기력의 밑바탕이 되는 '정精'이 된다. 또 일지 신금은 자신과 같은 동류의 비겁으로서 강한 추진력이 되는 '기氣'가 된다. 그 외 월지의 해수亥水 식신과 연지의 묘목卯木 재성 그리고 월간의 정화丁火 관성은 자신의 재능과 역량을 발휘하는 '신神'이 된다.

이와 같이 사주에 정기신 3자가 고르게 배합되어 있으면 강한 체력과 불굴의 정신력으로 무無에서 유有를 이루어 낸다. 1945년 해방을 전후하여 J명예회장은 몇 차례의 사업 실패로 큰 시련을 겪었다. 그러다 36세가 되는 계미癸未 대운에 월지의 해수와 연지의 묘목과 함께 해묘미亥卯未라는 삼합三合의 재성 목국木局이 되었다. 이것은 재기財氣가 크게 통문通門한 것으로 앞으로 재운財運이 크게 일어나는 것을 암시한다.

 우당의 실전 사주명리학

그로 인해 1950년 6.25 전쟁을 전후해서 재창업을 하여 사업이 불같이 일어났다. 그 후 무려 30여 년간 미未, 오午, 사巳의 화火 용신의 길운이 계속 이어지면서 순탄하게 발복하여 대재벌이 되었다.

J명예회장의 사주에서 특이한 것은 사주의 여덟 자가 마치 구슬을 한데 꿴 듯이 상생相生을 계속 이어 가면서 오행기의 흐름이 원활하고 정체됨이 없다는 점이다. 시지 축토는 토생금土生金으로 일지 신금을 생조하고, 일지 신금은 금생수金生水로 월지 해수를 생조하고, 월지 해수는 수생목水生木으로 연지 묘목을 생조한다. 다시 연지 묘목은 목생화木生火로 월간과 시간 정화를 생조하고, 시간 정화는 그 시발점인 시지 축토를 생조하고 있다.

이와 같이 오행기의 흐름이 끊임없이 이어지는 것을 사주학에서는 생화불식生化不息에 주류불체周流不滯라 하여 인간의 오복을 모두 갖추고 무병장수하는 최상의 명命으로 친다.

생전에 J명예회장은 K방송국 대담에서 "운이란 때라고 생각한다. 확실히 좋은 때와 나쁜 때는 있다. 나쁜 때라도 열심히 노력하면 나쁜 운이 크게 작용하지 못한다. 그러다가 그 뒤 좋은 때가 오면 더 좋은 기회를 잡아서 큰 발전과 성취를 이룬다. 반대로 게으르고 노력하지 않는 사람은 좋은 때가 와도 손이 늦어 잡지 못하고 좋은 때를 나쁜 때로 만든다. 그런 사람은 운 탓만 하면서 좌절 속에서 허우적거리며 항상 불운의 연속으로 일생을 보내게 된다"라고 자신의 인생관을 피력했다.